Le Livre d'or des PÂTES

Le Livre d'or des
PÂTES

Cuisine Actuelle
prestige

Direction éditoriale : Anne McRae
Directeur artistique : Marco Nardi
Photographie Brent : Parker Jones
Textes : Carla Bardi
Édition : Carla Bardi, Anne McRae
Stylisme : Lee Blaylock
Préparation des plats : Rebecca Quinn, Michelle Finn
Mise en page : Aurora Granata
Photogravure : Filippo Delle Monache

Directrice éditoriale : Françoise Kerlo
Responsable d'édition : Valérie Langrognet
Responsable de production : Alexandre Zimmowitch
Réalisation éditoriale : Nord Compo
Création graphique de la couverture : Christophe Courtois

Crédits photographiques
Couverture : © Corbis
Jaquette : © Fotosearch, LLC

ISBN 978-2-8104-0193-2
Dépôt légal novembre 2011
Imprimé en Chine

À NOS LECTEURS : la consommation d'œufs ou de blancs d'œufs non cuits peut entraîner des risques de salmonellose. Ce risque est encore plus important pour les femmes enceintes, les personnes âgées, les enfants et en cas de déficience immunitaire. Pour éviter tout risque de salmonellose, vous pouvez utiliser des œufs pasteurisés ou des blancs d'œufs en poudre.

Le niveau de difficulté de chaque recette est gradué de 1 (facile) à 3 (difficile).

Le temps de cuisson indiqué pour chaque recette correspond à l'addition de tous les temps de cuisson nécessaires à la préparation du plat.

SOMMAIRE

INTRODUCTION

INTRODUCTION

Les pâtes ont la part belle dans la cuisine italienne tout en séduisant de nombreuses autres gastronomies. Il est vrai qu'elles présentent de nombreux atouts. Nutritives, variées, simples à préparer, économiques, elles sont délicieuses et s'accommodent de mille et une façons !

D'un point de vue nutritionnel, les pâtes regorgent d'hydrates de carbone qui fournissent l'énergie nécessaire au bon fonctionnement des muscles et du cerveau. Dans une alimentation équilibrée, les hydrates de carbone doivent constituer 40 à 50 % des apports caloriques quotidiens. Il en existe deux sortes : les simples et les complexes. Connus également sous le nom de sucres rapides, les premiers sont présents dans les biscuits, les gâteaux, le chocolat ou les boissons sucrées. Ils libèrent leur énergie très rapidement dans l'organisme, ce qui entraîne des fluctuations énergétiques pouvant avoir des conséquences sur l'humeur et le tonus. Les seconds, appelés sucres lents, sont absorbés plus lentement et maintiennent ainsi un niveau énergétique plus stable.

Les pâtes font partie des glucides complexes. Celles à base de blé complet, qui connaissent depuis peu un regain de popularité, sont encore meilleures pour la santé. Dans ce livre, nous recommandons fréquemment l'utilisation de pâtes sèches complètes (ou de farine complète pour la confection de pâtes fraîches). Même si cela n'est pas mentionné systématiquement, vous pouvez les employer pour toutes les recettes.

Pauvres en graisses saturées, en cholestérol et en sodium, les pâtes sont source de fibres, de protéines et de minéraux, comme le manganèse, le sélénium et le phosphore. Elles sont également, et plus particulièrement les pâtes complètes, riches en vitamine B. Enfin, avec 360 calories aux 100 g, leur consommation ne fait pas particulièrement grossir.

En dehors de leurs bienfaits diététiques, les pâtes plaisent pour leur simplicité. Peu onéreuses, elles peuvent se conserver pendant plusieurs mois et se préparent rapidement. Une délicieuse salade de pâtes, très nutritive, se réalise en quelques minutes, juste le temps de faire bouillir de l'eau et de cuire les pâtes. Pendant la cuisson, on émince des tomates fraîches, de l'ail, quelques feuilles de basilic, un peu de fromage, on ajoute des câpres et des olives, et le tour est joué.

En été, une salade de pâtes bien fraîche constitue un succulent hors-d'œuvre, un déjeuner nourrissant, ou même un accompagnement idéal pour un barbecue ou un pique-nique. En hiver, les soupes de pâtes épaisses et les généreux gratins réchauffent les palais et les estomacs de toute la famille. Qu'elles soient fraîches, farcies ou sèches, les pâtes accompagnées de sauces à la viande ou aux légumes trouvent toujours une place de choix dans un menu.

Aujourd'hui, l'Italie est le plus gros producteur de pâtes au monde : plus de 3 millions de tonnes chaque année, et en exporte un tiers, notamment vers l'Allemagne, les États-Unis et la France. Il n'est donc pas étonnant que les Italiens soient les plus grands consommateurs de pâtes, avec près de 28 kg en moyenne par habitant et par an.

Pâtes
BARONI

UNE BRÈVE HISTOIRE DES PÂTES

Les pâtes sont confectionnées à partir d'ingrédients de base, essentiellement de la farine et de l'eau. Leur histoire étant peu documentée, leurs origines restent un peu vagues. Selon les historiens, les pâtes, ou leurs variantes, comme les nouilles asiatiques, ont probablement été inventées dans diverses régions du monde, là où l'on cultivait des céréales.

Ainsi, les Étrusques confectionnaient déjà des pâtes en Italie ; un relief d'une tombe du IVe siècle av. J.-C. répertorie tout l'équipement nécessaire pour étaler et découper les pâtes, y compris une roulette à pâtisserie qui ressemble à s'y méprendre à un ustensile moderne. Les Grecs mangeaient du *laganon*, produit considéré comme ancêtre des pâtes, tout comme les Romains, qui le découpaient en bandelettes et le nommaient *lagani*. Les *lagani* romains sont les premiers exemples de pâte pétrie et étalée en feuilles, même s'ils étaient consommés frits ou cuits au four un peu comme le pain azyme.

Claude Galien, médecin grec du IIe siècle, utilisait le terme *itria*. Ce mot faisait référence à un mélange de farine et d'eau, dont les *lagani* semblent une variante. Nous ignorons sous quelle forme se présentait l'*itria*, mais, au Moyen Âge, il était connu des Arabes qui ont joué un rôle-clé en répandant la technique du séchage des pâtes en Sicile et dans le reste de la Méditerranée. En 1154, le géographe arabe Al-Idrisi utilisait le terme *itriyah* pour parler de lanières de pâte non levée produites en grande quantité à Trabia, en Sicile, puis exportées vers la Calabre et d'autres contrées méditerranéennes. La Sicile est vite devenue un important producteur de pâtes sèches. À en croire certaines chroniques médiévales, la consommation de pâtes avait même gagné l'Italie du Nord.

C'est au XIIe siècle que les maccheroni, mentionnés plus tard dans le *Décaméron* de Boccace, ont fait leur apparition, suivis aux XIIIe et XIVe siècles par de nouvelles sortes de pâtes, comme les vermicelles, les ravioli, les tortelli, les fidelli et les tagliatelle. Au XVe siècle, d'après certains écrits notariaux, documents douaniers ou édits, la consommation de pâtes était déjà importante. C'est du reste à cette époque que leur confection est devenue une profession reconnue et que les premières chartes de pâtes fraîches ont été rédigées. Y figuraient les *lasagnari* de Florence (1311), les *vermicellari* de Naples (1579) et les *fidelari* de Gênes (1574).

Il a fallu attendre les XVe et XVIe siècles pour que les recettes de pâtes apparaissent dans les recueils de cuisine et autres traités gastronomiques. Bartolomeo Scappi (1474) et Cristoforo da Messisbugo (1548) font état de plats de pâtes servis avec du sucre et des épices, des recettes destinées aux notables, très friands de pâtes fraîches, notamment farcies.

Avec l'invention du moteur à vapeur, des presses hydrauliques et la maîtrise de l'électricité, la fabrication des pâtes a connu une véritable révolution. La première machine capable de mener à bien toutes les étapes de la confection – mouture, pétrissage, étalage, séchage, refroidissement et emballage – a été brevetée en 1933. Depuis, l'industrie des pâtes n'a cessé d'aller de l'avant et la production d'augmenter.

CUISSON DES PÂTES

Durée de cuisson : le plus difficile est de savoir quand les pâtes sont cuites. En fait, elles doivent être bouillies jusqu'à ce qu'elles soient suffisamment tendres afin d'absorber la sauce, tout en restant fermes à l'intérieur pour opposer une certaine résistance sous la dent. On parle d'une cuisson *al dente*.

Eau : la cuisson des pâtes nécessite un grand volume d'eau : environ 4 l pour 500 g de pâtes. Il ne faut jamais les cuire, même en petite quantité, dans un volume d'eau inférieur à 3 l, pour éviter qu'elles ne collent.

Sel : prévoir 1 cuillerée à soupe de gros sel pour 500 g de pâtes. Ajouter le sel lorsque l'eau entre en ébullition, juste avant d'y verser les pâtes.

Quantité : compter 100 g de pâtes par personne. S'il s'agit d'une entrée, on peut réduire la quantité. En revanche, si les pâtes sont accompagnées d'une simple salade verte, on peut augmenter les proportions.

Cuisson : dès que l'eau bout, verser les pâtes en pluie. Mélanger avec une spatule en bois, pour éviter que les pâtes ne collent entre elles. Couvrir la marmite et porter de nouveau à ébullition. Lorsque l'eau se remet à bouillir, cuire à découvert, en remuant fréquemment.

Égouttage : égoutter les pâtes dans une passoire dès la fin de la cuisson. Ne jamais les laisser dans leur eau de cuisson, elles continueraient à cuire.

RÉPERTOIRE

DES PÂTES

PÂTES À SOUPE

Fabriquées à base de semoule de blé dur (parfois de froment) et d'œufs, les petites pâtes à soupe se sont substituées au blé, traditionnellement ajouté aux soupes et bouillons pour leur donner plus de consistance. Ce sont les premières pâtes sèches qui ont été inventées. Leur cuisson était simple et rapide, et leur conservation facile – très pratique pour le commerce. Les livres de cuisine médiévaux arabes emploient le terme *fidaws*, pour parler de petites pâtes semblables à des grains de blé. On pense que ces pâtes ont été imaginées en Espagne, dans les régions occupées par les Arabes. Si les pâtes à soupe se sont répandues en Espagne et dans le bassin méditerranéen, elles n'ont véritablement été adoptées en Italie qu'à partir du XVIIIe siècle, même si quelques recettes ont été retrouvées dans des recueils ou des traités de cuisine datant des XVe et XVIe siècles.

On compte aujourd'hui de très nombreuses variétés de pâtes à soupe. Les plus petites ressemblent à de minuscules graines et sont parfaites pour des bouillons de légumes ou de viande. Les plus grosses, souvent creuses ou crantées, accompagnent les soupes ou bouillons plus épais réalisés avec des légumineuses – haricots secs, pois chiches ou lentilles. Les gastronomies régionales italiennes les utilisent beaucoup.

FARFALLINE

STELLINE

OCCHI DI PERNICE

RISONE

TEMPESTINE

ROTELLINE

DITALINI

ANELLINI

CORALLINE

QUADRUCCI

FUNGHINI TRINATI

FEDELINI TAGLIATI

PÂTES COURTES

La plupart des pâtes courtes sont produites industriellement à partir de semoule de blé dur et d'eau. Cette semoule est plus riche en protéines et en gluten qu'aucune autre farine. De plus, le blé dur est idéal pour la confection des pâtes puisqu'il conserve la forme et la texture de celles-ci pendant la cuisson. Environ 90 % des pâtes fabriquées actuellement sont à base de semoule de blé dur, et 65 % d'entre elles sont des pâtes courtes.
La suprématie des pâtes sèches, d'abord en Italie puis partout dans le monde, est relativement récente. C'est elle qui a imposé au monde entier le fameux mode de cuisson à l'italienne, dit *al dente* (littéralement « ferme sous la dent »). Dès le XVIIIe siècle, la pâte courte s'est implantée à Naples. La ville a même reçu le surnom de « capitale du maccheroni ». Les pâtes courtes se sont ensuite répandues dans le reste de l'Italie à partir de 1861, date de l'unification du pays.

PENNE RIGATE

PENNE LISCE

PENNONE

PENNETTE

FUSILLI

ELICHE

SPIRALI

CAVATAPPI

FARFALLE

RIGATONI

RIGATONI GIGANTE

TORTIGLIONI

MEZZE MANICHE

SEDANI

MACCHERONI

Il existe aujourd'hui des centaines de pâtes courtes différentes : plates, comme les farfalle ; torsadées, comme les eliche, les fusilli et les gemelli ; tubulaires et coupées en biais, comme les penne, ou coupées droit, comme les rigatoni ; ou encore fantaisie, comme les ruote (roues), les gomiti (coudes) et les lumache (escargots). Conçues pour accompagner des sauces épaisses et généreuses, elles sont de taille variée, allant des mezze penne de 5 mm aux cannelloni de 10 cm, et leur surface peut être lisse ou crantée. Certaines sortes de pâtes restent liées à des régions spécifiques de l'Italie : les malloreddus sont originaires de Sardaigne, tandis que les cavatelli, confectionnés traditionnellement dans le Molise, sont aujourd'hui principalement associés aux Pouilles.

MACCHERONCINI

CONCHIGLIONE

CONCHIGLIE

MALLOREDDUS

RUOTE

CAVATELLI

GNOCCHI

CASARECCIA

GEMELLI

CANNELLONI

LUMACHE

LUMACONE

GARGANELLI

MACCHERONI AL FERRO

MEZZE PENNE

PÂTES LONGUES

REGINETTE

FUSILLI LUNGHI

Les pâtes longues peuvent être fraîches ou sèches. Nous détaillons ici les pâtes sèches industrielles, confectionnées avec de la semoule de blé dur. Les pâtes longues fraîches sont présentées pages 36-37.
Les spaghetti restent les pâtes longues les plus populaires au monde. Ce sont même les pâtes les plus populaires toutes catégories confondues. Les spaghetti ont été inventés à Naples. Le mot est apparu pour la première fois dans un court poème écrit en 1824 par Antonio Vivani et intitulé *Macaroni à Naples*. Longs et cylindriques, les spaghetti étaient initialement plus fins, un peu comme les spaghettini actuels. Ils sont devenus plus épais pour accommoder les sauces plus riches du nord de l'Italie, prenant la forme des spaghetti que nous connaissons aujourd'hui.
Il existe plusieurs types de pâtes longues. Leur diamètre oscille entre 1 mm pour les capelli d'angelo (cheveux d'ange) et 1 cm pour les ziti. Certaines pâtes longues sont pleines, à l'instar des spaghetti, alors que d'autres sont creuses, comme les bucatini et les ziti. Les linguine, appelés également trenette, sont légèrement aplaties. De nombreuses pâtes longues sèches restent indissociables de régions ou de villes italiennes : par exemple, les bucatini de Rome, les ziti de Naples, les linguine de Gênes.

CAPELLI D'ANGELO

SPAGHETTINI

SPAGHETTI

BUCATINI

LINGUINE

ZITI

SPAGHETTI AUX ÉPINARDS

PÂTES COLORÉES ET FANTAISIE

Les pâtes colorées et aromatisées ne sont pas récentes. Du Moyen Âge à la fin du XVIIe siècle, le safran servait souvent à colorer les pâtes. Il est d'ailleurs encore utilisé aujourd'hui dans la recette traditionnelle des malloreddus. Certaines recettes anciennes font également état d'eau de rose comme additif. À la Renaissance, on cuisait fréquemment les pâtes dans du lait, jusqu'à ce qu'elles se ramollissent en une sorte de bouillie, que l'on aromatisait avec du sucre et des épices douces. Certaines pâtes colorées appartiennent à des traditions culinaires régionales. En dehors des malloreddus sardes, on trouve en Émilie-Romagne des tagliatelle aux épinards ou des garganelli aromatisés à la noix de muscade et au zeste de citron râpé. Les pâtes colorées ou aromatisées sont servies en général avec des sauces simples, à base d'huile, de beurre ou de fromage, qui ne risquent pas de couvrir leur saveur ni leur couleur.

PÂTES MULTICOLORES

FUSILLI AUX ÉPINARDS

SPAGHETTI À LA TOMATE

PENNE SANS GLUTEN

LUMACHE À LA TOMATE

FUSILLI AU SARRASIN

FARFALLE TRICOLORES

FUSILLI AUX ÉPINARDS

FUSILLI À LA TOMATE

FUSILLI TRICOLORES

STROZZAPRETI COLORÉS

PENNE À L'ENCRE DE SEICHE

RIGATONI

RIGATONI GIGANTE

TORTIGLIONI

PÂTES FRAÎCHES

La popularité des pâtes fraîches s'est envolée en Italie à partir du XIVe siècle. D'ailleurs, de nombreux petits artisans s'étaient spécialisés dans les pâtes fraîches ou semi-sèches. Baptisées *lasagnari*, *vermicellari* ou *fidelari*, ces pâtes possédaient même leur propre charte à travers toute la péninsule (surtout dans le nord et le centre de l'Italie). Jouant avec les formes, les farces et les combinaisons de sauces, ces artisans locaux ont créé l'immense palette de pâtes fraîches que nous connaissons aujourd'hui.

Les pâtes fraîches, dont les fameuses tagliatelle et pappardelle, sont confectionnées avec de la farine de froment et des œufs. Vous trouverez notre recette pages 242-245. Les pâtes fraîches peuvent aussi être colorées ou aromatisées avec des épinards, des tomates, des carottes, des betteraves, des herbes… (*voir* page 277).

De nombreuses régions italiennes disposent de pâtes fraîches typiques. Nous en utilisons plusieurs dans ce livre : les pici, originaires du sud de la Toscane (*voir* page 248), les pizzocheri, nés à Valtellina en Lombardie (*voir* page 322), sans oublier les orecchiette des Pouilles (*voir* page 327).

TAGLIOLINI

TAGLIATELLE (FETTUCCINE)

PAGLIA E FIENO

PAPPARDELLE

MALTAGLIATI

GARGANELLI

BIGOLI

PIZZOCCHERI

PICI

GNOCCHI DE POMME
DE TERRE

ORECCHIETTE

LASAGNE

PÂTES FARCIES

Réellement succulentes, les pâtes farcies comptent parmi les plats les plus prisés de la gastronomie italienne. Ce type de pâtes remporte un grand succès depuis la Renaissance. Au fil des siècles, les recettes ont associé les farces les plus riches et les plus variées aux pâtes fraîches les plus délicates. Il existe d'ailleurs une infinité de spécialités régionales. Agnolotti, anolini, cappelletti, ravioli, tortelli, tortellini et tortelloni : le répertoire des pâtes farcies est vaste, divers, et demeure le joyau de la cuisine italienne régionale.
La plupart des pâtes farcies se préparent avec des pâtes fraîches classiques (farine de blé et œufs) découpées, farcies, puis pliées en ravioli, tortellini, agnolotti et autres formes. Vous trouverez plusieurs recettes détaillées dans le chapitre dédié aux pâtes farcies, pages 342-409.

RAVIOLI

AGNOLOTTI

RAVIOLI TRIANGULAIRES

TORTELLINI

TORTELLONI

CAPPELLETTI

RAVIOLI EN DEMI-LUNE

RAVIOLI RONDS

ANOLINI

PÂTES COURTES

SALADE DE FUSILLI AUX LÉGUMES D'ÉTÉ GRILLÉS

Faire chauffer un gril à feu moyen à vif. Faire griller l'aubergine, les poivrons, les courgettes et les tomates jusqu'à ce qu'ils soient tendres et marqués de lignes brunes. • Dans un grand saladier, mettre les légumes grillés et la mozzarella, ajouter le basilic, du sel, du poivre, et arroser avec l'huile d'olive. • Dans une grande marmite d'eau bouillante salée, cuire les pâtes jusqu'à ce qu'elles soient *al dente*. Bien égoutter et passer sous l'eau froide. Égoutter à nouveau et sécher dans un torchon propre. • Verser les pâtes dans le saladier contenant les légumes, mélanger doucement et servir.

Pour 4-6 personnes
Préparation : 30 min
Cuisson : 30 min
Niveau de difficulté : 1

- **1 grosse aubergine avec sa peau, finement émincée**
- **1 poivron rouge, épépiné et émincé**
- **1 poivron jaune, épépiné et émincé**
- **2 grosses courgettes, finement émincées**
- **4 tomates émincées**
- **250 g de mozzarella, coupée en petits dés**
- **2 cuil. à soupe de basilic frais finement haché**
- **6 cuil. à soupe d'huile d'olive vierge extra**
- **500 g de fusilli**
- **sel et poivre blanc du moulin**

■ ■ ■ *Cette salade est meilleure entreposée 1-2 h au réfrigérateur, car la saveur des légumes a le temps d'imprégner les pâtes. Sortir du réfrigérateur 15 min avant de servir.*

Il est possible de remplacer les fusilli par des farfalle, des conchiglie ou des rigatoni.

SALADE DE FARFALLE À LA FETA ET AUX POIVRONS GRILLÉS

Pour 4-6 personnes
Préparation : 20 min
+ 10 min de repos
Cuisson : 20-30 min
Niveau de difficulté : 1

- **500 g de farfalle**
- **2 courgettes, coupées en petits dés**
- **125 ml d'huile d'olive vierge extra**
- **1 gros poivron jaune**
- **1 gros poivron rouge**
- **150 g de feta émiettée**
- **1 cuil. à soupe de câpres au sel, rincées**
- **zeste râpé de 1 citron biologique, très finement émincé**
- **2 cuil. à soupe de basilic frais, grossièrement haché**
- **feuilles de basilic frais, pour décorer**
- **sel**

Porter à ébullition une grande marmite d'eau salée. Cuire les pâtes jusqu'à ce qu'elles soient *al dente*. Environ 3 min avant la fin de la cuisson, ajouter les courgettes. • Bien égoutter et passer sous l'eau froide. Égoutter à nouveau et sécher dans un torchon propre. • Dans un saladier, mettre les pâtes et les courgettes et arroser de 2 cuil. à soupe d'huile d'olive pour éviter que les pâtes et les courgettes ne collent entre elles. Remuer doucement. • Passer les poivrons sous le gril du four jusqu'à ce que leur peau soit noire. Mettre dans un sachet en plastique, fermer hermétiquement et laisser reposer 10 min. Peler et couper les poivrons en fines lanières. • Dans le saladier, incorporer les poivrons, la feta, les câpres, le zeste de citron, le sel, le basilic et le reste d'huile d'olive. • Bien remuer. Servir la salade légèrement réfrigérée ou à température ambiante, décorée de feuilles de basilic.

Il est possible de remplacer les farfalle par des conchiglie, des fusilli ou des cavatappi.

SALADE DE CONCHIGLIE AU THON, AUX TOMATES CERISES ET AUX OLIVES

Dans un saladier, mélanger le thon, les tomates, les olives, les ciboules, le céleri, la carotte et l'ail. Arroser le tout avec l'huile d'olive, saler, poivrer et ajouter l'origan. Recouvrir le saladier de film alimentaire et entreposer 1 h au réfrigérateur. • Porter à ébullition une grande marmite d'eau salée et cuire les pâtes jusqu'à ce qu'elles soient *al dente*. Bien égoutter et passer sous l'eau froide. Égoutter à nouveau et sécher dans un torchon propre. • Dans un saladier, disposer les pâtes, incorporer le mélange de thon et de légumes, et bien remuer. Garnir la salade de persil et de basilic, et servir aussitôt.

Pour 4-6 personnes
Préparation : 15 min + 1 h de réfrigération
Cuisson : 12 min
Niveau de difficulté : 1

- **250 g de thon en boîte, égoutté et émietté**
- **500 g de tomates cerises, coupées en deux**
- **100 g d'olives noires, dénoyautées et finement hachées**
- **2 ciboules, grossièrement hachées**
- **2 branches de céleri, grossièrement hachées**
- **1 carotte, grossièrement hachée**
- **1 gousse d'ail, finement hachée**
- **90 ml d'huile d'olive vierge extra**
- **1 cuil. à café d'origan séché**
- **500 g de conchiglie**
- **2 cuil. à soupe de persil frais, finement haché**
- **2 cuil. à soupe de basilic frais**
- **sel et poivre blanc du moulin**

Il est possible de remplacer les conchiglie par des farfalle, des fusilli ou des eliche.

PASTINE AU BOUILLON CLAIR

Bouillon de bœuf : éplucher et laver les légumes. Piquer les clous de girofle dans deux quartiers d'oignon. • Dans une grande cocotte, déposer tous les ingrédients, couvrir d'eau à hauteur et porter à ébullition à feu moyen. • Laisser mijoter 3 h à feu doux. Pendant la cuisson, écumer la surface. • Passer le bouillon à travers un tamis au-dessus d'un grand saladier. Réserver les légumes et la viande pour un prochain repas.

Pastine : porter à ébullition 1 à 1,5 l de bouillon dans une grande marmite. • Verser les pâtes et cuire 3-5 min, jusqu'à ce qu'elles soient *al dente*. • Parsemer de parmesan et servir très chaud.

■ ■ ■ *Cette recette permet d'obtenir 3 l de bouillon, beaucoup plus que la quantité nécessaire pour 4 à 6 personnes. Le reste de bouillon se conserve 2-3 jours au réfrigérateur ou peut être congelé.*

Pour 4 personnes
Préparation : 15 min
Cuisson : 12 min + 3 h pour la cuisson du bouillon
Niveau de difficulté : 1

Bouillon de bœuf

- **1 grosse carotte, coupée en deux**
- **1 poireau**
- **2 tomates très mûres**
- **2 branches de céleri, avec leurs feuilles**
- **2 clous de girofle**
- **1 gros oignon, coupé en quatre**
- **1 petit bouquet de persil frais**
- **2 feuilles de laurier**
- **2 gousses d'ail**
- **1,5 kg de viande de bœuf pour pot-au-feu**
- **1 kg d'os à moelle de bœuf**
- **5 l d'eau froide environ**
- **1 cuil. à soupe de gros sel**

Pastine

- **250 g de pastine**
- **125 g de parmesan, fraîchement râpé**

Il est possible de remplacer les pastine par des ditalini, des anelli, des rotelline ou des quadrucci.

MINESTRONE AUX PÂTES

Pour 4-6 personnes
Préparation : 25 min
Cuisson : 30-35 min
Niveau de difficulté : 2

- **2 cuil. à soupe d'huile d'olive vierge extra**
- **1 oignon rouge, coupé en dés**
- **2 branches de céleri, coupées en dés**
- **2 gousses d'ail, finement hachées**
- **1 grosse carotte, coupée en dés**
- **2 pommes de terre moyennes, épluchées et coupées en dés**
- **400 g de tomates en boîte, avec leur jus**
- **2 cuil. à soupe de purée de tomates**
- **400 g de haricots borlotti ou de haricots rouges en boîte, égouttés**
- **1,25 l de bouillon de bœuf (*voir* page 48)**
- **150 g de tripolini**
- **2 courgettes moyennes, coupées en dés**
- **1/4 de chou de Milan ou de chou vert, grossièrement haché**
- **4 cuil. à soupe de persil plat frais, finement haché**
- **50 g de parmesan fraîchement râpé**
- **sel et poivre noir du moulin**

Dans une grande casserole à fond épais, faire chauffer l'huile d'olive à feu moyen à vif, ajouter l'oignon, le céleri et l'ail, et faire revenir 5 min jusqu'à ce qu'ils soient dorés. • Ajouter la carotte et les pommes de terre, et laisser cuire 3-4 min, jusqu'à ce qu'elles commencent à se colorer. Incorporer les tomates, la purée de tomates et les haricots, et mélanger. Verser le bouillon et porter à ébullition. • Ajouter les pâtes, les courgettes et le chou, réduire le feu et laisser mijoter 20-25 min à feu moyen à doux jusqu'à ce que les pâtes et les légumes soient cuits. Ajouter le persil. Saler et poivrer. • Servir très chaud, saupoudré de parmesan.

Il est possible de remplacer les tripolini par des ditalini, des anellini, des rotelline ou des coralline.

SOUPE TOSCANE AUX PÂTES ET AUX POIS CHICHES

Dans un grand saladier rempli d'eau froide, mettre les pois chiches et le bicarbonate de soude. Laisser tremper jusqu'au lendemain, au moins 12 h. • Égoutter, transférer dans une passoire et rincer soigneusement sous l'eau froide. • Transvaser dans une casserole, couvrir d'eau froide et ajouter 2 gousses d'ail et 1 brin de romarin. Couvrir la casserole en laissant un petit interstice pour que la vapeur puisse s'échapper et laisser mijoter 1 h, jusqu'à ce que les pois chiches soient très tendres. Au bout de 50 min de cuisson, ajouter une pincée de sel. • Égoutter en réservant le jus de cuisson. • Dans un mixer ou un moulin à légumes, réduire en purée les trois quarts des pois chiches. • Dans une grande casserole à fond épais, faire chauffer la moitié de l'huile d'olive, ajouter les 2 gousses d'ail et le brin de romarin restants, et faire revenir 3 min. • Ajouter le concentré de tomate et poursuivre la cuisson 2 min à feu modéré. • Ajouter les pois chiches mixés et entiers, ainsi que le jus de cuisson réservé, et porter le tout à ébullition. Si la soupe est très épaisse, diluer avec un peu de bouillon très chaud. • Verser les pâtes dans la soupe et cuire 4-6 min jusqu'à ce qu'elles soient *al dente*. Saler et poivrer. • Servir très chaud en ajoutant un peu d'huile d'olive et du poivre noir.

Pour 4-6 personnes
Préparation : 20 min
+ 12 h de trempage
Cuisson : 1 h 10
Niveau de difficulté : 2

- **300 g de pois chiches secs**
- **1 cuil. à café de bicarbonate de soude**
- **4 gousses d'ail, écrasées**
- **2 brins de romarin**
- **6 cuil. à soupe d'huile d'olive vierge extra**
- **2 cuil. à soupe de concentré de tomate**
- **500 ml de bouillon de bœuf (*voir* page 48)**
- **250 g de ditalini**
- **sel et poivre noir du moulin**

Il est possible de remplacer les ditalini par des mezze, des penne ou des tripolini.

SOUPE AUX PÂTES ET AUX HARICOTS

Faire tremper les haricots dans l'eau froide jusqu'au lendemain. • Cuire environ 1 h, jusqu'à ce qu'ils soient tendres. • Mixer les trois quarts des haricots avec 250 ml de leur jus de cuisson. • Dans une casserole à fond épais, faire chauffer l'huile d'olive sur feu moyen à vif. Ajouter l'oignon et le romarin, et faire revenir 3-4 min jusqu'à ce que l'oignon soit tendre. • Ajouter la purée de haricots, la tomate et l'eau. Saler, poivrer et laisser mijoter 10-15 min à feu moyen à doux. • Ajouter les pâtes et les haricots entiers restants, et laisser mijoter 6-8 min jusqu'à ce que les pâtes soient *al dente*. • Servir très chaud.

Pour 6-8 personnes
Préparation : 30 min + 12 h de trempage
Cuisson : 1 h 30
Niveau de difficulté : 1

- **250 g de haricots cannellini ou de haricots blancs secs**
- **60 ml d'huile d'olive vierge extra**
- **1 oignon, finement haché**
- **1 cuil. à soupe de romarin frais, finement haché**
- **1 tomate mûre, hachée**
- **500 ml d'eau froide**
- **250 g de ditalini**
- **sel et poivre du moulin**

■ ■ ■ *Pour gagner du temps, utiliser 1 boîte de haricots cannellini à la place des haricots secs. Il est alors inutile de les faire tremper avant de les cuire.*

Il est possible de remplacer les ditalini par des farfalline, des mezze penne ou des tagliatelle sèches cassées.

FUSILLI À LA CHAPELURE ET À L'AIL

Porter à ébullition une grande marmite d'eau salée et cuire les pâtes jusqu'à ce qu'elles soient *al dente*. • Pendant la cuisson, dans une grande poêle, faire chauffer l'huile d'olive à feu moyen, ajouter l'ail et faire revenir 1 min. • Ajouter la chapelure et l'origan, et faire revenir 3 min jusqu'à ce que la chapelure soit dorée. Retirer du feu. • Égoutter les pâtes soigneusement. Verser dans la poêle. • Remettre à chauffer 1-2 min à feu moyen, en mélangeant bien les ingrédients. • Poivrer et servir très chaud.

Pour 4-6 personnes
Préparation : 15 min
Cuisson : 15 min
Niveau de difficulté : 1

- **500 g de fusilli**
- **125 ml d'huile d'olive vierge extra**
- **4 gousses d'ail, finement hachées**
- **100 g de chapelure fine**
- **2 cuil. à soupe d'origan frais, finement haché, ou 2 cuil. à café d'origan séché**
- **sel et poivre noir du moulin**

Il est possible de remplacer les fusilli par des penne rigate, des eliche ou des rigatoni.

Conchiglie au yaourt et aux herbes

Porter à ébullition une grande marmite d'eau salée. • Couper l'extrémité des courgettes et détacher leur fleur. Couper les courgettes en fins bâtonnets dans le sens de la longueur et déchiqueter les fleurs. • Dans un saladier, mettre le yaourt, les herbes, l'huile d'olive, l'ail, la noix de muscade, le sel, le poivre, et bien mélanger. • Plonger les pâtes dans l'eau bouillante et cuire jusqu'à ce qu'elles soient *al dente*. • Égoutter soigneusement et transvaser dans un grand saladier. Ajouter les courgettes et la sauce à base de yaourt, et parsemer le tout de parmesan. • Bien remuer et servir très chaud.

Pour 4-6 personnes
Préparation : 15 min
Cuisson : 12 min
Niveau de difficulté : 1

- **6 petites courgettes très fraîches, avec leurs fleurs**
- **250 ml de yaourt crémeux épais à la grecque**
- **6 cuil. à soupe d'herbes fraîches du type menthe, marjolaine, thym, persil, ciboulette, etc., finement hachées**
- **2 cuil. à soupe d'huile d'olive vierge extra**
- **2 gousses d'ail, finement hachées**
- **1 pincée de noix de muscade, fraîchement moulue**
- **500 g de conchiglie**
- **75 g de parmesan fraîchement râpé**
- **sel et poivre noir du moulin**

Il est possible de remplacer les conchiglie par des rigatoni, des farfalle ou des ruote.

PENNE AU PESTO DE PISTACHES

Porter à ébullition une grande marmite d'eau salée. • Dans une grande poêle, faire chauffer 2 cuil. à soupe d'huile d'olive à feu moyen, ajouter l'oignon et faire revenir 3-4 min jusqu'à ce qu'il soit tendre. • Dans un robot de cuisine, mettre l'oignon, les pistaches, l'ail, les 2 cuil. à soupe d'huile d'olive restantes et le pecorino, et mixer jusqu'à obtention d'un mélange homogène. Saler. • Plonger les pâtes dans l'eau bouillante et cuire jusqu'à ce qu'elles soient *al dente*. • Ajouter 1 cuil. à soupe d'eau de cuisson des pâtes au pesto pour lui donner une consistance crémeuse. • Égoutter les pâtes. Servir avec le pesto. • Décorer chaque assiette de pistaches finement hachées.

Pour 4-6 personnes
Préparation : 15 min
Cuisson : 15-20 min
Niveau de difficulté : 1

- **4 cuil. à soupe d'huile d'olive vierge extra**
- **1 petit oignon blanc, finement haché**
- **150 g de pistaches, décortiquées**
- **1 gousse d'ail, finement hachée**
- **6 cuil. à soupe de pecorino, fraîchement râpé**
- **500 g de penne**
- **pistaches finement hachées, pour décorer**
- **sel**

■ ■ ■ *Ce plat est parfois servi saupoudré de 1-2 cuil. à soupe de cacao amer. Une saveur inhabituelle, mais intéressante à tester.*

Il est possible de remplacer les penne par des farfalle ou des eliche.

PENNE AUX ARTICHAUTS CRUS

Porter à ébullition une grande marmite d'eau salée. • Couper les queues des artichauts ainsi que le tiers supérieur des feuilles et détacher les feuilles extérieures coriaces en les tirant vers le bas. Couper les artichauts en deux dans le sens de la hauteur et gratter le foin à l'aide d'un couteau. Émincer très finement et disposer dans un grand saladier. • Dans un petit bol, fouetter l'huile d'olive avec le jus de citron, saler et poivrer. Verser sur les artichauts. • Plonger les pâtes dans l'eau bouillante et cuire jusqu'à ce qu'elles soient *al dente*. • Égoutter et transférer dans le saladier contenant la sauce. Bien remuer le tout, ajouter le parmesan et servir très chaud.

Pour 4-6 personnes
Préparation : 20 min
Cuisson : 12 min
Niveau de difficulté : 1

- **6 artichauts frais**
- **125 ml d'huile d'olive vierge extra**
- **jus fraîchement pressé de 1 gros citron**
- **500 g de penne**
- **150 g de parmesan, détaillé en copeaux**
- **sel et poivre noir du moulin**

Il est possible de remplacer les penne par des farfalle.

MACCHERONCINI AU PECORINO ET AU CITRON

Porter à ébullition une grande marmite d'eau salée. • Dans une grande poêle, faire fondre le beurre à feu vif. • Ajouter le jus des citrons, le safran et le pecorino. Mélanger. Retirer du feu et réserver. • Plonger les pâtes dans l'eau bouillante et cuire jusqu'à ce qu'elles soient *al dente*. • Égoutter et mélanger à la sauce. • Servir très chaud.

Pour 4-6 personnes
Préparation : 15 min
Cuisson : 12 min
Niveau de difficulté : 1

- **125 g de beurre, coupé en morceaux**
- **jus de 2 citrons, fraîchement pressé**
- **4 filaments de safran, émiettés**
- **250 g de pecorino fraîchement râpé**
- **500 g de maccheroncini**
- **sel**

Il est possible de remplacer les maccheroncini par des farfalline ou des conchiglini.

RIGATONI À LA SAUCE À L'OIGNON

Porter à ébullition une grande marmite d'eau salée. • Dans une petite casserole, faire fondre le beurre à feu doux, ajouter les oignons et laisser mijoter 20 min jusqu'à ce qu'ils soient caramélisés. • Augmenter le feu, verser le vin et laisser cuire 2-3 min jusqu'à évaporation du liquide. • Plonger les pâtes dans l'eau bouillante et cuire jusqu'à ce qu'elles soient *al dente*. • Égoutter et verser dans la casserole contenant la sauce. • Saler et poivrer. Parsemer de pecorino, bien remuer et servir très chaud.

Pour 4-6 personnes
Préparation : 15 min
Cuisson : 35 min
Niveau de difficulté : 1

- **150 g de beurre**
- **3 gros oignons blancs, finement hachés**
- **60 ml de vin blanc sec**
- **500 g de rigatoni**
- **6 cuil. à soupe de pecorino fraîchement râpé**
- **sel et poivre noir du moulin**

Il est possible de remplacer les rigatoni par des penne rigate ou des sedani.

PENNE AU CHOU-FLEUR

Porter à ébullition une grande marmite d'eau salée. • Dans une grande poêle, faire chauffer l'huile d'olive à feu moyen, ajouter l'ail et faire revenir 3-4 min jusqu'à ce qu'il soit légèrement doré. • Retirer du feu et laisser refroidir. • Diviser le chou-fleur en bouquets et cuire à l'eau bouillante 5 min, jusqu'à ce qu'il soit tendre. Égoutter à l'aide d'une écumoire. Dans la poêle contenant l'ail, déposer le chou-fleur et mettre à mijoter à feu doux. • Remettre l'eau à bouillir. Cuire les pâtes dans l'eau bouillante jusqu'à ce qu'elles soient *al dente*. • Égoutter et incorporer au contenu de la poêle. Ajouter le persil. Assaisonner avec un peu de poivre noir, bien mélanger et servir très chaud, saupoudré de parmesan.

Pour 4-6 personnes
Préparation : 15 min
Cuisson : 20-25 min
Niveau de difficulté : 1

- **60 ml d'huile d'olive vierge extra**
- **2 gousses d'ail, finement hachées**
- **1 gros chou-fleur**
- **500 g de penne rigate**
- **2 cuil. à soupe de persil frais, finement haché**
- **parmesan, fraîchement râpé**
- **sel et poivre noir du moulin**

Il est possible de remplacer les penne par des conchiglie.

FARFALLE À LA SAUCE AUX LÉGUMES

Porter à ébullition une grande marmite d'eau salée. • Dans une grande poêle, faire chauffer l'huile d'olive à feu moyen, ajouter les oignons, le céleri, les carottes, les petits pois et les courgettes. Saler et poivrer. Faire revenir environ 5 min, jusqu'à ce que les légumes soient tendres. • Ajouter les tomates et bien mélanger. Couvrir et laisser mijoter 20 min à feu doux, jusqu'à ce que les tomates aient réduit. • Plonger les pâtes dans l'eau bouillante et cuire jusqu'à ce qu'elles soient *al dente*. • Égoutter et ajouter au contenu de la poêle. Mélanger 1 min sur feu vif. • Saupoudrer de parmesan et servir très chaud.

Pour 4-6 personnes
Préparation : 15 min
Cuisson : 25-30 min
Niveau de difficulté : 1

- **60 ml d'huile d'olive vierge extra**
- **2 gros oignons, finement émincés**
- **6 branches de céleri, finement hachées**
- **2 carottes, finement hachées**
- **150 g de petits pois surgelés**
- **2 courgettes, coupées en petits morceaux**
- **400 g de tomates entières en boîte, avec leur jus**
- **500 g de farfalle au blé complet**
- **60 g de parmesan, fraîchement râpé**
- **sel et poivre noir du moulin**

Il est possible de remplacer les farfalle complètes par des farfalle blanches, des fusilli ou des conchiglie.

DITALINI, SAUCE À L'AUBERGINE ET AUX PIGNONS DE PIN

Dans une passoire, placer les aubergines. Saupoudrer de gros sel et laisser dégorger 1 h. Enlever l'excès de sel. • Porter à ébullition une grande marmite d'eau salée. • Dans une grande poêle, faire chauffer l'huile d'olive destinée à la friture, jusqu'à ce qu'elle soit très chaude. Ajouter les aubergines par petites quantités et frire 3-4 min jusqu'à ce qu'elles soient bien dorées. Égoutter sur du papier absorbant. • Passer les poivrons sous le gril du four jusqu'à ce que leur peau soit noire. Enfermer dans un sachet en plastique. Laisser reposer 10 min. Peler, épépiner, et découper la chair en petits dés. • Dans une petite casserole, faire chauffer les 3 cuil. à soupe d'huile d'olive à feu doux, ajouter l'oignon et l'ail, une pincée de sel, et laisser suer 15 min. • Dans une poêle, griller les pignons de pin 2-3 min à feu moyen jusqu'à ce qu'ils soient dorés. • Plonger les pâtes dans l'eau bouillante et cuire jusqu'à ce qu'elles soient *al dente*. • Égoutter et transférer dans un grand saladier. Incorporer les aubergines, les poivrons, l'oignon et l'ail, les pignons de pin, les câpres, les olives, le basilic, le persil et l'origan. • Servir très chaud.

Pour 4-6 personnes
Préparation : 30 min
+ 1 h d'égouttage
Cuisson : 45 min
Niveau de difficulté : 2

- **2 aubergines avec leur peau, émincées très finement**
- **500 ml d'huile d'olive, pour la friture**
- **2 poivrons jaunes**
- **3 cuil. à soupe d'huile d'olive vierge extra**
- **1 oignon, finement haché**
- **2 gousses d'ail, pilées**
- **4 cuil. à soupe de pignons de pin**
- **500 g de ditalini**
- **2 cuil. à soupe de câpres au sel, égouttées**
- **100 g d'olives vertes, dénoyautées et grossièrement hachées**
- **1 petit bouquet de basilic frais, grossièrement haché**
- **2 cuil. à soupe de persil frais, finement haché**
- **1 cuil. à soupe d'origan frais, haché**
- **gros sel**
- **sel**

Il est possible de remplacer les ditalini par des farfalline, des sedanini ou des maccheroncini.

FUSILLI AU PESTO, À LA CRÈME ET AUX TOMATES

Porter à ébullition une grande marmite d'eau salée. • Dans un saladier, mélanger le pesto et la sauce tomate. Incorporer la crème fraîche. • Plonger les pâtes dans l'eau bouillante et cuire jusqu'à ce qu'elles soient *al dente*. • Égoutter et verser dans un grand saladier. Ajouter la sauce et bien mélanger. • Décorer avec le basilic et servir très chaud.

Pour 4-6 personnes
Préparation : 10 min
Cuisson : 15 min
Niveau de difficulté : 1

- **250 ml de pesto (*voir* page 102)**
- **250 ml de sauce tomate maison ou du commerce**
- **60 ml de crème fraîche épaisse**
- **500 g de fusilli**
- **feuilles de basilic frais, pour décorer**
- **sel**

■ ■ ■ *La crème fraîche peut être remplacée par du mascarpone allégé. Pour préparer une sauce tomate maison, consulter la recette des penne de la baie de Naples (voir page 86). La quantité obtenue sera supérieure à ce qui est nécessaire, mais elle se conservera 2-3 jours au réfrigérateur.*

Il est possible de remplacer les fusilli par des farfalle, des eliche ou des spaghetti.

FUSILLI AUX CHAMPIGNONS

Porter à ébullition une grande marmite d'eau salée. • Dans une grande poêle, faire chauffer 2 cuil. à soupe d'huile d'olive à feu moyen, ajouter 3 gousses d'ail et faire revenir 2-3 min jusqu'à ce qu'elles soient légèrement dorées. • Ajouter les champignons et la moitié du persil, saler, poivrer et laisser mijoter 10-15 min jusqu'à ce que les champignons soient tendres et que le jus de cuisson ait réduit. • Cuire les pâtes dans l'eau bouillante jusqu'à ce qu'elles soient *al dente*. Bien égoutter et ajouter au contenu de la poêle. • Parsemer avec l'ail et le persil restants, et arroser avec 2 cuil. à soupe d'huile d'olive. • Remuer 1 min à feu vif et servir très chaud.

Pour 4-6 personnes
Préparation : 15 min
Cuisson : 20-25 min
Niveau de difficulté : 1

- **4 cuil. à soupe d'huile d'olive vierge extra**
- **4 gousses d'ail, finement hachées**
- **750 g de champignons de Paris, grossièrement émincés**
- **5 cuil. à soupe de persil, finement haché**
- **500 g de fusilli**
- **sel et poivre noir du moulin**

Il est possible de remplacer les fusilli par des tortiglioni, des farfalle, des sedani ou des maccheroni.

PENNE AU POIVRON, À L'AUBERGINE ET AUX COURGETTES

Porter à ébullition une grande marmite d'eau salée. • Passer le poivron sous le gril du four en le retournant souvent, jusqu'à ce que la peau soit noire. Enfermer dans un sachet en plastique. Laisser reposer 10 min. Peler. • Faire chauffer un gril à feu vif et cuire l'aubergine et les courgettes 5-8 min par petites quantités, jusqu'à ce qu'elles soient tendres. • Hacher grossièrement tous les légumes. • Plonger les pâtes dans l'eau bouillante et cuire jusqu'à ce qu'elles soient *al dente*.
• Égoutter et verser dans un grand saladier.
• Ajouter les légumes, le basilic, la menthe, l'ail et le gingembre. Saler, poivrer et arroser avec l'huile d'olive. • Remuer délicatement et servir très chaud.

Pour 4-6 personnes
Préparation : 30 min
Cuisson : 30 min
Niveau de difficulté : 2

- **1 gros poivron rouge, épépiné, et coupé en quartiers**
- **1 grosse aubergine avec sa peau, finement émincée**
- **2 courgettes, finement émincées dans le sens de la longueur**
- **500 g de penne**
- **12 feuilles de basilic frais, grossièrement hachées**
- **1 cuil. à soupe de menthe fraîche, finement hachée**
- **1 gousse d'ail, finement hachée**
- **½ cuil. à café de gingembre, finement râpé**
- **90 ml d'huile d'olive vierge extra**
- **sel et poivre noir du moulin**

Il est possible de remplacer les penne par des penne complètes, des festonati ou des conchiglie.

RUOTE AU PESTO ET AUX TOMATES CERISES

Porter à ébullition une grande marmite d'eau salée. **Pesto :** griller les pignons de pin dans une grande poêle 3 min à feu moyen, jusqu'à ce qu'ils soient légèrement brunis. Réserver. • Dans la même poêle, griller les amandes 3 min à feu moyen jusqu'à ce qu'elles soient légèrement brunies. • Dans un robot de cuisine, mettre l'ail et le basilic, et réduire en pâte. Ajouter les amandes et le pecorino, et mixer de nouveau jusqu'à obtention d'un mélange homogène. Saler et poivrer. • Ajouter l'huile petit à petit en mélangeant continuellement jusqu'à ce que le pesto soit épais et lisse. • Plonger les pâtes dans l'eau bouillante et cuire jusqu'à ce qu'elles soient *al dente*. Bien égoutter, en réservant 1 cuillère à soupe du liquide de cuisson. Transférer les pâtes dans un grand saladier. • Incorporer le liquide de cuisson au pesto et bien mélanger. Ajouter le pesto, les tomates et les pignons de pin dans le saladier contenant les pâtes, et bien remuer le tout. • Décorer avec du basilic et servir très chaud.

Pour 4-6 personnes
Préparation : 15 min
Cuisson : 20 min
Niveau de difficulté : 1

Pesto

- **50 g de pignons de pin**
- **75 g d'amandes mondées**
- **4 gousses d'ail**
- **1 bouquet de basilic**
- **50 g de pecorino, fraîchement râpé**
- **120 ml d'huile d'olive vierge extra**
- **sel et poivre noir du moulin**

Pâtes

- **500 g de ruote**
- **500 g de tomates cerises, coupées en deux**
- **feuilles de basilic, pour décorer**

Il est possible de remplacer les ruote par des conchiglie, des fusilli ou des cavatappi.

PENNE AUX ASPERGES ET AUX ŒUFS

Porter à ébullition une grande marmite d'eau salée. • Plonger les asperges dans l'eau bouillante et cuire 3-5 min jusqu'à ce qu'elles soient tendres. Retirer à l'aide d'une écumoire et réserver. Remettre l'eau à bouillir. • Dans une grande poêle, faire chauffer l'huile d'olive, ajouter l'ail et faire revenir 2 min à feu moyen jusqu'à ce qu'il soit légèrement doré. • Ajouter les tomates et laisser cuire 12-15 min, jusqu'à ce qu'elles soient fondantes. • Saler et poivrer. • Dans un grand saladier, mélanger les jaunes d'œufs et le pecorino, saler et poivrer. • Plonger les pâtes dans l'eau bouillante qui a servi à cuire les asperges et cuire jusqu'à ce qu'elles soient *al dente*. • Égoutter et incorporer au mélange œufs et pecorino. Mélanger et transférer avec les asperges dans la poêle contenant la sauce tomate. • Bien mélanger et servir très chaud.

Pour 4-6 personnes
Préparation : 20 min
Cuisson : 30 min
Niveau de difficulté : 1

- **500 g d'asperges, épluchées et coupées en morceaux de 2,5 cm**
- **90 ml d'huile d'olive vierge extra**
- **2 gousses d'ail, finement hachées**
- **3 tomates, épluchées et grossièrement hachées**
- **2 gros jaunes d'œufs**
- **5 cuil. à soupe de pecorino, fraîchement râpé**
- **500 g de penne rigate**
- **sel et poivre blanc du moulin**

■ ■ ■ *La meilleure saison pour préparer ce plat est le printemps, lorsqu'on trouve des asperges sauvages. À défaut, prendre des asperges cultivées, dont la pointe est particulièrement savoureuse.*

Il est possible de remplacer les penne par des farfalle ou des rigatoni.

FUSILLI ÉPICÉS À L'AUBERGINE

Porter à ébullition une grande marmite d'eau salée. • Dans une grande poêle, faire chauffer l'huile d'olive à feu moyen, ajouter l'ail et faire revenir 3-4 min jusqu'à ce qu'il soit tendre. • Ajouter l'aubergine et le piment et laisser mijoter 10 min en remuant fréquemment. Saler et poivrer. • Plonger les pâtes dans l'eau bouillante et cuire jusqu'à ce qu'elles soient *al dente*. • Égoutter soigneusement et verser dans la poêle contenant l'aubergine. Ajouter les câpres, l'origan et les pignons de pin. • Servir très chaud.

Pour 4-6 personnes
Préparation : 15 min
Cuisson : 20-25 min
Niveau de difficulté : 1

- **90 ml d'huile d'olive vierge extra**
- **2 gousses d'ail, finement hachées**
- **1 grosse aubergine, coupée en petits dés**
- **1 piment frais, épépiné et finement haché**
- **500 g de fusilli**
- **2 cuil. à soupe de câpres au sel, rincées**
- **2 cuil. à soupe d'origan frais, finement haché**
- **4 cuil. à soupe de pignons de pin**
- **sel et poivre noir du moulin**

Il est possible de remplacer les fusilli par des penne, des farfalle ou des rigatoni.

PENNE DE LA BAIE DE NAPLES

Porter à ébullition une grande marmite d'eau salée. • Dans une grande casserole, faire chauffer l'huile d'olive et 60 g de beurre, ajouter l'oignon et faire revenir à feu moyen jusqu'à ce qu'il soit tendre. • Ajouter les tomates et le basilic, et laisser mijoter 10 min, jusqu'à ce que les tomates soient fondantes. • Saler, poivrer et ajouter les 30 g de beurre restants. • Retirer la casserole du feu et mélanger jusqu'à ce que le beurre ait fondu. • Plonger les pâtes dans l'eau bouillante et cuire jusqu'à ce qu'elles soient *al dente*. • Égoutter et verser dans la casserole contenant la sauce tomate. Parsemer de fromage, décorer avec des feuilles de basilic et servir.

Pour 4-6 personnes
Préparation : 20 min
Cuisson : 20 min
Niveau de difficulté : 1

- **2 cuil. à soupe d'huile d'olive vierge extra**
- **90 g de beurre**
- **1 oignon rouge, finement haché**
- **1 kg de tomates allongées, de préférence des tomates San Marzano, épluchées, épépinées et finement hachées**
- **5 feuilles de basilic frais, grossièrement hachées**
- **500 g de penne lisses**
- **90 g de caciocavallo, ou de provolone, râpé**
- **feuilles de basilic pour décorer**
- **sel et poivre noir du moulin**

■ ■ ■ *Ingrédient idéal des sauces d'accompagnement des pâtes, les tomates San Marzano, allongées et charnues, ont peu de graines et un goût bien sucré. Leur nom vient d'une petite ville située près de Naples, où elles prospèrent dans un sol volcanique riche. À défaut de tomates fraîches, les acheter en boîte.*

Il est possible de remplacer les penne par des farfalle, des rigatoni ou des fusilli.

PENNE AU PESTO DE TOMATES SÉCHÉES

Porter à ébullition une grande marmite d'eau salée. • Dans un grand saladier, verser l'eau chaude et le vinaigre. Plonger les tomates et laisser gonfler 10 min. Bien égoutter. • Dans un robot de cuisine, mettre les tomates, les amandes, l'ail, les feuilles de basilic, l'huile d'olive et l'origan, et mixer jusqu'à obtention d'une préparation homogène. Saler et poivrer avec parcimonie, car les tomates séchées sont déjà très parfumées. • Plonger les pâtes dans l'eau bouillante et cuire jusqu'à ce qu'elles soient *al dente*. • Ajouter 1 cuil. à soupe d'eau de cuisson des pâtes au pesto, pour lui donner une consistance crémeuse. • Égoutter les pâtes. Servir sans tarder avec le pesto.

Pour 4-6 personnes
Préparation : 15 min + 10 min de trempage
Cuisson : 20 min
Niveau de difficulté : 1

- **125 ml d'eau chaude**
- **3 cuil. à soupe de vinaigre de vin rouge**
- **150 g de tomates séchées**
- **50 g d'amandes mondées**
- **2 gousses d'ail**
- **2 bouquets de basilic frais**
- **6 cuil. à soupe d'huile d'olive vierge extra**
- **1/2 cuil. à café d'origan séché**
- **500 g de penne lisses**
- **sel et poivre du moulin**

Il est possible de remplacer les penne lisses par des penne aux épinards, des penne au blé complet ou des fusilli.

PENNE AUX TOMATES SÉCHÉES ET AUX HARICOTS VERTS

Porter à ébullition une grande marmite d'eau salée. • Dans une grande sauteuse, faire chauffer l'huile d'olive à feu moyen, ajouter l'ail et les tomates séchées, et faire revenir 3 min, jusqu'à ce que l'ail soit doré. • Ajouter les tomates en boîte et laisser mijoter une dizaine de minutes jusqu'à ce que la sauce épaississe. • Plonger les pâtes dans l'eau bouillante et cuire 5 min. Ajouter les haricots verts et poursuivre la cuisson jusqu'à ce que les pâtes soient *al dente* et les haricots tendres. • Égoutter soigneusement. Transvaser dans la sauteuse contenant la sauce. Saler et poivrer. Mélanger délicatement 1 min à feu vif. • Servir immédiatement.

Pour 4-6 personnes
Préparation : 15 min
Cuisson : 15 min
Niveau de difficulté : 1

- **60 ml d'huile d'olive vierge extra**
- **3 gousses d'ail, finement émincées**
- **90 g de tomates séchées, mises à tremper dans de l'eau chaude pendant 15 min, égouttées et grossièrement émincées**
- **400 g de tomates en boîte, avec leur jus**
- **500 g de penne**
- **350 g de haricots verts, coupés en morceaux**
- **sel et poivre du moulin**

Il est possible de remplacer les penne par des rigatoni, des farfalle ou des conchiglie.

FUSILLI ÉPICÉS AUX BLETTES ET AUX PIGNONS

Porter à ébullition une grande marmite d'eau salée. • Cuire les blettes dans l'eau bouillante 2-3 min, jusqu'à ce qu'elles soient tendres. Retirer avec une écumoire, égoutter soigneusement et plonger dans un saladier rempli d'eau froide. Égoutter de nouveau très soigneusement de façon à exprimer l'excédent d'eau. • Porter de l'eau à ébullition. • Dans une grande sauteuse, faire fondre le beurre à feu moyen, ajouter l'ail et faire revenir 3-4 min jusqu'à coloration. • Incorporer les pignons et la chapelure, et cuire 5 min jusqu'à ce qu'ils dorent et croustillent. • Ajouter les blettes et les raisins de Smyrne. Mélanger soigneusement et faire sauter 2 min. Saler. • Plonger les pâtes dans l'eau bouillante et cuire jusqu'à ce qu'elles soient *al dente*. • Égoutter soigneusement et verser dans la sauteuse contenant la préparation aux blettes. Incorporer le piment et mélanger le tout 2 min à feu vif. • Servir sans attendre.

Pour 4-6 personnes
Préparation : 15 min
Cuisson : 25 min
Niveau de difficulté : 1

- **750 g de blettes, coupées en julienne**
- **60 g de beurre**
- **2 gousses d'ail, finement émincées**
- **60 g de pignons**
- **90 g de chapelure fraîche**
- **45 g de raisins de Smyrne**
- **500 g de fusilli natures ou complets**
- **1 petit piment rouge frais, épépiné et émincé**
- **sel**

Il est possible de remplacer les fusilli par des cavatappi, des festonati, des rigatoni ou des penne rigate.

PENNE AUX TOMATES CERISES ET À LA MOZZARELLA

Porter à ébullition une grande marmite d'eau salée et cuire les pâtes jusqu'à ce qu'elles soient *al dente*. • Dans un grand plat de service, mettre les tomates cerises, la mozzarella, le basilic, la menthe, l'ail et l'huile d'olive. • Égoutter les pâtes. Verser dans le plat. Saler et poivrer. Mélanger soigneusement. • Servir immédiatement.

Pour 4-6 personnes
Préparation : 15 min
Cuisson : 15 min
Niveau de difficulté : 1

- **500 g de penne**
- **1 kg de tomates cerises, coupées en deux**
- **250 g de mozzarella fraîche, égouttée et détaillée en petits cubes**
- **2 cuil. à soupe de basilic finement émincé**
- **1 cuil. à soupe de menthe finement hachée**
- **1 gousse d'ail, finement hachée**
- **90 ml d'huile d'olive vierge extra**
- **sel et poivre du moulin**

Il est possible de remplacer les penne par des farfalle, des rigatoni ou des conchiglie.

FARFALLE À LA CHICORÉE SAUVAGE ET AU FROMAGE DE CHÈVRE

Porter à ébullition une grande marmite d'eau salée et cuire les pâtes jusqu'à ce qu'elles soient *al dente*. • Dans une grande sauteuse, faire chauffer 3 cuil. à soupe d'huile d'olive à feu moyen, ajouter l'oignon et faire revenir 3-4 min, jusqu'à ce qu'il soit transparent. • Ajouter la chicorée. Saler et poivrer. Cuire quelques minutes, puis verser la bière. Laisser le liquide s'évaporer et ajouter le fromage de chèvre. Mélanger soigneusement et incorporer le lait pour détendre la préparation. • Égoutter les pâtes. Verser dans la sauteuse contenant la sauce. Mélanger 1-2 min à feu moyen. • Arroser avec la cuillerée à soupe d'huile d'olive restante et servir sans attendre.

Pour 4-6 personnes
Préparation : 15 min
Cuisson : 20 min
Niveau de difficulté : 1

- **500 g de farfalle**
- **4 cuil. de soupe d'huile d'olive vierge extra**
- **1 gros oignon rouge, finement émincé**
- **2 têtes de chicorée sauvage (radicchio), détaillées en lanières**
- **60 ml de bière**
- **250 g de fromage de chèvre frais ou à pâte molle**
- **2 cuil. à soupe de lait**
- **sel et poivre du moulin**

Il est possible de remplacer les farfalle par des penne ou des spaghetti.

FUSILLI AU GORGONZOLA

Porter à ébullition une grande marmite d'eau salée. • Mettre le beurre, le gorgonzola crémeux et la crème au bain-marie, et faire chauffer jusqu'à ce que le fromage soit fondu. Saler légèrement et poivrer généreusement. • Dans une casserole remplie d'eau à peine salée, cuire les petits pois 5 min jusqu'à ce qu'ils soient tendres. Égoutter soigneusement. • Plonger les pâtes dans l'eau bouillante et cuire jusqu'à ce qu'elles soient *al dente*. • Égoutter et verser dans un plat de service chaud. Ajouter les petits pois et la préparation au fromage. Mélanger délicatement. Parsemer le gorgonzola extra, décorer avec le persil et servir sans attendre.

Pour 4-6 personnes
Préparation : 10 min
Cuisson : 25 min
Niveau de difficulté : 1

- **15 g de beurre**
- **350 g de gorgonzola crémeux émietté, plus quelques grammes de gorgonzola extra, pour décorer**
- **150 ml de crème fraîche épaisse**
- **150 g de petits pois surgelés**
- **500 g de fusilli**
- **persil plat frais, pour décorer**
- **sel et poivre blanc du moulin**

Il est possible de remplacer les fusilli par des penne ou des farfalle.

Penne aux tomates et au fromage de chèvre

Pour 4-6 personnes
Préparation : 20 min
Cuisson : 15-20 min
Niveau de difficulté : 1

- **500 g de penne**
- **60 ml d'huile d'olive vierge extra**
- **1 gousse d'ail, finement émincée**
- **750 g de tomates cerises, coupées en deux**
- **12 olives noires, dénoyautées**
- **1 cuil. à soupe de câpres, rincées**
- **250 g de fromage de chèvre frais ou à pâte molle**
- **16 feuilles de basilic frais, ciselées**
- **sel et poivre du moulin**

Porter à ébullition une grande marmite d'eau salée et cuire les pâtes jusqu'à ce qu'elles soient *al dente*. • Dans une grande sauteuse, faire chauffer l'huile d'olive à feu moyen et faire revenir l'ail 3-4 min, jusqu'à ce qu'il soit doré. • Ajouter les tomates, les olives et les câpres. Saler et poivrer. Cuire 5 min à feu vif, en remuant fréquemment. • Égoutter les pâtes, en réservant 2 cuil. à soupe d'eau de cuisson. • Dans un bol, mélanger le fromage de chèvre et l'eau de cuisson réservée. • Verser les pâtes dans la sauteuse contenant les tomates. Incorporer le fromage de chèvre et le basilic. Mélanger soigneusement. • Servir sans attendre.

■ ■ ■ *Les câpres sont des baies issues d'un arbuste méditerranéen, le câprier. Elles sont généralement confites dans le vinaigre ou conservées en saumure. Elles agrémentent très souvent la gastronomie méditerranéenne, notamment dans le sud de l'Italie.*

Il est possible de remplacer les penne par des farfalle, des conchiglie, des festonati ou des rigatoni.

FARFALLE AUX HARICOTS VERTS ET ROUGES ET AU PESTO

Pâtes : porter à ébullition une grande marmite d'eau salée. • Plonger les pâtes dans l'eau bouillante et cuire 5 min. • Ajouter les haricots verts et les petits pois, et laisser cuire jusqu'à ce que les pâtes soient *al dente.*

Pesto : placer le basilic, les pignons, l'ail, l'huile d'olive et le sel dans un robot de cuisine et mixer jusqu'à obtention d'une préparation homogène. Incorporer le fromage.

• Égoutter les pâtes et les légumes. Verser dans un plat de service. Incorporer le pesto et mélanger délicatement. Ajouter les haricots rouges et les noix. Arroser d'huile d'olive et décorer avec les feuilles de basilic. • Servir chaud.

■ ■ ■ *Le pesto se prépare avec du basilic, de l'ail, des pignons, du parmesan, du sel et de l'huile d'olive vierge extra. Simple et rapide à cuisiner, il accommode avantageusement pâtes et poissons. Le pesto est originaire de Ligurie, une région du nord-ouest de l'Italie. Cette sauce existe également en Provence, où elle porte le nom de pistou.*

Pour 4-6 personnes
Préparation : 10 min
Cuisson : 15 min
Niveau de difficulté : 1

Pâtes

- **500 g de farfalle**
- **150 g de haricots verts, coupés en morceaux**
- **150 g de petits pois frais ou surgelés**
- **200 g de haricots rouges, égouttés et rincés**
- **50 g de noix, émincées**
- **60 ml d'huile d'olive vierge extra**
- **feuilles de basilic, pour décorer**

Pesto

- **1 gros bouquet de basilic frais**
- **2 cuil. à soupe de pignons de pin**
- **2 gousses d'ail**
- **125 ml d'huile d'olive vierge extra**
- **4 cuil. à soupe de parmesan fraîchement râpé**
- **sel**

Il est possible de remplacer les farfalle par des conchiglie ou des festonati.

MACCHERONCINI À LA SICILIENNE

Porter à ébullition une grande marmite d'eau salée. • Détailler finement les anchois et les câpres. • Dans une sauteuse, faire chauffer l'huile d'olive, ajouter l'ail et faire revenir 3 min à feu moyen. • Jeter l'ail, mettre les aubergines dans la sauteuse et faire revenir 15 min. • Incorporer les tomates et les poivrons. Rectifier l'assaisonnement. Laisser mijoter 15 min, jusqu'à ce que les poivrons soient tendres. • Ajouter les olives, les câpres, les anchois et le basilic. • Plonger les pâtes dans l'eau bouillante et cuire jusqu'à ce qu'elles soient *al dente*. Égoutter et verser dans la sauteuse contenant la sauce. Parsemer de pecorino et servir chaud.

Pour 4-6 personnes
Préparation : 15 min
Cuisson : 40 min
Niveau de difficulté : 1

- **2 anchois salés, rincés**
- **2 cuil. à soupe de câpres au sel, rincées**
- **90 ml d'huile d'olive vierge extra**
- **2 gousses d'ail, légèrement écrasées**
- **2 aubergines, détaillées en cubes**
- **750 g de tomates pelées, finement émincées**
- **2 poivrons jaunes, épépinés et détaillés en fines lanières**
- **40 g d'olives vertes, dénoyautées et légèrement écrasées**
- **500 g de maccheroncini lisses ou striés**
- **60 g de pecorino poivré, fraîchement râpé**
- **1 bouquet de basilic frais, ciselé**
- **sel et poivre noir du moulin**

Il est possible de remplacer les maccheroncini par des pennette ou des farfalline.

Cavatappi aux légumes grillés

Pour 4-6 personnes
Préparation : 20 min
Cuisson : 55 min
Niveau de difficulté : 1

- **5 tomates mûres mais fermes, coupées en deux ou en quartiers**
- **1 petite aubergine, coupée en tranches épaisses**
- **1 courgette, coupée en tranches épaisses**
- **1 poivron rouge ou jaune, épépiné et découpé en quartiers**
- **2 oignons, coupés en tranches épaisses**
- **5 cuil. à soupe d'huile d'olive vierge extra**
- **2 gousses d'ail, finement émincées**
- **24 feuilles de basilic frais, ciselées**
- **500 g de cavatappi**
- **30 g de parmesan, fraîchement râpé, pour accompagner**
- **sel et poivre noir du moulin**

Préchauffer le four à 200 °C (th. 6). • Dans un grand plat à rôtir, disposer les tomates, les aubergines, les courgettes, le poivron et les oignons en une seule couche. Saler, poivrer et arroser de 2 cuil. à soupe d'huile d'olive. • Faire griller les légumes 40 min environ au four, jusqu'à ce qu'ils ramollissent et brunissent légèrement. • Dans un petit bol, mélanger les 3 cuil. à soupe d'huile d'olive restantes, l'ail et le basilic. • Porter à ébullition une grande marmite d'eau salée et cuire les pâtes jusqu'à ce qu'elles soient *al dente*. • Égoutter et verser dans un plat de service chaud. Incorporer la préparation au basilic et à l'huile d'olive, ainsi que les légumes. Bien mélanger. • Servir chaud, avec le parmesan à part.

Il est possible de remplacer les cavapatti par des penne, des farfalle, des conchiglie ou des rigatoni.

FESTONATI À LA SAUCISSE ET AUX BROCOLIS

Porter à ébullition une grande marmite d'eau salée. • Plonger les fleurettes et les tiges de brocolis dans l'eau bouillante et cuire 2-3 min. Retirer avec une écumoire et réserver. Remettre l'eau à bouillir. • Dans une grande sauteuse, faire chauffer l'huile d'olive à feu moyen, ajouter l'ail et le persil, et faire dorer 3-4 min. • Incorporer la chair à saucisse et le concentré de tomate. Cuire 5 min à feu moyen. • Ajouter les brocolis. Saler, poivrer et laisser mijoter 10-15 min. • Plonger les pâtes dans l'eau bouillante et cuire jusqu'à ce qu'elles soient *al dente*. • Égoutter et verser dans la sauteuse contenant la sauce. Mélanger soigneusement et servir chaud. Parsemer de copeaux de fromage.

Pour 4-6 personnes
Préparation : 30 min
Cuisson : 40 min
Niveau de difficulté : 1

- **500 g de brocolis détaillés en fleurettes, et tiges coupées en petits morceaux**
- **3 cuil. à soupe d'huile d'olive vierge extra**
- **3 gousses d'ail, finement émincées**
- **2 cuil. à soupe de persil frais**
- **500 g de chair à saucisse émiettée**
- **3 cuil. à soupe de concentré de tomate**
- **500 g de festonati**
- **60 g de pecorino vieux ou de parmesan, en copeaux**
- **sel et poivre noir du moulin**

Il est possible de remplacer les festonati par des conchiglie, des farfalle, des rigatoni ou des penne rigate.

PENNE AU THON ET AUX TOMATES CERISES

Porter à ébullition une grande marmite d'eau salée et cuire les pâtes jusqu'à ce qu'elles soient *al dente*. • Dans une sauteuse, faire chauffer l'huile d'olive, ajouter l'ail et le persil, et faire revenir 2 min à feu doux à moyen. • Ajouter les tomates, saler et laisser mijoter 4-5 min, jusqu'à ce qu'elles soient bien chaudes. • Incorporer le thon. Bien mélanger, puis retirer du feu immédiatement. • Égoutter soigneusement les pâtes et les disposer dans un plat de service chaud. Ajouter la préparation au thon et mélanger délicatement. Garnir de basilic. Servir sans attendre.

Pour 4-6 personnes
Préparation : 10 min
Cuisson : 15 min
Niveau de difficulté : 1

- **500 g de penne**
- **125 ml d'huile d'olive vierge extra**
- **2 gousses d'ail, finement émincées**
- **3 cuil. à soupe de persil finement émincé**
- **24 tomates cerises, coupées en deux**
- **350 g de thon en boîte, émietté**
- **basilic frais, pour décorer**
- **sel**

Il est possible de remplacer les penne par des farfalle, des sedani ou des spaghetti.

SELFRIDGES

FARFALLE AUX BÂTONNETS DE SURIMI

Porter à ébullition une grande marmite d'eau salée. • Détailler grossièrement les bâtonnets de surimi. • Dans une grande sauteuse, faire chauffer l'huile d'olive, ajouter l'ail et le persil, et faire revenir 1 min à feu doux à moyen. • Incorporer le surimi et le zeste d'orange. Mélanger soigneusement et laisser mijoter 1 min. Verser le cognac et laisser cuire jusqu'à évaporation du liquide. • Ajouter le jus d'orange. Saler. Poivrer généreusement. Laisser mijoter jusqu'à ce que le liquide se soit évaporé. • Cuire encore 10 min, puis incorporer la crème fraîche et laisser mijoter 2-3 min. • Plonger les pâtes dans l'eau bouillante et cuire jusqu'à ce qu'elles soient *al dente*. • Égoutter et verser dans la sauteuse contenant la sauce. Mélanger délicatement 1-2 min. • Servir chaud, assaisonné d'une bonne pincée de poivre noir fraîchement moulu.

Pour 4-6 personnes
Préparation : 15 min
Cuisson : 35 min
Niveau de difficulté : 1

- **16 bâtonnets de surimi, frais ou surgelés**
- **90 ml d'huile d'olive vierge extra**
- **2 gousses d'ail, finement émincées**
- **2 cuil. à soupe de persil finement haché**
- **1 cuil. à soupe de zeste d'orange, détaillé en julienne**
- **125 ml de cognac**
- **125 ml de jus d'orange fraîchement pressé**
- **125 ml de crème fraîche épaisse**
- **500 g de farfalle**
- **sel et poivre noir du moulin**

Il est possible de remplacer les farfalle par des penne rigate ou des rigatoni.

RUOTE AUX CREVETTES ET AUX COURGETTES

Porter à ébullition une grande marmite d'eau salée. • Dans une grande sauteuse, faire chauffer le beurre, ajouter l'oignon et faire revenir 3-4 min à feu moyen, jusqu'à ce qu'il soit transparent. • Plonger les pâtes dans l'eau bouillante et cuire jusqu'à ce qu'elles soient *al dente*. • Ajouter les courgettes dans la sauteuse contenant l'oignon. Saler et poivrer. Couvrir et laisser mijoter 10 min à feu doux, en remuant fréquemment. • Incorporer les crevettes et laisser cuire 5 min. • Ajouter la crème et laisser chauffer. • Égoutter les pâtes. Verser dans la sauteuse contenant la sauce. Parsemer de persil et mélanger délicatement. • Servir sans attendre.

Pour 4-6 personnes
Préparation : 20 min
Cuisson : 30 min
Niveau de difficulté : 1

- **60 g de beurre**
- **1 oignon, finement émincé**
- **500 g de ruote**
- **400 g de courgettes, finement tranchées**
- **400 g de crevettes crues, décortiquées, étêtées et déveinées**
- **125 ml de crème fraîche épaisse**
- **2 cuil. à soupe de persil, finement haché**
- **sel et poivre du moulin**

Il est possible de remplacer les ruote par des penne rigate ou des conchiglie.

FUSILLI AUX CROQUETTES DE POISSON

Croquettes de poisson : mettre le pain dans le bol d'un robot de cuisine. Arroser avec le lait, et mixer quelques secondes. • Ajouter le poisson, et mixer quelques secondes de plus. Incorporer l'œuf, le parmesan et le persil. Saler et poivrer. Mixer jusqu'à obtention d'une préparation homogène. • Façonner de petites boules avec la farce obtenue. Fariner un plan de travail et rouler les croquettes dans la farine, en éliminant le surplus. • Dans une grande sauteuse, faire chauffer 90 ml d'huile d'olive à feu moyen, ajouter les croquettes et faire frire 4-5 min, jusqu'à ce qu'elles brunissent légèrement. Bien égoutter sur du papier absorbant. **Pâtes :** porter à ébullition une grande marmite d'eau salée et cuire les pâtes jusqu'à ce qu'elles soient *al dente*. • Égoutter et arroser avec le reste de l'huile d'olive. • Disposer dans un grand plat de service chaud, ajouter les croquettes et le piment. Mélanger délicatement. Parsemer d'aneth et servir chaud.

■ ■ ■ *On peut aussi ajouter 12-16 tomates cerises crues coupées en deux avec le piment et les croquettes de poisson.*

Pour 4-6 personnes
Préparation : 20 min
Cuisson : 20-25 min
Niveau de difficulté : 2

Croquettes de poisson

- **1 gros pain**
- **3 cuil. à soupe de lait**
- **400 g de filets de poisson blanc (merlu, cabillaud, merlan, roussette, rascasse, perche, vivaneau rouge), sans arêtes et sans peau**
- **1 gros œuf**
- **3 cuil. à soupe de parmesan, fraîchement râpé**
- **1 cuil. à soupe de persil frais, finement haché**
- **3 cuil. à soupe de farine blanche**
- **125 ml d'huile d'olive vierge extra**
- **sel et poivre du moulin**

Pâtes

- **500 g de fusilli**
- **1 piment rouge frais, épépiné et finement émincé**
- **2 cuil. à soupe d'aneth frais, finement haché**

Il est possible de remplacer les fusilli par des penne, des sedani ou des conchiglie.

PENNE À L'ESPADON ET AU SAUMON

Porter à ébullition une grande marmite d'eau salée et cuire les pâtes jusqu'à ce qu'elles soient *al dente* • Dans une grande sauteuse, faire chauffer l'huile d'olive à feu moyen, ajouter l'ail et l'oignon, et faire revenir 3-4 min, jusqu'à ce qu'ils soient tendres. • Incorporer l'espadon et le saumon, et faire revenir 3 min. Verser le vin et laisser mijoter jusqu'à ce que le liquide s'évapore. Retirer le poisson. Réserver. • Ajouter les tomates et laisser mijoter 5 min à feu moyen à doux. • Transvaser le poisson dans la sauteuse. Ajouter le persil et saler. • Égoutter les pâtes. Verser dans la sauteuse contenant la sauce. Mélanger délicatement 1 min à feu vif. • Servir immédiatement.

Pour 4-6 personnes
Préparation : 15 min
Cuisson : 15 min
Niveau de difficulté : 1

- **500 g de penne**
- **60 ml d'huile d'olive vierge extra**
- **1 gousse d'ail, finement émincée**
- **1 petit oignon, finement émincé**
- **150 g d'espadon, découpé en petites bouchées**
- **150 g de saumon, découpé en petites bouchées**
- **90 ml de vin blanc sec**
- **400 g de tomates cerises, coupées en deux**
- **2 cuil. à soupe de persil frais, finement haché**
- **sel**

■ ■ ■ *L'espadon et le saumon sont non seulement savoureux mais aussi riches en protéines et en acides gras essentiels oméga-3.*

Il est possible de remplacer les penne par des rigatoni ou des conchiglie.

PENNE AU POULET FUMÉ ET AUX PETITS POIS

Porter à ébullition une grande marmite d'eau salée et cuire les pâtes jusqu'à ce qu'elles soient *al dente*. • Dans une grande sauteuse, faire chauffer la crème fraîche et le poulet 4 min à feu doux. • Ajouter les petits pois et laisser mijoter 3-5 min, jusqu'à ce qu'ils soient tendres. • Égoutter les pâtes. Verser dans la sauteuse. Poivrer. • Mélanger délicatement et servir chaud.

Pour 4-6 personnes
Préparation : 10 min
Cuisson : 15 min
Niveau de difficulté : 1

- **500 g de penne**
- **250 ml de crème fraîche**
- **350 g de blanc de poulet fumé cuit, coupé en dés**
- **150 g de petits pois surgelés**
- **sel et poivre du moulin**

Il est possible de remplacer les penne par des farfalle ou des conchiglie.

PENNE À LA PANCETTA ET AUX POIVRONS

Pour 4-6 personnes
Préparation : 15 min
Cuisson : 40 min
Niveau de difficulté : 1

- **90 ml d'huile d'olive vierge extra**
- **100 g de pancetta (ou de lard), coupée en dés**
- **1 gros oignon, finement émincé**
- **1 gousse d'ail, finement émincée**
- **2 cuil. à soupe de persil, finement haché**
- **6 feuilles de basilic, ciselées**
- **2 poivrons rouges et 2 poivrons jaunes, épépinés et finement émincés**
- **400 g de tomates en boîte, avec leur jus**
- **1 piment rouge, épépiné et émincé**
- **1 cuil. à soupe d'origan séché**
- **500 g de penne**
- **2 cuil. à soupe de câpres au sel, rincées**
- **1 poignée d'olives vertes, dénoyautées et grossièrement hachées**
- **30 g de pecorino ou de parmesan, grossièrement râpé**
- **sel**

Dans une grande sauteuse, faire chauffer l'huile d'olive et faire revenir la pancetta 3-4 min à feu moyen. • Incorporer l'oignon, l'ail, le persil, le basilic et les poivrons, et faire revenir une dizaine de minutes, jusqu'à ce que les poivrons et les oignons soient tendres. • Ajouter les tomates, le piment et l'origan. Saler. Bien mélanger, couvrir et laisser mijoter 25 min à feu doux, jusqu'à ce que les tomates se désagrègent. • Porter à ébullition une grande marmite d'eau salée et cuire les pâtes jusqu'à ce qu'elles soient *al dente*. • Ajouter les câpres et les olives dans la sauce. Mélanger soigneusement et laisser cuire 2 min. • Égoutter les pâtes. Verser dans la sauteuse contenant la sauce. Remuer 1 min à feu vif. • Parsemer de fromage et servir chaud.

Il est possible de remplacer les penne par des farfalle ou des ruote.

CAVATELLI À LA PANCETTA ET AUX TOMATES SÉCHÉES

Sauce tomate : faire chauffer l'huile d'olive dans une grande sauteuse et faire dorer l'oignon 5 min à feu doux. • Ajouter les tomates et la moitié du basilic. Saler. Laisser mijoter 15-20 min à feu doux. Incorporer le reste du basilic.

Pâtes : porter à ébullition une grande marmite d'eau salée et cuire les pâtes jusqu'à ce qu'elles soient *al dente*. • Dans une grande sauteuse, faire chauffer l'huile d'olive, ajouter l'ail et la pancetta, et faire revenir 3-4 min à feu moyen, jusqu'à ce que l'ail soit doré. • Égoutter les pâtes. Verser dans la sauteuse contenant la pancetta. • Incorporer la sauce tomate, les tomates séchées et la roquette. Saler et poivrer. • Parsemer de copeaux de parmesan et servir chaud.

Pour 4-6 personnes
Préparation : 15 min
Cuisson : 30 min
Niveau de difficulté : 1

Sauce tomate

- **3 cuil. à soupe d'huile d'olive vierge extra**
- **1 oignon, finement émincé**
- **1 kg de tomates pelées, ou 800 g de tomates en boîte avec leur jus**
- **5 feuilles de basilic, ciselées**

Pâtes

- **500 g de cavatelli**
- **1 cuil. à soupe d'huile d'olive vierge extra**
- **2 gousses d'ail, finement émincées**
- **100 g de pancetta (ou de lard) coupée en dés**
- **180 g de tomates séchées, émincées**
- **quelques feuilles de roquette**
- **parmesan, en copeaux**
- **sel et poivre noir du moulin**

Il est possible de remplacer les cavatelli par des maccheroncini, des rigatoni ou des penne rigate.

PENNE À LA BOLOGNAISE

Dans une grande sauteuse, verser l'huile d'olive, ajouter la viande hachée et faire revenir 5 min à feu vif. • Incorporer l'oignon, le céleri, la carotte, l'ail, le romarin, 1 cuil. à soupe de persil, et faire revenir le tout 5 min. • Saler et poivrer. Verser le vin et laisser cuire jusqu'à ce que le liquide s'évapore. • Ajouter les tomates et laisser mijoter au moins 2 h à feu doux, en ajoutant du bouillon à mesure que la sauce épaissit et adhère au fond de la sauteuse. • Retirer le romarin. • Juste avant la fin de cuisson de la sauce, cuire les pâtes *al dente* dans une grosse marmite d'eau salée portée à ébullition. • Égoutter soigneusement et mélanger à la sauce bolognaise. • Parsemer avec le reste du persil et le fromage, et servir chaud.

■ ■ ■ *Cette sauce à la viande est aussi simple que succulente. Elle peut accompagner toutes sortes de pâtes, longues, courtes, fraîches ou farcies. La clé du succès est dans la durée de la cuisson : 2 h minimum. Plus on laisse mijoter, meilleur c'est !*

Pour 4-6 personnes
Préparation : 40 min
Cuisson : 2 h 15
Niveau de difficulté : 1

- **90 ml d'huile d'olive vierge extra**
- **750 g de viande de bœuf hachée**
- **1 oignon, finement émincé**
- **1 branche de céleri, finement émincée**
- **1 carotte, finement émincée**
- **1 gousse d'ail, finement émincée**
- **1 bouquet de romarin frais**
- **2 cuil. à soupe de persil, finement haché**
- **125 ml de vin rouge sec**
- **4 grosses tomates mûres mais fermes, mondées et coupées en morceaux**
- **500 ml de bouillon de bœuf (*voir* page 48)**
- **500 g de penne**
- **parmesan, fraîchement râpé**
- **sel et poivre noir du moulin**

Il est possible de remplacer les penne par des farfalle, des fusilli, des rigatoni, des spaghetti, des tagliatelle ou des ravioli.

MALLOREDDUS À LA SAUCISSE

Dans une grande sauteuse, faire chauffer l'huile d'olive à feu moyen, ajouter la chair à saucisse, l'oignon, l'ail et le basilic, et faire revenir 4-5 min jusqu'à ce que l'oignon soit doré. • Ajouter les tomates. Saler et poivrer. Laisser mijoter 25-30 min, jusqu'à ce que la sauce épaississe et réduise. • Porter à ébullition une grande marmite d'eau salée et cuire les pâtes jusqu'à ce qu'elles soient *al dente*. • Égoutter soigneusement et verser dans la sauteuse contenant la sauce. Parsemer de pecorino et mélanger délicatement. • Décorer avec les feuilles de basilic et servir immédiatement.

Pour 4-6 personnes
Préparation : 15 min
Cuisson : 45 min
Niveau de difficulté : 1

- **60 ml d'huile d'olive vierge extra**
- **400 g de chair à saucisse émiettée**
- **1 gros oignon, finement émincé**
- **3 gousses d'ail, finement émincées**
- **8 feuilles de basilic, ciselées**
- **750 g de tomates fraîches, mondées et émincées**
- **500 g de malloreddus**
- **45 g de pecorino fraîchement râpé**
- **quelques feuilles de basilic, pour décorer**
- **sel et poivre du moulin**

Il est possible de remplacer les malloreddus par des penne, des fusilli, des farfalle ou des spaghetti.

PENNE AUX PETITS POIS ET À LA SAUCISSE

Pour 4-6 personnes
Préparation : 15 min
Cuisson : 20-30 min
Niveau de difficulté : 1

- **30 g de beurre**
- **1 oignon, finement émincé**
- **2 tomates moyennes, pelées et émincées**
- **500 g de chair à saucisse émiettée**
- **125 ml de crème fraîche épaisse**
- **2 cuil. à soupe d'huile d'olive vierge extra**
- **1 gousse d'ail, finement émincée**
- **1 petit bouquet de sauge fraîche, finement émincé**
- **300 g de petits pois surgelés**
- **1 pincée de sucre**
- **250 ml d'eau bouillante (plus, si besoin)**
- **2 cuil. à soupe de persil frais, finement haché**
- **500 g de penne**
- **60 g de parmesan, fraîchement râpé**
- **sel et poivre noir du moulin**

Porter à ébullition une grande marmite d'eau salée. • Dans une sauteuse de taille moyenne, faire chauffer le beurre à feu moyen, ajouter l'oignon et faire revenir 5 min environ, jusqu'à ce qu'il soit tendre. • Incorporer les tomates et la chair à saucisse. Verser la crème et laisser mijoter 15 min à feu doux. • Dans une casserole de taille moyenne, faire chauffer l'huile d'olive à feu moyen, ajouter l'ail et la sauge, et faire revenir 3-4 min, jusqu'à ce que l'ail soit doré. • Incorporer les petits pois, le sucre et l'eau. Laisser mijoter une dizaine de minutes, jusqu'à ce que les petits pois soient tendres. Saler et poivrer, ajouter le persil. Plonger les pâtes dans l'eau bouillante et cuire jusqu'à ce qu'elles soient *al dente*. • Égoutter et verser dans la sauteuse contenant la sauce. Ajouter les petits pois. Mélanger délicatement. Saupoudrer de parmesan et servir sans attendre.

Il est possible de remplacer les penne par des fusilli, des farfalle ou des rigatoni.

PENNE AU JAMBON ET AUX PISTACHES

Porter à ébullition une grande marmite d'eau salée. • Dans une grande sauteuse, faire chauffer l'huile d'olive à feu moyen, ajouter les bulbes d'oignons et faire revenir 2-3 min, jusqu'à ce qu'ils soient tendres. • Verser le vin et laisser évaporer 3 min. • Ajouter les courgettes et saler. Mélanger et faire revenir 5 min environ, jusqu'à ce que les courgettes soient tendres. • Incorporer le jambon, les pistaches et la moitié des tiges d'oignons, mélanger soigneusement et faire sauter 1 min. Poivrer. • Plonger les pâtes dans l'eau bouillante et cuire jusqu'à ce qu'elles soient *al dente*. Égoutter et verser dans la sauteuse contenant la sauce. Faire chauffer le tout 1 min en remuant. • Ajouter le beurre et le parmesan, et bien mélanger. Parsemer des tiges d'oignons restantes et servir sans attendre.

Pour 4-6 personnes
Préparation : 15 min
Cuisson : 20 min
Niveau de difficulté : 1

- **60 ml d'huile d'olive vierge extra**
- **8 oignons blancs, bulbes et tiges émincés séparément**
- **90 ml de vin blanc sec**
- **8 petites courgettes, coupées en petits dés**
- **250 g de jambon fumé, coupé en petits dés**
- **100 g de pistaches blanchies, grossièrement concassées**
- **500 g de penne**
- **45 g de beurre**
- **60 g de parmesan, fraîchement râpé**
- **sel et poivre noir du moulin**

Il est possible de remplacer les penne par des conchiglie, des farfalle ou des rigatoni.

MACCHERONI AU JAMBON FUMÉ

Porter à ébullition une grande marmite d'eau salée. • Dans une grande sauteuse, faire chauffer l'huile d'olive à feu moyen, ajouter les échalotes et faire revenir 3-4 min, jusqu'à ce qu'elles soient tendres. • Incorporer les tomates, les graines de fenouil et le basilic, et cuire 10 min environ à feu doux, jusqu'à ce que les tomates commencent à se désagréger. Ajouter le jambon fumé et laisser mijoter 5 min. Saler peu et poivrer. • Plonger les pâtes dans l'eau bouillante et cuire jusqu'à ce qu'elles soient *al dente*. Égoutter et ajouter dans la sauce. • Remuer 1 min à feu vif. Saupoudrer de parmesan et décorer de basilic. Servir aussitôt.

Pour 4-6 personnes
Préparation : 10 min
Cuisson : 20 min
Niveau de difficulté : 1

- **60 ml d'huile d'olive vierge extra**
- **2 échalotes, finement émincées**
- **1 kg de tomates mûres, mondées et émincées**
- **2 cuil. à café de graines de fenouil**
- **1 cuil. à soupe de basilic ciselé**
- **125 g de jambon fumé ou de lard, coupé en dés**
- **500 g de maccheroni**
- **6 cuil. à soupe de parmesan, fraîchement râpé**
- **quelques feuilles de basilic, pour décorer**
- **sel et poivre du moulin**

■ ■ ■ *En Italie, on utilise du speck, une sorte de jambon fumé très salé, originaire du Tyrol.*

Il est possible de remplacer les maccheroni par des fusilli, des farfalle ou des rigatoni.

PENNE À LA CRÈME ET AU BACON

Porter à ébullition une grande marmite d'eau salée et cuire les pâtes jusqu'à ce qu'elles soient *al dente*. • Dans une grande sauteuse, faire dorer le bacon 3 min à feu moyen, jusqu'à ce qu'il croustille. • Incorporer la crème, l'ail et le parmesan, et cuire 4 min à feu doux. • Égoutter les penne et ajouter au contenu de la sauteuse. • Bien mélanger et servir sans attendre.

Pour 4-6 personnes
Préparation : 10 min
Cuisson : 20 min
Niveau de difficulté : 1

- **500 g de penne**
- **8 tranches de bacon, finement émincées**
- **300 ml de crème fraîche épaisse**
- **3 gousses d'ail, finement émincées**
- **60 g de parmesan, fraîchement râpé**

Il est possible de remplacer les penne par des fusilli, des sedani ou des maccheroni.

GARGANELLI À LA CRÈME ET À LA SAUCISSE

Porter à ébullition une grande marmite d'eau salée. • Dans une grande sauteuse, faire chauffer le beurre à feu moyen, ajouter l'oignon et faire revenir 3-4 min, jusqu'à ce qu'il soit tendre. • Ajouter la chair à saucisse et faire sauter 3 min environ à feu vif, jusqu'à ce qu'elle brunisse de tous côtés. • Verser la crème et laisser mijoter 10 min à feu très doux. Saler, poivrer et ajouter la noix de muscade. • Plonger les pâtes dans l'eau bouillante et cuire jusqu'à ce qu'elles soient *al dente*. Égoutter et ajouter au contenu de la sauteuse. • Saupoudrer de parmesan et de persil, et mélanger délicatement. Servir sans attendre.

Pour 4-6 personnes
Préparation : 15 min
Cuisson : 30 min
Niveau de difficulté : 1

- **15 g de beurre**
- **1 oignon, finement émincé**
- **500 g de chair à saucisse, émiettée**
- **180 ml de crème liquide**
- **1/4 cuil. à café de noix de muscade, fraîchement râpée**
- **500 g de garganelli**
- **60 g de parmesan, fraîchement râpé**
- **2 cuil. à soupe de persil, finement haché**
- **sel et poivre du moulin**

■ ■ ■ *Les garganelli sont des pâtes courtes originaires d'Émilie-Romagne, une région du nord de l'Italie. Elles se servent traditionnellement avec une sauce à la viande bien épaisse, comme celle proposée ici.*

Il est possible de remplacer les garganelli par des penne, des fusilli, des cavatappi ou des festonati.

SEDANI AUX BOULETTES DE VIANDE

Pour 4-6 personnes
Préparation : 30 min
Cuisson : 35 min
Niveau de difficulté : 2

- **90 ml de lait**
- **2 tranches épaisses de pain rassis (d'un jour), sans croûte, émiettées**
- **500 g de bœuf haché**
- **125 g de prosciutto (ou de jambon sec)**
- **1 petit bouquet de persil**
- **1 gousse d'ail**
- **1 gros jaune d'œuf**
- **zeste de 1 citron, finement râpé**
- **1 pincée de noix de muscade**
- **75 g de farine blanche, et plus pour fariner**
- **5 cuil. à soupe d'huile d'olive vierge extra**
- **1 petit oignon, finement émincé**
- **1 kg de tomates, mondées et émincées**
- **1 cuil. à café d'origan séché**
- **500 g de sedani**
- **60 g de parmesan, fraîchement râpé**
- **sel et poivre du moulin**

Porter à ébullition une grande marmite d'eau salée. • Dans un petit saladier, faire tremper le pain dans le lait. Réserver. • Dans un robot de cuisine, mettre le bœuf, le prosciutto, le persil et l'ail, et mixer jusqu'à obtention d'un mélange bien homogène. Transférer dans un saladier et ajouter le pain soigneusement égoutté, le jaune d'œuf, le zeste de citron et la noix de muscade. Saler et poivrer. Bien mélanger. • Fariner un plan de travail. Façonner des boulettes de la grosseur d'une bille et rouler dans la farine. Réserver. • Dans une grande sauteuse, faire chauffer l'huile d'olive, ajouter l'oignon et faire revenir 3-4 min, jusqu'à ce qu'il soit translucide. Incorporer les tomates et l'origan, et cuire 10-15 min à feu moyen. Saler et poivrer. • Dans une marmite de taille moyenne, porter de l'eau à frémissement et cuire les boulettes 3 min. Égoutter à l'aide d'une écumoire et laisser reposer sur un linge propre. • Plonger les pâtes dans l'eau mise à bouillir au début de la recette et cuire jusqu'à ce qu'elles soient *al dente*. • Égoutter et verser dans la sauteuse contenant la sauce tomate. Ajouter les boulettes de viande et mélanger délicatement 1-2 min à feu moyen. Saupoudrer de parmesan et servir sans attendre.

Il est possible de remplacer les sedani par des penne ou des rigatoni.

PÂTES LONGUES

CAPELLI D'ANGELO AU PIMENT, CITRON ET BASILIC

Porter à ébullition une grande marmite d'eau salée et cuire les pâtes jusqu'à ce qu'elles soient *al dente*. • Dans un saladier, mélanger le jus de citron, l'huile d'olive, les piments et le parmesan. • Égoutter les pâtes. Transvaser dans une casserole. • Incorporer la préparation au citron, ainsi que le basilic et le zeste de citron. • Saler et poivrer. • Mettre la casserole à feu doux et réchauffer jusqu'à ce que les pâtes soient bien enrobées de sauce. • Servir sans tarder.

Pour 4-6 personnes
Préparation : 10 min
Cuisson : 3-5 min
Niveau de difficulté : 1

- **500 g de capelli d'angelo**
- **125 ml de jus de citron fraîchement pressé**
- **90 ml d'huile d'olive vierge extra**
- **2 piments rouges frais, épépinés et finement émincés**
- **90 g de parmesan fraîchement râpé**
- **25 g de basilic**
- **2 cuil. à café de zeste de citron biologique, finement râpé**
- **sel et poivre du moulin**

■ ■ ■ *Les capelli d'angelo, également appelés vermicelles, sont des sortes de spaghetti très fins.*

Il est possible de remplacer les capelli d'angelo par des spaghettini, des spaghetti ou des linguine.

LINGUINE AU PERSIL ET À LA CRÈME

Porter à ébullition une grande marmite d'eau salée et cuire les pâtes jusqu'à ce qu'elles soient *al dente*. • Dans une grande sauteuse, faire fondre le beurre à feu doux, ajouter la crème et le fromage, et laisser mijoter 4 min à feu doux. Incorporer le persil. • Égoutter les pâtes. Verser dans la sauteuse. Mélanger soigneusement et servir chaud.

Pour 4-6 personnes
Préparation : 10 min
Cuisson : 15 min
Niveau de difficulté : 1

- **500 g de linguine**
- **90 g de beurre**
- **300 ml de crème fraîche liquide**
- **60 g de parmesan fraîchement râpé**
- **3 cuil. à soupe de persil frais, finement haché**
- **sel**

Il est possible de remplacer les linguine par des capelli d'angelo, des spaghettini, des spaghetti ou des tagliatelle.

SPAGHETTI AU BEURRE NOIR ET AUX PIGNONS

Porter à ébullition une grande marmite d'eau salée et cuire les pâtes jusqu'à ce qu'elles soient *al dente*. • Dans une grande sauteuse, faire fondre le beurre à feu moyen à doux, jusqu'à ce qu'il mousse et prenne une coloration brune. Réserver. • Dans une sauteuse à fond épais, faire griller les pignons 3-4 min à feu moyen, en les faisant sauter régulièrement. • Égoutter les pâtes. Verser dans un grand plat et arroser avec le beurre. Ajouter les pignons et le persil. Poivrer généreusement. Saupoudrer de parmesan. Mélanger soigneusement. • Servir chaud.

Pour 4-6 personnes
Préparation : 10 min
Cuisson : 15 min
Niveau de difficulté : 1

- **500 g de spaghetti**
- **125 g de beurre salé**
- **100 g de pignons de pin**
- **2 cuil. à soupe de persil frais, finement haché**
- **parmesan fraîchement râpé**
- **sel et poivre noir grossièrement moulu**

Il est possible de remplacer les sphaghetti par des spaghettini, des spaghetti au blé complet ou des tagliatelle.

LINGUINE AU PESTO D'AMANDES

Porter à ébullition une grande marmite d'eau salée. • Dans un robot de cuisine, mettre les amandes, l'ail et le basilic, et mixer finement. • Incorporer le concentré de tomate, le parmesan et l'huile d'olive. Bien mélanger. • Plonger les pâtes dans l'eau bouillante et cuire jusqu'à ce qu'elles soient *al dente*. • Diluer le pesto avec 1-2 cuil. à soupe d'eau de cuisson. Saler. • Égoutter les pâtes et servir chaud avec le pesto d'amandes.

Pour 4-6 personnes
Préparation : 20 min
Cuisson : 15 min
Niveau de difficulté : 1

- **250 g d'amandes mondées**
- **3 gousses d'ail**
- **1 petit bouquet de basilic**
- **2 cuil. à soupe de concentré de tomate**
- **90 g de parmesan fraîchement râpé**
- **90 ml d'huile d'olive vierge extra**
- **500 g de linguine**
- **sel**

Il est possible de remplacer les linguine par des penne ou des spaghetti.

LINGUINE AU PECORINO ET AU POIVRE NOIR

Porter à ébullition une grande marmite d'eau salée et cuire les pâtes jusqu'à ce qu'elles soient *al dente*. • Dans un grand plat, mettre le pecorino et le poivre, ajouter l'huile d'olive et mélanger. • Égoutter les pâtes, en réservant 2 cuil. à soupe d'eau de cuisson. Verser les pâtes dans le plat. Ajouter l'eau de cuisson réservée. • Servir sans attendre.

Pour 4-6 personnes
Préparation : 5 min
Cuisson : 15 min
Niveau de difficulté : 1

- **500 g de linguine**
- **150 g de pecorino vieux, fraîchement râpé**
- **1 cuil. à café de poivre noir du moulin**
- **120 ml d'huile d'olive vierge extra**
- **sel**

Il est possible de remplacer les linguine par des spaghetti, des capelli d'angelo ou des spaghettini.

SPAGHETTI AU PIMENT, À L'HUILE D'OLIVE ET À L'AIL

Porter à ébullition une grande marmite d'eau salée et cuire les pâtes jusqu'à ce qu'elles soient *al dente*. • Dans une grande sauteuse, faire chauffer 2 cuil. à soupe d'huile d'olive, ajouter l'ail et les piments, et faire revenir 2-3 min à feu moyen jusqu'à ce que l'ail soit doré. • Égoutter les pâtes. Verser dans la sauteuse. Ajouter le reste de l'huile d'olive et la chapelure. Mélanger délicatement et servir chaud.

Pour 4-6 personnes
Préparation : 10 min
Cuisson : 15 min
Niveau de difficulté : 1

- **500 g de spaghetti**
- **120 ml d'huile d'olive vierge extra**
- **5 gousses d'ail, légèrement écrasées**
- **4 piments séchés**
- **75 g de chapelure fine**
- **sel**

Il est possible de remplacer les spaghetti par des spaghettini ou des linguine.

SPAGHETTI ÉPICÉS

Porter à ébullition une grande marmite d'eau salée et cuire les pâtes jusqu'à ce qu'elles soient *al dente*. • Dans une sauteuse, faire chauffer l'huile d'olive à feu doux, ajouter les piments et l'ail. Laisser suer, sans faire rissoler, et retirer du feu dès que l'ail se colore. • Égoutter les pâtes soigneusement. Transvaser dans la sauteuse, ajouter le persil et poivrer. • Saupoudrer de parmesan et mélanger délicatement. • Servir chaud avec du parmesan à part.

Pour 4-6 personnes
Préparation : 10 min
Cuisson : 15 min
Niveau de difficulté : 1

- **500 g de spaghetti**
- **125 ml d'huile d'olive vierge extra**
- **2 piments rouges frais, finement émincés**
- **4 gousses d'ail, finement émincées**
- **1 poignée de persil frais, finement haché**
- **60 g de parmesan grossièrement râpé, plus un peu de parmesan pour accompagner**
- **sel et poivre du moulin**

Il est possible de remplacer les spaghetti par des capelli d'angelo ou des spaghettini.

SPAGHETTI AUX OLIVES NOIRES ET AUX HERBES

Porter à ébullition une grande marmite d'eau salée et cuire les pâtes jusqu'à ce qu'elles soient *al dente*. • Hacher grossièrement le basilic, en réservant 16 grandes feuilles. Dans un saladier, mélanger le basilic haché, le romarin, le persil et la chapelure. • Dans une grande sauteuse, faire chauffer 3 cuil. à soupe d'huile d'olive, ajouter les échalotes, l'ail, les câpres et les olives, et faire revenir 3 min à feu moyen. Incorporer la préparation aux herbes et faire revenir 2 min de plus. • Dans une petite poêle, faire chauffer 3 cuil. à soupe d'huile d'olive, ajouter les feuilles de basilic réservées et faire sauter quelques secondes à feu moyen, jusqu'à ce qu'elles soient flétries. Transférer sur du papier absorbant. • Égoutter les pâtes. Ajouter au contenu de la sauteuse et faire revenir 1 min à feu moyen. Poivrer. Arroser avec l'huile d'olive restante et parsemer des feuilles de basilic sautées. • Servir chaud.

Pour 4-6 personnes
Préparation : 15 min
Cuisson : 15 min
Niveau de difficulté : 1

- **1 gros bouquet de basilic frais**
- **1 cuil. à soupe de romarin frais, finement haché**
- **2 cuil. à soupe de persil frais, finement haché**
- **4 cuil. à soupe de chapelure fine**
- **120 ml d'huile d'olive vierge extra**
- **2 petites échalotes, finement émincées**
- **1 gousse d'ail, finement émincée**
- **1 cuil. à soupe de câpres au sel, rincées**
- **100 g d'olives noires, dénoyautées et hachées**
- **500 g de spaghetti**
- **sel et poivre du moulin**

Il est possible de remplacer les spaghetti par des capelli d'angelo, des spaghettini ou des linguine.

SPAGHETTI AUX ANCHOIS, AUX PIGNONS ET AUX RAISINS SECS

Porter à ébullition une grande marmite d'eau salée. • Dans une grande sauteuse, faire chauffer l'huile d'olive, ajouter l'ail et faire revenir 2 min à feu moyen, jusqu'à ce qu'il soit coloré. • Ajouter les pignons et les raisins, et faire sauter 2 min jusqu'à ce que les pignons soient dorés. • Incorporer le concentré de tomate dilué, ajouter les anchois et laisser fondre 5-10 min. • Saler et retirer du feu. • Cuire les pâtes jusqu'à ce qu'elles soient *al dente*. • Égoutter en réservant un peu d'eau de cuisson. Verser les pâtes dans la sauce et ajouter de l'eau de cuisson, si nécessaire. • Parsemer de persil et servir.

Pour 4-6 personnes
Préparation : 15 min
Cuisson : 25 min
Niveau de difficulté : 1

- **90 ml d'huile d'olive vierge extra**
- **1 gousse d'ail, finement hachée**
- **2 cuil. à soupe de pignons de pin**
- **2 cuil. à soupe de raisins de Smyrne**
- **5 cuil. à soupe de concentré de tomate, dilué dans 60 ml d'eau tiède**
- **4 anchois salés, rincés et sans arêtes**
- **500 g de spaghetti**
- **1 cuil. à café de persil frais, finement haché**
- **sel**

Il est possible de remplacer les sphaghetti par des spaghettini, des linguine ou des bucatini.

SPAGHETTI ÉPICÉS AUX PIGNONS ET RAISINS SECS

Porter à ébullition une grande marmite d'eau salée et cuire les pâtes jusqu'à ce qu'elles soient *al dente*. • Dans une grande sauteuse, faire chauffer l'huile d'olive, ajouter l'ail et le piment, et faire revenir 2-3 min à feu moyen jusqu'à ce que l'ail se colore. • Incorporer les pignons et les raisins. Saler et poivrer. Faire revenir 1 min de plus. • Égoutter les pâtes. Verser dans la sauteuse. Ajouter le persil et réchauffer à feu vif, tout en mélangeant. • Servir chaud.

Pour 4-6 personnes
Préparation : 10 min
Cuisson : 15 min
Niveau de difficulté : 1

- **500 g de spaghetti**
- **90 ml d'huile d'olive vierge extra**
- **2 gousses d'ail, finement hachées**
- **1 piment rouge frais, épépiné et finement émincé**
- **90 g de pignons de pin**
- **90 g de raisins de Smyrne**
- **4 cuil. à soupe de persil frais, finement haché**
- **sel et poivre du moulin**

Il est possible de remplacer les sphaghetti par des spaghettini, des linguine, des penne rigate ou des farfalle.

LINGUINE AUX TOMATES FRAÎCHES ET AU CITRON

Porter à ébullition une grande marmite d'eau salée. • Plonger les tomates 2 min dans l'eau bouillante. Égoutter et peler. Hacher grossièrement. • Plonger les pâtes dans l'eau bouillante et cuire jusqu'à ce qu'elles soient *al dente*. • Égoutter soigneusement et verser dans un grand plat de service. • Ajouter les tomates, le basilic, l'huile d'olive, le jus de citron et l'ail. Saler et poivrer. Bien mélanger. • Décorer avec les feuilles de basilic entières et servir chaud.

Pour 4-6 personnes
Préparation : 10 min
Cuisson : 15 min
Niveau de difficulté : 1

- **1 kg de tomates**
- **500 g de linguine**
- **4 cuil. à soupe de basilic frais, finement haché**
- **90 ml d'huile d'olive vierge extra**
- **jus de 1 citron, fraîchement pressé**
- **2 gousses d'ail, finement hachées**
- **quelques feuilles de basilic, pour décorer**
- **sel et poivre du moulin**

Il est possible de remplacer les linguine par des penne, des tagliatelle, des spaghettini ou des spaghetti.

SPAGHETTI À LA TOMATE ET AU BASILIC

Porter à ébullition une grande marmite d'eau salée. • Dans une grande sauteuse, faire chauffer l'huile d'olive à feu vif, ajouter les piments et 1 tomate, et frire 2-3 min. • Incorporer les tomates restantes, une par une, et cuire au fur et à mesure. Saler et poivrer. Retirer les piments. • Plonger les pâtes dans l'eau bouillante et cuire jusqu'à ce qu'elles soient *al dente*.• Égoutter les pâtes et verser dans la sauteuse. Ajouter le basilic et le pecorino. Bien mélanger et servir chaud.

Pour 4-6 personnes
Préparation : 15 min
Cuisson : 20-25 min
Niveau de difficulté : 1

- **120 ml d'huile d'olive vierge extra**
- **2 gros piments rouges frais, entiers**
- **1 kg de tomates San Marzano, mondées, épépinées, et coupées en deux dans le sens de la longueur**
- **500 g de spaghetti**
- **120 g de pecorino vieux, fraîchement râpé**
- **basilic frais, ciselé**
- **sel et poivre du moulin**

■ ■ ■ *Pour ce plat, privilégier des tomates bien charnues, sans trop de pépins ni de jus. Les San Marzano sont idéales, mais n'importe quelle autre tomate aromatique peut également convenir.*

Il est possible de remplacer les spaghetti par des penne, des linguine ou des bucatini.

LINGUINE AU PESTO DE ROQUETTE

Porter à ébullition une grande marmite d'eau salée et cuire les pâtes jusqu'à ce qu'elles soient *al dente*. • Dans un robot de cuisine, mettre l'ail, les pignons, la roquette et la moitié de l'huile d'olive, saler et mixer jusqu'à obtention d'une préparation fluide. Incorporer le parmesan et un peu d'huile d'olive. Bien mélanger. • Égoutter les pâtes en réservant 2 cuil. à soupe d'eau de cuisson. • Verser dans un grand plat de service. Ajouter le pesto, l'eau de cuisson réservée et le reste de l'huile d'olive. Mélanger délicatement et servir sans attendre.

Pour 4-6 personnes
Préparation : 15 min
Cuisson : 15 min
Niveau de difficulté : 1

- **500 g de linguine**
- **2 gousses d'ail**
- **45 g de pignons**
- **200 g de roquette fraîche**
- **125 ml d'huile d'olive vierge extra**
- **60 g de parmesan, fraîchement râpé**
- **sel**

Il est possible de remplacer les linguine par des capelli d'angelo, des spaghettini, des spaghetti ou des penne lisses.

SPAGHETTI AU PESTO DE CAVOLO NERO

Porter à ébullition une grande marmite d'eau salée. • Faire blanchir le chou 5 min dans l'eau bouillante. Retirer à l'aide d'une écumoire, égoutter soigneusement. Remettre l'eau à bouillir. • Dans un robot de cuisine, mettre le chou, l'ail, le pecorino et l'huile d'olive, et mixer jusqu'à obtention d'une purée. Saler et poivrer. • Plonger les pâtes dans l'eau bouillante et cuire jusqu'à ce qu'elles soient *al dente*. • Égoutter soigneusement. Servir les pâtes chaudes avec le pesto et le pecorino à part.

Pour 4-6 personnes
Préparation : 20 min
Cuisson : 20 min
Niveau de difficulté : 1

- **500 g de cavolo nero (chou frisé italien), sans les tiges**
- **2 gousses d'ail, légèrement écrasées**
- **60 g de pecorino fraîchement râpé, plus un peu de pecorino pour accompagner**
- **150 ml d'huile d'olive vierge extra**
- **500 g de spaghetti**
- **sel et poivre du moulin**

■ ■ ■ *Le cavolo nero, également appelé chou de Toscane ou chou frisé noir, est une variété de chou. Ses feuilles ont une saveur intense et délicatement amère. On le trouve désormais un peu partout, mais il peut, à défaut, être remplacé par des blettes ou des épinards.*

Il est possible de remplacer les spaghetti par des penne.

LINGUINE AU PESTO PIMENTÉ

Porter à ébullition une grande marmite d'eau salée et cuire les pâtes, jusqu'à ce qu'elles soient *al dente*. • Dans un robot de cuisine, placer le basilic, les piments, l'ail et le sel, et mixer 5 s. Incorporer les pignons, les deux sortes de fromages et la moitié de l'huile d'olive. Mixer 5 s de plus. Racler les parois du robot, ajouter le reste de l'huile d'olive et mixer encore jusqu'à obtention d'un pesto fluide. • Égoutter les pâtes. Mélanger avec le pesto et servir chaud.

Pour 4-6 personnes
Préparation : 10 min
Cuisson : 10-12 min
Niveau de difficulté : 1

- **500 g de linguine**
- **100 g de basilic frais**
- **1-2 piments rouges frais, épépinés et grossièrement émincés**
- **2 gousses d'ail, grossièrement écrasées**
- **½ cuil. à café de sel**
- **120 g de pignons de pin, légèrement grillés**
- **50 g de parmesan, fraîchement râpé**
- **50 g de pecorino, fraîchement râpé**
- **90 ml d'huile d'olive vierge extra**

Il est possible de remplacer les linguine par des capelli d'angelo, des spaghettini ou des spaghetti.

SPAGHETTI AUX OLIVES VERTES, AU PESTO ET AUX TOMATES FRITES

Étaler plusieurs épaisseurs de papier absorbant sur une grande assiette et disposer les tomates tranchées. Réserver au réfrigérateur en changeant régulièrement le papier absorbant, de manière à bien faire dégorger les tomates. • Porter à ébullition une grande marmite d'eau salée. • Dans un robot de cuisine, mettre le persil, les olives et les pignons, et mixer jusqu'à obtention d'un mélange homogène. Ajouter le parmesan, puis incorporer progressivement l'huile d'olive. • Dans une sauteuse, faire chauffer l'huile de friture jusqu'à ce qu'elle soit brûlante. • Passer les tranches de tomates dans la farine pour les paner. • Plonger par petites quantités à la fois dans l'huile bien chaude et frire jusqu'à ce qu'elles soient bien croustillantes. Égoutter sur du papier absorbant. Saler légèrement. • Plonger les pâtes dans l'eau bouillante et cuire jusqu'à ce qu'elles soient *al dente*. • Bien égoutter. Verser dans un plat de service. Ajouter le pesto aux olives. Mélanger délicatement. Poser les tomates frites par-dessus. • Servir sans attendre.

Pour 4-6 personnes
Préparation : 45 min
Cuisson : 30 min
Niveau de difficulté : 2

- **500 g de tomates charnues, comme les San Marzano, mondées et finement tranchées**
- **1 petit bouquet de persil frais**
- **100 g d'olives vertes, dénoyautées**
- **6 cuil. à soupe de pignons**
- **6 cuil. à soupe de parmesan, fraîchement râpé**
- **90 ml d'huile d'olive vierge extra**
- **125 ml d'huile d'olive, pour la friture**
- **75 g de farine blanche**
- **500 g de spaghetti**
- **sel**

■ ■ ■ *Pour ce plat, préférer des tomates pauvres en pépins.*

Il est possible de remplacer les spaghetti par des spaghettini ou des linguine.

LINGUINE AUX TOMATES CERISES ET AU PESTO

Préchauffer le four à 180 °C (th. 6). • Disposer les tomates cerises sur une plaque à pâtisserie, face tranchée vers le haut. Arroser avec 2 cuil. à soupe d'huile d'olive. Parsemer légèrement de sel et de poivre blanc. • Cuire 15 min. • Porter à ébullition une grande marmite d'eau salée. • Dans un robot de cuisine, mettre le basilic, le parmesan, l'ail, les amandes et le reste de l'huile d'olive. Mixer jusqu'à obtention d'une préparation fluide. Saler et poivrer. • Plonger les pâtes dans l'eau bouillante et cuire jusqu'à ce qu'elles soient *al dente*. • Égoutter soigneusement et transvaser dans un plat de service chaud. • Ajouter le pesto et les tomates cuites. Mélanger délicatement. • Servir chaud.

Pour 4-6 personnes
Préparation : 25 min
Cuisson : 30 min
Niveau de difficulté : 1

- **750 g de tomates cerises, coupées en deux**
- **6 cuil. à soupe d'huile d'olive vierge extra**
- **100 g de basilic frais**
- **60 g de parmesan, fraîchement râpé**
- **2 gousses d'ail**
- **45 g d'amandes mondées**
- **500 g de linguine**
- **sel et poivre blanc du moulin**

Il est possible de remplacer les linguine par des farfalle ou des spaghetti.

LINGUINE AUX NOIX ET AU GORGONZOLA

Porter à ébullition une grande marmite d'eau salée et cuire les pâtes jusqu'à ce qu'elles soient *al dente*. • Dans une sauteuse, faire chauffer le vinaigre de cidre et les noix. • Égoutter soigneusement les pâtes. Verser dans une poêle. • Arroser avec la préparation au cidre, puis incorporer les épinards et le fromage. • Bien mélanger et servir chaud.

Pour 4-6 personnes
Préparation : 20 min
Cuisson : 15-20 min
Niveau de difficulté : 1

- **500 g de linguine**
- **90 ml de vinaigre de cidre**
- **125 g de noix, grillées**
- **350 g de jeunes feuilles d'épinards, équeutées**
- **250 g de gorgonzola, émietté**
- **sel**

Il est possible de remplacer les linguine par des penne, des farfalle ou des spaghetti.

SPAGHETTI ALL'ARRABBIATA

Porter à ébullition une grande marmite d'eau salée. • Dans une grande sauteuse, faire chauffer l'huile d'olive à feu moyen, ajouter la pancetta et faire revenir 3-4 min jusqu'à ce qu'elle croustille et brunisse légèrement. • Retirer la pancetta avec une écumoire et réserver. • Dans la même sauteuse, faire revenir les piments et l'ail 2-3 min, jusqu'à ce que l'ail soit doré. • Incorporer les tomates entières, saler, ajouter le persil et cuire 10-15 min à feu doux, jusqu'à ce que les tomates se désagrègent. • Incorporer la pancetta et laisser mijoter 3 min. • Plonger les pâtes dans l'eau bouillante et cuire jusqu'à ce qu'elles soient *al dente*. • Égoutter et ajouter au contenu de la sauteuse. Parsemer de pecorino et de persil ciselé, bien mélanger et servir chaud.

Pour 4-6 personnes
Préparation : 15 min
Cuisson : 25-35 min
Niveau de difficulté : 1

- **90 ml d'huile d'olive vierge extra**
- **150 g de pancetta (ou de lard), coupée en petits morceaux**
- **2 piments rouges frais, épépinés et finement émincés**
- **3 gousses d'ail, finement hachées**
- **400 g de tomates en boîte, avec leur jus**
- **1 cuil. à soupe de persil frais, finement haché**
- **500 g de spaghetti**
- **60 g de pecorino, fraîchement râpé**
- **persil ciselé, pour décorer**
- **sel**

■ ■ ■ Arrabbiata *signifie « en colère » en italien, et c'est le nom d'une sauce de pâtes très répandue dans le centre de l'Italie. La « chaleur » ou la « colère » de ce plat est due à la présence des piments.*

Il est possible de remplacer les sphaghetti par des spaghettini, des linguine, des bucatini ou des penne.

SPAGHETTI AUX TOMATES ET AU FROMAGE

Porter à ébullition une grande marmite d'eau salée. • Dans une grande sauteuse, faire chauffer l'huile d'olive, ajouter l'oignon et faire revenir 3-4 min à feu moyen, jusqu'à ce qu'il soit tendre. • Incorporer les tomates entières. Saler et poivrer. Laisser mijoter 15 min, puis ajouter le basilic. • Plonger les pâtes dans l'eau bouillante et cuire jusqu'à ce qu'elles soient *al dente*. • Bien égoutter et verser dans la sauteuse contenant la sauce. Réchauffer 1 min à feu vif. • Retirer du feu et ajouter les deux sortes de fromages. Mélanger soigneusement. Décorer avec les feuilles de basilic, et servir sans attendre.

Pour 4-6 personnes
Préparation : 20 min
Cuisson : 15-20 min
Niveau de difficulté : 1

- **90 ml d'huile d'olive vierge extra**
- **1 petit oignon, finement haché**
- **400 g de tomates en boîte, avec leur jus**
- **1 cuil. à soupe de basilic frais, ciselé**
- **500 g de spaghetti**
- **90 g de mozzarella, découpée en dés**
- **90 g de caciocavallo ou de parmesan, fraîchement râpé**
- **quelques feuilles de basilic, pour décorer**
- **sel et poivre du moulin**

Il est possible de remplacer les spaghetti par des spaghettini, des linguine, des penne ou des farfalle.

SPAGHETTI À LA TOMATE ET À LA SAUCE VÉGÉTARIENNE

Dans une grande sauteuse, faire chauffer l'huile d'olive à feu moyen. Incorporer l'oignon, la carotte et le céleri. Saler et poivrer. Couvrir et laisser suer à feu doux 10 min. • Ajouter l'ail et la menthe, et faire revenir 3 min à feu moyen. Incorporer les tomates et laisser mijoter 30 min. Saler et poivrer. • Porter à ébullition une grande marmite d'eau salée et cuire les pâtes jusqu'à ce qu'elles soient *al dente*. • Égoutter soigneusement et verser dans la sauteuse contenant la sauce. Parsemer de pecorino et servir chaud.

Pour 4-6 personnes
Préparation : 20 min
Cuisson : 40-45 min
Niveau de difficulté : 1

- **90 ml d'huile d'olive vierge extra**
- **1 gros oignon, finement émincé**
- **1 carotte, finement émincée**
- **1 branche de céleri, émincée**
- **2 gousses d'ail, émincées**
- **1 cuil. à soupe de menthe fraîche, finement ciselée**
- **1 kg de tomates, mondées et émincées**
- **500 g de spaghetti**
- **6 cuil. à soupe de pecorino, fraîchement râpé**
- **sel et poivre du moulin**

Il est possible de remplacer les spaghetti par des linguine, des bucatini, des fusilli, des farfalle ou des penne rigate.

LINGUINE AUX FLEURETTES DE BROCOLIS

Porter à ébullition une grande marmite d'eau salée et cuire les fleurettes de brocolis 2 min. Retirer avec une écumoire et égoutter soigneusement. • Remettre l'eau à bouillir. Plonger les pâtes dans l'eau bouillante. • Dans une grande sauteuse, faire chauffer l'huile d'olive à feu moyen à vif, ajouter les fleurettes de brocolis et laisser mijoter 5 min à feu doux. • Incorporer les piments, l'ail et les graines de sésame. Laisser les légumes mijoter, le temps que les pâtes aient fini de cuire et soient *al dente*. • Égoutter et transférer dans la sauteuse. Ajouter le persil et le jus de citron vert. Mélanger soigneusement. • Servir sans attendre.

Pour 4-6 personnes
Préparation : 20 min
Cuisson : 20-25 min
Niveau de difficulté : 1

- **500 g de fleurettes de brocolis, nettoyées et coupées en deux dans le sens de la longueur**
- **500 g de linguine**
- **60 ml d'huile d'olive vierge extra**
- **3 piments rouges frais, épépinés et finement émincés dans le sens de la longueur**
- **4 gousses d'ail, finement émincées**
- **4 cuil. à soupe de graines de sésame**
- **2 cuil. à soupe de persil frais, finement haché**
- **jus de 2 citrons verts, fraîchement pressé**
- **sel**

Il est possible de remplacer les linguine par des spaghetti, des conchiglie ou des rigatoni.

BUCATINI AU CHOU-FLEUR À L'AIGRE-DOUCE

Porter à ébullition une grande marmite d'eau salée et cuire le chou-fleur 3-5 min jusqu'à ce qu'il soit presque tendre. Retirer avec une écumoire et réserver. • Remettre l'eau à bouillir. Plonger les pâtes dans l'eau bouillante. • Dans une grande sauteuse, faire chauffer l'huile d'olive, ajouter l'oignon et faire revenir 3-4 min à feu moyen, jusqu'à ce qu'il soit tendre. Incorporer les anchois, les raisins, les pignons et la préparation au safran. Faire revenir 2-3 min, puis ajouter le chou-fleur. Laisser mijoter le tout à feu doux, le temps que les pâtes aient fini de cuire et soient *al dente*. • Égoutter et transvaser dans la sauteuse. Mélanger délicatement et parsemer généreusement de poivre et de pecorino. • Servir chaud.

Pour 4-6 personnes
Préparation : 15 min
Cuisson : 15-20 min
Niveau de difficulté : 1

- **1 chou-fleur moyen, divisé en bouquets**
- **500 g de bucatini**
- **90 ml d'huile d'olive vierge extra**
- **1 oignon, finement émincé**
- **4 filets d'anchois salés**
- **4 cuil. à soupe de raisins de Smyrne**
- **4 cuil. à soupe de pignons de pin**
- **1/4 cuil. à café de safran, dissous dans 3 cuil. à café d'eau chaude**
- **6 cuil. à soupe de pecorino, fraîchement râpé**
- **sel et poivre du moulin**

Il est possible de remplacer les bucatini par des spaghetti ou des maccheroni.

SPAGHETTI À LA SAUCE TOMATE ET AUX AUBERGINES

Pour 4-6 personnes
Préparation : 30 min + 1 h de dégorgeage
Cuisson : 1 h
Niveau de difficulté : 2

Aubergines

- **500 g d'aubergines, avec la peau, coupées en fines tranches**
- **250 ml d'huile d'olive, pour la friture**
- **gros sel**

Sauce tomate

- **1 kg de tomates, mondées et grossièrement émincées**
- **1 oignon rouge, émincé**
- **2 gousses d'ail, finement émincées**
- **1 petit bouquet de basilic frais, ciselé**
- **2 cuil. à soupe d'huile d'olive vierge extra**
- **1 pincée de sucre**
- **500 g de spaghetti**
- **125 g de parmesan, fraîchement râpé**
- **sel**

Aubergines : placer les tranches d'aubergine dans une passoire et arroser de gros sel. Laisser dégorger 1 h. Éliminer l'excès de sel. • Dans une grande sauteuse à fond épais, faire chauffer l'huile d'olive jusqu'à ce qu'elle soit bouillante. • Frire les aubergines 5-7 min par petites quantités à la fois, jusqu'à ce qu'elles soient bien dorées. Égoutter sur du papier absorbant.

Sauce tomate : mettre les tomates, l'oignon, l'ail, le basilic, l'huile d'olive et le sucre dans une casserole de taille moyenne. Saler, couvrir et laisser mijoter 15 min à feu moyen, jusqu'à ce que les tomates se désagrègent. • Retirer le couvercle et laisser mijoter encore 15-20 min, à feu très doux, jusqu'à ce que la sauce épaississe. • Porter à ébullition une grande marmite d'eau salée. • Dans un robot de cuisine, mixer la sauce tomate pour la rendre fluide. • Plonger les pâtes dans l'eau bouillante et cuire jusqu'à ce qu'elles soient *al dente*. • Bien égoutter et mélanger avec la sauce. • Disposer les aubergines frites dans un grand plat de service chaud, verser les spaghetti par-dessus. Saupoudrer de parmesan et servir chaud.

Il est possible de remplacer les spaghetti par des spaghettini, des linguine ou des bucatini.

LINGUINE AUX TOMATES ÉPICÉES ET AUX OLIVES

Porter à ébullition une grande marmite d'eau salée. • Dans une grande sauteuse, faire chauffer l'huile d'olive à feu moyen, ajouter l'ail et faire revenir 2-3 min jusqu'à ce qu'il dore. • Verser les tomates. Saler et poivrer. Laisser mijoter 10 min, puis ajouter les câpres et les olives. Laisser mijoter encore 10-15 min, jusqu'à ce que la sauce ait réduit. • Plonger les pâtes dans l'eau bouillante et cuire jusqu'à ce qu'elles soient *al dente*. • Égoutter et ajouter au contenu de la sauteuse. Réchauffer 1 min à feu vif, tout en remuant. • Parsemer de persil et de paprika, bien mélanger et servir sans attendre.

Pour 4-6 personnes
Préparation : 15 min
Cuisson : 25-30 min
Niveau de difficulté : 1

- **90 ml d'huile d'olive vierge extra**
- **4 gousses d'ail, finement émincées**
- **1 kg de tomates, mondées et grossièrement concassées**
- **2 cuil. à soupe de câpres au sel, rincées**
- **150 g d'olives noires dénoyautées, grossièrement hachées**
- **500 g de linguine**
- **3 cuil. à soupe de persil frais, finement haché**
- **1/2 cuil. à café de paprika**
- **sel et poivre du moulin**

Il est possible de remplacer les linguine par des spaghettini, des spaghetti ou des bucatini.

SPAGHETTI AUX CHAMPIGNONS

Porter à ébullition une grande marmite d'eau salée. • Dans une grande sauteuse, faire chauffer 4 cuil. à soupe d'huile d'olive à feu moyen, ajouter l'ail et faire revenir 2-3 min, jusqu'à ce qu'il dore. • Incorporer les champignons et cuire 7-10 min, jusqu'à ce qu'ils soient tendres. • Dans une petite poêle, faire chauffer les 2 cuil. à soupe d'huile d'olive restantes à feu moyen, incorporer la pancetta et faire revenir 3-4 min, jusqu'à ce qu'elle croustille et brunisse légèrement. Transférer dans la sauteuse contenant les champignons. Bien mélanger et laisser mijoter 2 min à feu doux. • Plonger les pâtes dans l'eau bouillante et cuire jusqu'à ce qu'elles soient *al dente*. • Égoutter et verser dans la sauteuse. Mélanger soigneusement. Ajouter le persil, saler et poivrer. • Parsemer de fromage et servir chaud.

Pour 4-6 personnes
Préparation : 15 min
Cuisson : 20-25 min
Niveau de difficulté : 1

- **6 cuil. à soupe d'huile d'olive vierge extra**
- **2 gousses d'ail, finement émincées**
- **750 g de champignons de Paris, émincés**
- **250 g de pancetta (ou de lard), coupée en petits morceaux**
- **500 g de spaghetti**
- **2 cuil. à soupe de persil frais, finement haché**
- **120 g de pecorino ou de parmesan, fraîchement râpé**
- **sel et poivre du moulin**

Il est possible de remplacer les spaghetti par des penne, des fusilli, des rigatoni ou des linguine.

LINGUINE À LA SAUCE CHAMPIGNONS

Découper les gros champignons en quartiers. • Dans une sauteuse, faire chauffer l'huile d'olive à feu doux, ajouter l'oignon, couvrir et laisser suer 20 min. Saler. Incorporer l'ail et le piment. • Porter à ébullition une grande marmite d'eau salée. • Augmenter le feu sous la sauteuse et verser le vin. Ajouter les champignons et laisser mijoter à feu vif jusqu'à évaporation du liquide. • Incorporer les tomates cerises, le basilic et le persil. Mélanger et laisser mijoter à feu moyen à doux une dizaine de minutes, jusqu'à ce que les champignons soient tendres. Saler. • Plonger les pâtes dans l'eau bouillante et cuire jusqu'à ce qu'elles soient *al dente*. • Égoutter et verser dans la sauteuse. Mélanger soigneusement et servir chaud.

Pour 4-6 personnes
Préparation : 20 min
Cuisson : 35-40 min
Niveau de difficulté : 1

- **750 g de champignons variés (bolets, champignons de Paris, chanterelles, enoki)**
- **60 ml d'huile d'olive vierge extra**
- **1 petit oignon, finement émincé**
- **2 gousses d'ail, finement émincées**
- **1 piment séché, émietté**
- **60 ml de vin blanc sec**
- **20 tomates cerises, découpées en quartiers**
- **1 bouquet de basilic frais, ciselé**
- **1 cuil. à soupe de persil frais, finement haché**
- **500 g de linguine**
- **sel**

Il est possible de remplacer les linguine par des spaghetti, des penne rigate ou des rigatoni sedani.

SPAGHETTI AU PESTO, AUX POMMES DE TERRE ET AUX HARICOTS VERTS

Pesto : mettre les feuilles de basilic, l'ail et les pignons dans un robot de cuisine et mixer finement, en ajoutant progressivement l'huile d'olive. • Transvaser dans un bol. Incorporer le fromage, saler et poivrer.

Pâtes : faire bouillir une grande marmite d'eau salée et cuire les haricots verts 4-5 min jusqu'à ce qu'ils soient juste tendres. Retirer à l'aide d'une écumoire et réserver. • Remettre l'eau à bouillir. Plonger les pâtes dans l'eau bouillante et cuire 5 min. Ajouter les pommes de terre et poursuivre la cuisson 7-8 min, jusqu'à ce que les pâtes soient *al dente* et les pommes de terre tendres. • Bien égoutter et verser dans un plat de service chaud. • Ajouter le pesto et les haricots verts, et bien remuer. • Poivrer. Servir très chaud.

■ ■ ■ *Ce plat vient de Gênes, la capitale de la Ligurie, dans le nord-ouest de l'Italie. Gênes est le berceau du pesto.*

Pour 4-6 personnes
Préparation : 20 min
Cuisson : 20 min
Niveau de difficulté : 1

Pesto

- **1 gros bouquet de basilic frais, effeuillé**
- **2 gousses d'ail**
- **2 cuil. à soupe de pignons de pin**
- **125 ml d'huile d'olive vierge extra**
- **4 cuil. à soupe de pecorino, fraîchement râpé**
- **sel et poivre noir du moulin**

Pâtes

- **350 g de haricots verts, coupés en petits morceaux**
- **500 g de spaghetti**
- **8 pommes de terre nouvelles, coupées en petits dés**
- **sel et poivre noir du moulin**

Il est possible de remplacer les spaghetti par des spaghetti complets ou des linguine.

SPAGHETTI AUX CIBOULES ET AUX TOMATES

Dans une grande poêle, faire chauffer 4 cuil. à soupe d'huile d'olive à feu doux. Ajouter les ciboules, l'ail et le bouquet garni, et faire suer 20 min à découvert en remuant fréquemment, jusqu'à ce que tous les ingrédients aient réduit d'au moins un quart de leur volume et soient fondants. • Porter une grande marmite d'eau salée à ébullition. • Enlever le bouquet garni de la poêle. Ajouter les tomates et les piments. Saler et laisser mijoter en remuant de temps en temps. • Plonger les pâtes dans l'eau bouillante et cuire jusqu'à ce qu'elles soient *al dente*. • Bien égoutter et verser dans la poêle contenant les légumes. Remuer délicatement. Ajouter le reste de l'huile d'olive et décorer avec les feuilles de basilic. • Servir très chaud.

Pour 4-6 personnes
Préparation : 30 min
Cuisson : 35-40 min
Niveau de difficulté : 1

- **7 cuil. à soupe d'huile d'olive vierge extra**
- **500 g de ciboules, émincées**
- **3 gousses d'ail, finement émincées**
- **1 bouquet garni**
- **250 g de tomates mûres, épluchées et hachées**
- **2 piments rouges frais, finement émincés**
- **500 g de spaghetti**
- **feuilles de basilic frais**
- **sel**

Il est possible de remplacer les spaghetti par des linguine, des bucatini, des ziti ou des rigatoni.

SPAGHETTI COMPLETS AUX OIGNONS CARAMÉLISÉS

Dans une casserole à fond épais, faire chauffer les oignons avec l'huile d'olive à feu doux. Saler légèrement, donner un tour de moulin à poivre et couvrir. • Laisser mijoter 1 h à feu très doux. Les oignons ne doivent pas brûler, mais fondre lentement. Remuer fréquemment en ajoutant du bouillon si nécessaire, afin que la sauce reste liquide. Elle doit être crémeuse et dorée en fin de cuisson. • Faire bouillir une grande marmite d'eau salée et cuire les pâtes jusqu'à ce qu'elles soient *al dente*. • Bien égoutter et verser dans un plat de service. Ajouter la sauce à l'oignon et le persil. Remuer délicatement et servir très chaud.

Pour 4-6 personnes
Préparation : 25 min
Cuisson : 1 h 15
Niveau de difficulté : 1

- **6 gros oignons, très finement émincés**
- **90 ml d'huile d'olive vierge extra**
- **250 ml de bouillon de bœuf (*voir* page 48)**
- **500 g de spaghetti complets**
- **persil finement haché**
- **sel et poivre noir du moulin**

Il est possible de remplacer les spaghetti complets par des spaghetti natures, des penne ou des fusilli.

SPAGHETTI À LA SAUCE ÉPICÉE AUX TOMATES CERISES

Faire bouillir une grande marmite d'eau salée. • Dans un saladier, mettre les tomates, l'ail, les flocons de piment et le basilic. • Dans une grande sauteuse, faire chauffer l'huile d'olive à feu vif, ajouter le contenu du saladier et cuire 5-6 min en remuant fréquemment avec une cuillère en bois. Saler. • Plonger les pâtes dans l'eau bouillante et cuire jusqu'à ce qu'elles soient encore très fermes. • Égoutter et verser dans la sauteuse. Faire revenir les ingrédients à feu vif jusqu'à ce que la sauce soit absorbée par les pâtes, qui auront fini de cuire. • Servir très chaud.

Pour 4-6 personnes
Préparation : 15 min
Cuisson : 15 min
Niveau de difficulté : 1

- **1 kg de tomates cerises, coupées en deux**
- **2 gousses d'ail, finement émincées**
- **½ cuil. à café de flocons de piment ou 1 petit piment séché, émietté**
- **125 ml d'huile d'olive vierge extra**
- **500 g de spaghetti**
- **basilic frais, grossièrement haché**
- **sel**

Il est possible de remplacer les spaghetti par des spaghettini, des penne rigate ou des cavatappi.

SPAGHETTI À LA SAUCE AUX POIVRONS

Faire bouillir une grande marmite d'eau salée. • Dans une grande sauteuse, faire chauffer l'huile d'olive à feu moyen, ajouter les oignons et faire revenir 3-4 min jusqu'à ce qu'ils soient tendres. • Ajouter les tomates et laisser mijoter 10 min jusqu'à ce qu'elles commencent à fondre. Ajouter les poivrons et les anchois. Laisser mijoter encore 5 min. Saler. • Plonger les pâtes dans l'eau bouillante et cuire jusqu'à ce qu'elles soient *al dente*. • Égoutter et ajouter au contenu de la sauteuse. Bien remuer et servir très chaud.

Pour 4-6 personnes
Préparation : 15 min
Cuisson : 30 min
Niveau de difficulté : 1

- **90 ml d'huile d'olive vierge extra**
- **3 oignons moyens, finement émincés**
- **4 grosses tomates, mondées et hachées**
- **350 g de poivrons en boîte ou en bocal, égouttés**
- **4 filets d'anchois salés, finement hachés**
- **500 g de spaghetti**
- **sel**

Il est possible de remplacer les spaghetti par des linguine, des bucatini, des penne ou des fusilli.

SPAGHETTI AU BLEU ET AUX BROCOLIS

Faire bouillir une grande marmite d'eau salée et cuire les fleurettes de brocolis 5 min jusqu'à ce qu'elles soient tout juste tendres. Égoutter et réserver l'eau de cuisson. • Remettre l'eau à bouillir et cuire les pâtes jusqu'à ce qu'elles soient *al dente*. • Dans une grande sauteuse, faire chauffer l'huile d'olive à feu moyen, ajouter l'ail et faire revenir 2-3 min jusqu'à ce qu'il soit légèrement doré. Incorporer les brocolis et mélanger délicatement. • Égoutter les pâtes. Verser dans un plat de service chaud. Ajouter les brocolis, le gorgonzola et le parmesan. Assaisonner avec le poivre concassé. • Remuer doucement et servir très chaud.

Pour 4-6 personnes
Préparation : 15 min
Cuisson : 20 min
Niveau de difficulté : 1

- **500 g de brocolis, divisés en fleurettes**
- **500 g de spaghetti**
- **60 ml d'huile d'olive vierge extra**
- **2 gousses d'ail, finement hachées**
- **250 g de gorgonzola, coupé en dés**
- **75 g de parmesan, fraîchement râpé**
- **sel et poivre concassé**

Il est possible de remplacer les spaghetti par des spaghetti complets ou des linguine.

SPAGHETTI À LA SAUCE ITALIENNE ÉPICÉE

Pour 4-6 personnes
Préparation : 15 min
Cuisson : 20-25 min
Niveau de difficulté : 1

- **90 ml d'huile d'olive vierge extra**
- **2 gousses d'ail, finement hachées**
- **1 gros oignon, finement haché**
- **1 piment rouge frais, épépiné et finement émincé**
- **6 filets d'anchois salés**
- **750 g de tomates, mondées et concassées**
- **90 g d'olives noires, dénoyautées**
- **2 cuil. à soupe de câpres au sel, rincées**
- **500 g de spaghetti complets**
- **sel**

Faire bouillir une grande marmite d'eau salée. • Dans une grande sauteuse, faire chauffer l'huile d'olive à feu moyen, ajouter l'ail, l'oignon et le piment, et faire revenir 3-4 min jusqu'à ce qu'ils soient tendres. • Incorporer les anchois et remuer jusqu'à ce qu'ils soient réduits en purée. Ajouter les tomates, les olives et les câpres, et laisser mijoter 15-20 min à feu doux. • Plonger les pâtes dans l'eau bouillante et cuire jusqu'à ce qu'elles soient *al dente*. • Égoutter et ajouter au contenu de la sauteuse. Remuer 1-2 min. • Servir très chaud.

Il est possible de remplacer les spaghetti complets par des bucatini ou des maccheroni.

LINGUINE À LA SAUCE AUX PALOURDES ÉPICÉE

Tremper les palourdes 1 h dans l'eau froide. • Faire bouillir une grande marmite d'eau salée. • Dans une grande casserole, mettre les palourdes avec un peu d'eau et cuire à feu moyen 5-10 min, jusqu'à ce qu'elles soient ouvertes. Jeter celles qui sont restées fermées. Retirer du récipient avec une écumoire et décortiquer la plus grande partie. Garder quelques palourdes dans leur coquille pour le décor. • Dans une grande sauteuse, faire chauffer l'huile d'olive, ajouter l'ail et le piment et faire revenir 3 min à feu moyen, jusqu'à ce qu'ils soient légèrement brunis. • Ajouter les tomates et le vin, saler, et laisser mijoter 15 min jusqu'à ce que les tomates commencent à fondre. Ajouter les palourdes et bien remuer. • Plonger les pâtes dans l'eau bouillante et cuire jusqu'à ce qu'elles soient *al dente*. • Égoutter et ajouter au contenu de la sauteuse. Faire revenir le tout 2 min à feu vif. • Parsemer de persil et décorer avec les palourdes réservées. Servir très chaud.

Pour 4-6 personnes
Préparation : 20 min + 1 h de trempage
Cuisson : 30 min
Niveau de difficulté : 1

- **1 kg de palourdes**
- **90 ml d'huile d'olive vierge extra**
- **4 gousses d'ail, finement hachées**
- **1 piment rouge frais, épépiné et finement émincé**
- **6 grosses tomates, émincées**
- **90 ml de vin blanc sec**
- **500 g de linguine**
- **3 cuil. à soupe de persil, finement haché**
- **sel**

■ ■ ■ *La sauce est également délicieuse avec des moules ou un mélange de moules et de palourdes à parties égales. La méthode de préparation reste identique.*

Il est possible de remplacer les linguine par des capelli d'angelo, des spaghettini ou des spaghetti.

SPAGHETTI AUX LANGOUSTINES ET AUX OLIVES

Faire bouillir une grande marmite d'eau salée. • Dans une grande sauteuse, griller les pignons sur feu moyen à vif, jusqu'à ce qu'ils soient bien dorés. • Dans un robot de cuisine, mettre les olives – en garder quelques-unes pour le décor –, 4 cuil. à soupe de pignons, le persil et 5 cuil. à soupe d'huile d'olive, et mixer jusqu'à obtention d'un mélange homogène. Saler et poivrer. • Dans une grande poêle, faire chauffer le reste de l'huile d'olive, ajouter les langoustines et l'ail, et faire sauter 5 min à feu vif. • Plonger les pâtes dans l'eau bouillante et cuire jusqu'à ce qu'elles soient *al dente*. • Bien égoutter et ajouter au contenu de la poêle. Ajouter le pesto, les olives réservées et le reste des pignons, et mélanger délicatement le tout. • Servir très chaud.

Pour 4-6 personnes
Préparation : 25 min
Cuisson : 15-20 min
Niveau de difficulté : 2

- **6 cuil. à soupe de pignons de pin**
- **100 g d'olives noires, dénoyautées, plus quelques-unes pour décorer**
- **1 gros bouquet de persil frais**
- **125 ml d'huile d'olive vierge extra**
- **12 langoustines crues, décortiquées, déveinées et grossièrement hachées**
- **1 gousse d'ail, finement hachée**
- **500 g de spaghetti**
- **sel et poivre noir du moulin**

Il est possible de remplacer les spaghetti par des spaghettini ou des linguine.

SPAGHETTI AU THON, AUX TOMATES ET À LA CORIANDRE

Faire bouillir une grande marmite d'eau salée et cuire les pâtes jusqu'à ce qu'elles soient *al dente*. • Dans une grande sauteuse, faire chauffer l'huile d'olive à feu moyen, ajouter l'ail, le sucre, la coriandre et le piment, et faire revenir 2-3 min jusqu'à ce que l'ail soit légèrement doré. • Incorporer les tomates, saler et laisser mijoter 5 min. Ajouter le thon, bien remuer et remettre la poêle immédiatement sur le feu. • Égoutter les pâtes et transvaser dans un plat de service chaud. Ajouter la sauce, mélanger et servir très chaud.

Pour 4-6 personnes
Préparation : 20 min
Cuisson : 15-20 min
Niveau de difficulté : 1

- **500 g de spaghetti**
- **3 cuil. à soupe d'huile d'olive vierge extra**
- **3 gousses d'ail, finement hachées**
- **1/2 cuil. à café de sucre**
- **2 cuil. à soupe de coriandre fraîche, finement hachée**
- **1 petit piment séché, émietté**
- **500 g de tomates cerises, coupées en deux**
- **400 g de thon en boîte, égoutté et émietté**
- **sel**

Il est possible de remplacer les spaghetti par des spaghettini, des linguine ou des bucatini.

SPAGHETTI AU THON ET AUX CÂPRES

Faire bouillir une grande marmite d'eau salée. • Rincer les câpres à l'eau froide. Dans une petite casserole, mettre les câpres, couvrir d'eau fraîche et faire chauffer à feu moyen jusqu'à ébullition. Égoutter, rincer de nouveau et sécher à l'aide de papier absorbant. • Hacher le thon, les câpres, la menthe et, éventuellement, les flocons de poivron rouge. • Transvaser dans un grand saladier et incorporer l'huile d'olive. Saler. • Plonger les pâtes dans l'eau bouillante et cuire jusqu'à ce qu'elles soient *al dente*. • Égoutter en réservant un peu d'eau de cuisson. Mélanger les pâtes avec la sauce au thon, en ajoutant si nécessaire de l'eau de cuisson pour lui donner une bonne consistance. Servir sans attendre.

Pour 4-6 personnes
Préparation : 15 min
Cuisson : 20 min
Niveau de difficulté : 1

- **100 g de câpres au sel**
- **350 g de thon à l'huile, égoutté**
- **1 bouquet de menthe fraîche, effeuillée**
- **1/4 de cuil. à café de flocons de poivron rouge (facultatif)**
- **5 cuil. à soupe d'huile d'olive vierge extra**
- **500 g de spaghetti**
- **sel**

Il est possible de remplacer les spaghetti par des linguine, des penne ou des farfalle.

Linguine au saumon à la manière thaïe

Faire bouillir une grande marmite d'eau salée et cuire les pâtes jusqu'à ce qu'elles soient *al dente*. • Dans une grande sauteuse, faire chauffer l'huile d'olive à feu vif, ajouter l'ail, le piment et la coriandre, et faire revenir 2-3 min jusqu'à ce que l'ail soit légèrement doré. Ajouter le saumon et faire sauter 3-5 min jusqu'à ce qu'il soit tendre. • Égoutter les pâtes. Verser dans la sauteuse. Ajouter le jus et le zeste de citron vert, saler et poivrer. • Remuer délicatement et servir très chaud.

Pour 4-6 personnes
Préparation : 15 min
Cuisson : 15 min
Niveau de difficulté : 1

- **500 g de linguine**
- **60 ml d'huile d'olive vierge extra**
- **2 gousses d'ail, finement hachées**
- **1 piment rouge frais, épépiné et finement haché**
- **1 cuil. à soupe de coriandre fraîche, finement hachée**
- **400 g de filet de saumon frais, coupé en lanières**
- **jus fraîchement pressé et zeste finement râpé de 1 citron vert**
- **sel et poivre noir du moulin**

Il est possible de remplacer les linguine par des spaghettini, des spaghetti ou des tagliatelle.

SPAGHETTI AU THON ET AU THYM FRAIS

Pour 4-6 personnes
Préparation : 15 min
Cuisson : 25 min
Niveau de difficulté : 1

- **400 g de steak de thon, coupé en petits morceaux**
- **50 g de farine**
- **60 ml d'huile d'olive vierge extra**
- **1 gousse d'ail, finement hachée**
- **20 olives noires, dénoyautées et finement hachées**
- **2 piments rouges ou verts frais, épépinés et finement hachés**
- **1 cuil. à soupe de thym frais (ou de persil), finement haché**
- **4 courgettes, coupées en petits dés**
- **125 ml de vin blanc sec**
- **500 g de spaghetti**
- **quelques feuilles de thym, pour décorer**
- **sel et poivre noir du moulin**

Faire bouillir une grande marmite d'eau salée. • Passer le thon dans la farine, puis secouer pour en éliminer l'excédent. • Dans une grande sauteuse, faire chauffer l'huile d'olive à feu moyen, ajouter l'ail, les olives, les piments et le thym, et faire revenir 2-3 min jusqu'à ce que l'ail soit légèrement doré. • Saler et poivrer. Ajouter le thon et les courgettes, et faire sauter 5-6 min à feu moyen, jusqu'à ce que le thon soit bien cuit. Ajouter le vin et laisser s'évaporer le liquide. • Plonger les pâtes dans l'eau bouillante et cuire jusqu'à ce qu'elles soient *al dente*. • Égoutter et verser dans la sauteuse contenant la sauce au thon. Mélanger. Parsemer de thym et servir très chaud.

Il est possible de remplacer les spaghetti par des linguine, des bucatini ou des conchiglie giganti.

SPAGHETTI À LA SAUCE DE POISSON

Faire bouillir une grande marmite d'eau salée. • Dans une cocotte, mettre le poisson, ajouter de l'eau et le romarin, et porter à ébullition. Baisser le feu et laisser mijoter 3-5 min à feu doux, jusqu'à ce que le poisson soit tendre. Retirer à l'aide d'une écumoire et émietter la chair. Réserver le jus de cuisson. Jeter le romarin. • Dans une grande sauteuse, faire chauffer l'huile d'olive, ajouter l'oignon et l'ail, et faire revenir 2-3 min à feu moyen, jusqu'à ce qu'ils soient légèrement dorés. • Ajouter la chair émiettée des poissons et 250 ml du jus de cuisson réservé. Saler, poivrer et laisser mijoter 10 min à feu doux, jusqu'à ce que le jus de cuisson ait réduit. • Plonger les pâtes dans l'eau bouillante et cuire jusqu'à ce qu'elles soient *al dente*. Transvaser dans la sauteuse contenant la sauce de poisson, mélanger et servir très chaud.

Pour 4-6 personnes
Préparation : 15 min
Cuisson : 20 min
Niveau de difficulté : 1

- **750 g de filets de poissons frais variés (colin, bar, daurade, vivaneau rouge)**
- **2 cuil. à soupe de romarin frais**
- **125 ml d'huile d'olive vierge extra**
- **1 oignon, finement haché**
- **1 gousse d'ail, finement hachée**
- **500 g de spaghetti**
- **sel et poivre noir du moulin**

Il est possible de remplacer les spaghetti par des spaghettini, des linguine ou des penne.

SPAGHETTI AU SAUMON FUMÉ, À LA ROQUETTE ET AUX CÂPRES

Faire bouillir une grande marmite d'eau salée. • Dans une petite poêle, faire chauffer 2 cuil. à soupe d'huile d'olive à feu moyen, ajouter le pain émietté et faire dorer 3-5 min. Réserver. • Plonger les pâtes dans l'eau bouillante et cuire jusqu'à ce qu'elles soient *al dente*. • Dans une petite casserole, faire chauffer le reste de l'huile d'olive à feu doux, ajouter l'ail et les piments, et cuire à feu doux pour aromatiser l'huile sans laisser l'ail se colorer. • Égoutter les pâtes. Transvaser dans un plat de service chaud. • Incorporer le zeste de citron et les câpres au contenu de la casserole, et verser le tout sur les pâtes. Bien mélanger, ajouter la roquette et le saumon, et remuer de nouveau. • Garnir les pâtes avec les miettes de pain et servir très chaud avec les tomates.

Pour 4-6 personnes
Préparation : 20 min
Cuisson : 20 min
Niveau de difficulté : 1

- **8 cuil. à soupe d'huile d'olive vierge extra**
- **60 g de mie de pain blanc frais, émiettée**
- **500 g de spaghetti**
- **2 gousses d'ail, finement hachées**
- **2 petits piments séchés, émiettés**
- **zeste de 1 citron biologique, finement râpé**
- **4 cuil. à soupe de câpres au sel, égouttées**
- **1 poignée de roquette fraîche**
- **250 g de saumon fumé, émietté**
- **2 tomates émincées, pour accompagner**
- **sel**

Il est possible de remplacer les spaghetti par des spaghettini ou des linguine.

LINGUINE AU PIMENT ET AUX CREVETTES

Faire bouillir une grande marmite d'eau salée et cuire les pâtes dans l'eau bouillante jusqu'à ce qu'elles soient *al dente*. Ajouter les petits pois 1 min avant la fin de la cuisson. • Dans un bol, mélanger l'huile d'olive, l'ail et les piments. Saler et poivrer. • Dans une grande sauteuse, faire chauffer l'huile ainsi assaisonnée à feu moyen, sans laisser l'ail se colorer. Ajouter les crevettes et faire sauter 3 min à feu vif, jusqu'à ce qu'elles soient roses. • Incorporer les tomates et cuire 2-3 min, jusqu'à ce qu'elles commencent à fondre. • Égoutter les pâtes et les petits pois, et transvaser dans la sauteuse. Bien remuer. Ajouter le basilic, saler et poivrer. • Servir très chaud.

Pour 4-6 personnes
Préparation : 15 min
Cuisson : 20 min
Niveau de difficulté : 1

- **500 g de linguine**
- **400 g de petits pois, écossés**
- **90 ml d'huile d'olive vierge extra**
- **4 grosses gousses d'ail, finement hachées**
- **2 piments rouges frais, épépinés et finement hachés**
- **48 grosses crevettes crues, décortiquées**
- **24 tomates cerises, coupées en deux**
- **1 poignée de basilic frais**
- **sel et poivre noir du moulin**

Il est possible de remplacer les linguine par des spaghettini, des spaghetti ou des ruote.

SPAGHETTI À LA PANCETTA ET AUX CROÛTONS

Faire bouillir une grande marmite d'eau salée. • Dans une grande poêle antiadhésive, mettre la pancetta et l'ail, et faire revenir 5 min à feu moyen jusqu'à ce qu'ils soient croquants. Retirer la pancetta et réserver au chaud. • Dans la même poêle, verser 2 cuil. à soupe d'huile d'olive, ajouter le pain et faire revenir 5 min, jusqu'à ce qu'il soit bien doré. • Plonger les pâtes dans l'eau bouillante et cuire jusqu'à ce qu'elles soient *al dente*. • Égoutter. Verser dans la poêle contenant les croûtons. Ajouter la pancetta, le persil, le reste de l'huile et le pecorino. Saler et poivrer. • Bien mélanger et servir très chaud.

Pour 4-6 personnes
Préparation : 20 min
Cuisson : 15 min
Niveau de difficulté : 1

- **180 g de pancetta (ou de lard), coupée en fins lardons**
- **2 gousses d'ail, finement hachées**
- **60 ml d'huile d'olive vierge extra**
- **150 g de pain rassis de la veille, coupé en petits dés**
- **500 g de spaghetti**
- **2 cuil. à soupe de persil frais, finement haché**
- **120 g de pecorino, fraîchement râpé**
- **sel et poivre noir du moulin**

Il est possible de remplacer les spaghetti par des linguine, des penne rigate ou des farfalle.

BUCATINI À LA CARBONARA

Faire bouillir une grande marmite d'eau salée et cuire les pâtes dans l'eau bouillante jusqu'à ce qu'elles soient *al dente*. • Dans une casserole, faire chauffer l'huile d'olive, ajouter l'oignon et faire revenir 2-3 min à feu moyen, jusqu'à ce qu'il soit légèrement doré. • Ajouter la pancetta et faire sauter environ 5 min, jusqu'à ce qu'elle soit croustillante. Retirer la casserole du feu et réserver. • Dans un grand saladier, battre les œufs et la crème fraîche. Saler, poivrer et incorporer le parmesan. • Égoutter les pâtes. Transvaser dans la casserole contenant la pancetta. Remettre à feu vif, ajouter la préparation aux œufs, et remuer brièvement jusqu'à ce que les œufs soient cuits, tout en restant crémeux. • Servir aussitôt.

Pour 4-6 personnes
Préparation : 15 min
Cuisson : 15 min
Niveau de difficulté : 1

- **500 g de bucatini**
- **60 ml d'huile d'olive vierge extra**
- **1 oignon, finement haché**
- **150 g de pancetta (ou de lard), coupée en dés**
- **6 gros œufs**
- **1 grosse cuil. à soupe de crème fraîche épaisse**
- **100 g de parmesan, fraîchement râpé**
- **sel et poivre noir du moulin**

■ ■ ■ *La carbonara est une sauce romaine typique. L'astuce consiste à mélanger les pâtes très rapidement après intégration des œufs, afin qu'ils soient juste cuits, et de servir ce plat sans attendre.*

Il est possible de remplacer les bucatini par des spaghetti ou des linguine.

SPAGHETTI À LA PANCETTA

Dans une casserole, faire chauffer l'huile d'olive à feu moyen, ajouter la pancetta et faire revenir jusqu'à ce qu'elle soit croustillante. Retirer et réserver. • Dans la même casserole, ajouter l'oignon et faire revenir 3-4 min jusqu'à ce qu'il soit tendre. • Ajouter les tomates et laisser mijoter 25 min à feu moyen, jusqu'à ce qu'elles aient fondu. Incorporer la pancetta et la marjolaine. Saler et poivrer. • Faire bouillir une grande marmite d'eau salée et cuire les pâtes jusqu'à ce qu'elles soient *al dente*. • Égoutter et transvaser dans un plat de service chaud. Mélanger avec la sauce, parsemer de pecorino et servir très chaud.

Pour 4-6 personnes
Préparation : 20 min
Cuisson : 35-40 min
Niveau de difficulté : 1

- **60 ml d'huile d'olive vierge extra**
- **180 g de pancetta (ou de lard), coupée en petits dés**
- **1 gros oignon, finement haché**
- **750 g de tomates mondées, épépinées et grossièrement concassées**
- **1 petit bouquet de marjolaine, finement hachée**
- **500 g de spaghetti**
- **60 g de pecorino, fraîchement râpé**
- **sel et poivre noir du moulin**

Il est possible de remplacer les spaghetti par des capelli d'angelo ou des spaghettini.

SPAGHETTI ET SAUCE À LA VIANDE

Dans une grande sauteuse, faire chauffer l'huile d'olive à feu moyen, ajouter l'oignon, le céleri, la carotte, l'ail, le romarin et 2 cuil. à soupe de persil, et faire revenir 5 min jusqu'à ce que tous les ingrédients soient tendres. • Ajouter le bœuf haché. Saler et poivrer. Faire revenir la viande 5 min jusqu'à ce qu'elle soit dorée. • Verser le vin et laisser cuire jusqu'à évaporation. Ajouter les tomates et laisser mijoter au moins 2 h à feu doux, en ajoutant du bouillon lorsque la sauce commence à épaissir. Enlever le romarin. • Environ 20 min avant la fin de la cuisson, faire bouillir une grande marmite d'eau salée et cuire les pâtes jusqu'à ce qu'elles soient *al dente*. • Égoutter et ajouter au contenu de la sauteuse. Servir très chaud, avec le reste de persil.

Pour 4-6 personnes
Préparation : 20 min
Cuisson : 2 h 15 min
Niveau de difficulté : 1

- **60 ml d'huile d'olive vierge extra**
- **1 oignon, finement haché**
- **1 branche de céleri, finement hachée**
- **1 carotte, finement hachée**
- **2 gousses d'ail, finement hachées**
- **1 branche de romarin frais**
- **3 cuil. à soupe de persil frais, finement haché**
- **750 g de bœuf, haché**
- **125 ml de vin rouge**
- **4 grosses tomates, mondées et grossièrement concassées**
- **250-500 ml de bouillon de bœuf maison (*voir* page 48) ou en bouillon cube**
- **500 g de spaghetti**
- **sel et poivre noir du moulin**

Il est possible de remplacer les spaghetti par des spaghettini, des linguine, des bucatini, des penne, des fusilli ou des tagliatelle.

SPAGHETTI, SAUCE BOLOGNAISE À LA VIANDE

Dans une grande sauteuse, faire fondre le beurre à feu moyen. Ajouter la pancetta, l'oignon, le céleri et la carotte et faire revenir 3-4 min jusqu'à ce que le tout soit tendre. • Ajouter le bœuf, le porc et la chair à saucisse et faire sauter 5-10 min jusqu'à ce que le tout soit bien doré. Incorporer le clou de girofle, la cannelle et le poivre, puis les tomates, et laisser mijoter 15 min à feu moyen. Verser le lait et saler. Baisser le feu et laisser mijoter au moins 2 h à feu doux, en remuant fréquemment. • Environ 20 min avant la fin de la cuisson, faire bouillir une grande marmite d'eau salée et cuire les pâtes jusqu'à ce qu'elles soient *al dente*. • Égoutter et servir très chaud avec la sauce et le parmesan.

Pour 4-6 personnes
Préparation : 30 min
Cuisson : 2 h 30 min
Niveau de difficulté : 1

- **60 g de beurre**
- **60 g de pancetta (ou de lard), coupée en dés**
- **1 oignon moyen, finement haché**
- **1 branche de céleri, finement hachée**
- **1 petite carotte, finement hachée**
- **250 g de bœuf, haché**
- **60 g de porc, haché**
- **60 g de chair à saucisse, émiettée**
- **1 clou de girofle, moulu**
- **1 petite pincée de cannelle**
- **¼ de cuil. à café de poivre noir du moulin**
- **400 g de tomates en boîte, avec leur jus**
- **250 ml de lait**
- **500 g de spaghetti**
- **60 g de parmesan, grossièrement râpé**
- **sel**

Il est possible de remplacer les spaghetti par des tagliatelle, des lasagne, des pappardelle, des linguine, des penne ou des fusilli.

PÂTES FRAÎCHES

PRÉPARER LA PÂTE POUR DES PÂTES FRAÎCHES

La pâte fraîche se prépare simplement avec de la farine et des œufs. Pour 4 personnes, il faut 400 g de farine blanche et 4 gros œufs.

1. TAMISER la farine sur un plan de travail propre et former un tas. Creuser un puits au centre.

2. BATTRE légèrement les œufs à la fourchette dans un petit saladier. Verser dans le puits de farine.

3. INCORPORER la farine aux œufs avec la fourchette. Veiller à ne pas briser les parois du puits pour que les œufs ne coulent pas en dehors.

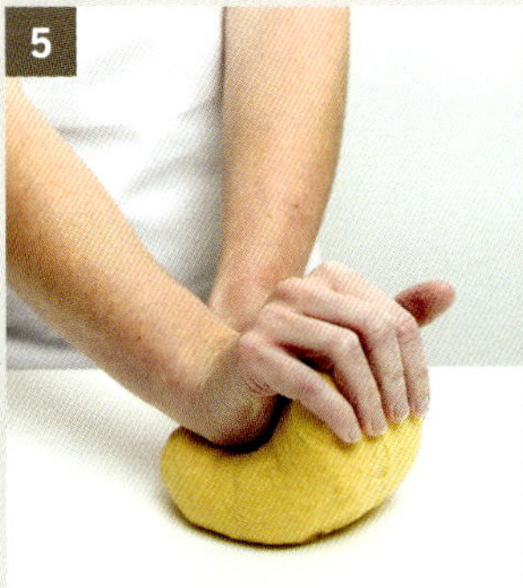

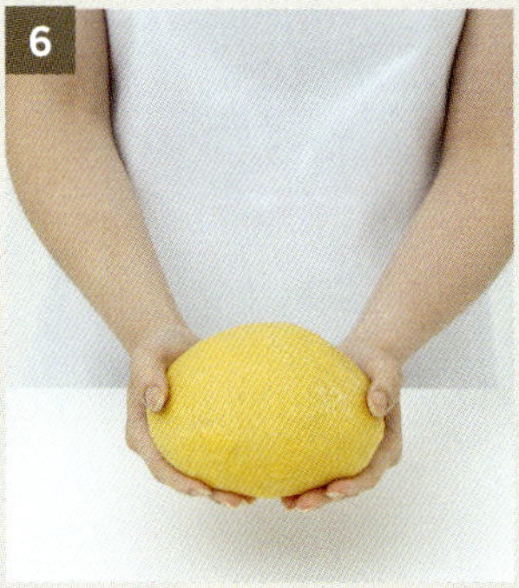

4. UNE FOIS la farine presque absorbée, former une boule de pâte avec les mains et un racloir.

5. PÉTRIR la pâte avec le talon de la paume de la main. Plier la pâte en deux, tourner d'un quart de tour, et répéter l'opération.

6. AU BOUT de 10-15 min, la pâte est souple, avec des petites bulles d'air à la surface. Laisser reposer 30 min.

CONFECTIONNER DES PÂTES FRAÎCHES À LA MACHINE

C'est la largeur des pâtes fraîches qui définit leur type. Les pâtes les plus étroites, taglierini ou tagliolini, font environ 5-6 mm de large. Les tagliatelle (également connues sous le nom de fettuccine) mesurent 1 cm environ, tandis que les pappardelle peuvent atteindre 2,5 cm de largeur.

1. DIVISER la boule de pâte en 6 pâtons (pour 400 g de pâte).

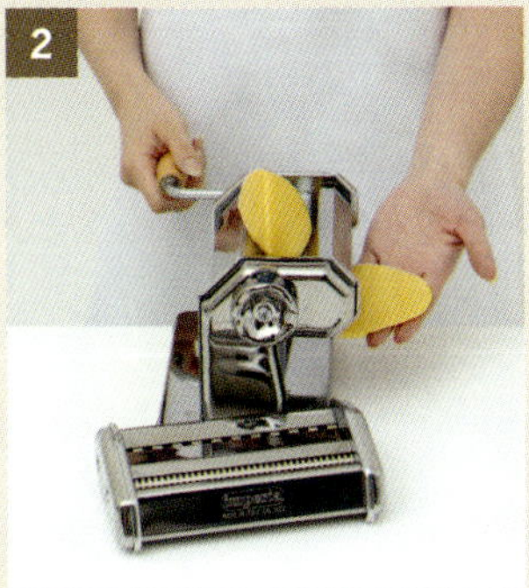

2. ÉTALER un morceau de pâte sur l'écartement le plus large. Continuer à abaisser la pâte en diminuant l'écartement d'un cran à la fois.

3. LES FEUILLES doivent être le plus égales et homogènes possible, et ne pas dépasser 30-35 cm de long pour rester facilement maniables.

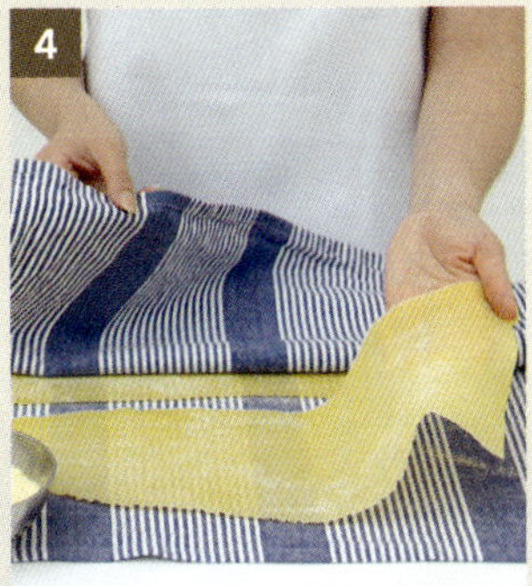

4. FARINER les feuilles de pâte avec de la semoule de blé dur. Recouvrir d'un linge sec et propre et laisser sécher.

5. VÉRIFIER si la pâte est prête à découper : insérer l'index dans la pâte et tirer légèrement. Si elle se déchire, elle est prête.

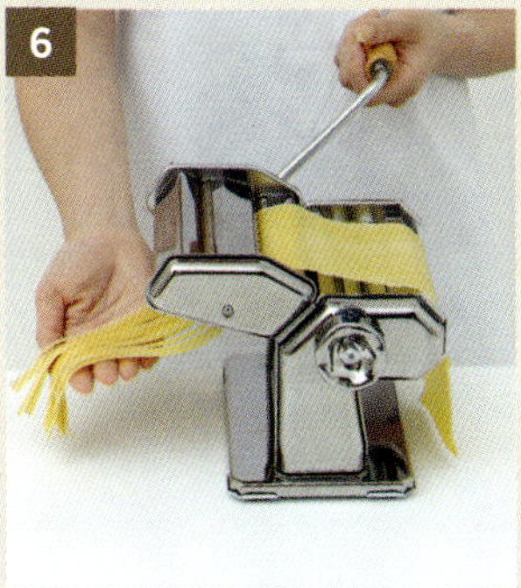

6. DÉCOUPER les bandes de pâte en réglant la machine sur l'écartement désiré. Rassembler les pâtes en « nids ».

CONFECTIONNER DES PÂTES FRAÎCHES À LA MAIN

Les machines à pâtes sont idéales pour les débutants, mais avec de l'expérience, pourquoi ne pas essayer d'étaler les pâtes à la main ? Faites à la main, elles sont en effet meilleures. Néanmoins, l'opération demande beaucoup d'énergie, un grand plan de travail et un rouleau à pâtes spécifique, long et très fin.

1. PINCER la pâte avec les doigts pour l'étirer vers le haut. Ainsi, le centre reste aussi épais que les bords quand on abaisse la pâte.

2. PLACER la pâte sur un grand plan de travail propre. Avec le rouleau, abaisser la pâte en partant du centre.

3. CONTINUER à abaisser la pâte en exerçant une pression uniforme sur le rouleau. Tourner la pâte d'un quart de tour de temps à autre.

4. FAIRE des allers et retours vers l'arrière et vers l'avant, en laissant les mains se promener le long du rouleau.

5. FARINER la pâte avec de la semoule de blé dur ou de la farine de maïs à gros grains. Couvrir d'un linge et laisser sécher.

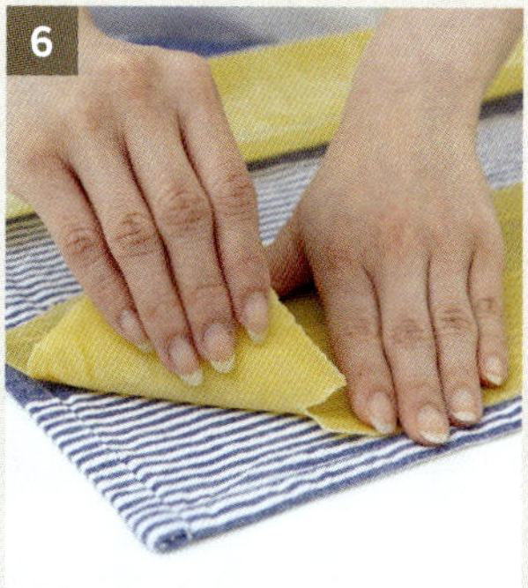

6. VÉRIFIER si la pâte est prête en la tirant délicatement. Il ne faut pas qu'elle s'étire, mais qu'elle se déchire.

DÉCOUPER DES PÂTES FRAÎCHES À LA MAIN

La découpe manuelle donne aux pâtes un aspect « artisanal ». Avant de les découper, laisser sécher les feuilles de pâte quelques instants dans un linge propre légèrement fariné.

1. ÉTALER les feuilles sur le plan de travail enduit de semoule ou de farine de maïs à gros grains et découper des rectangles de 13 x 15 cm environ.

2. REPLIER les rectangles de pâte sur eux-mêmes « en accordéon ».

3. DÉCOUPER les pâtes à la largeur désirée avec un couteau bien aiguisé. Compter 5 mm de large pour les pâtes les plus étroites, comme les taglierini ou les tagliolini. Les tagliatelle (ou fettuccine) font en principe 1 cm de large environ et les pappardelle, jusqu'à 2,5 cm.

4. DÉPLIER les pâtes en les saisissant par les extrémités.

5. FORMER des « nids » ou étaler à plat sur un linge fariné.

TAGLIOLINI AU MASCARPONE ET AUX ŒUFS

Porter à ébullition une grande marmite d'eau salée. • Dans un grand saladier, battre le mascarpone et les jaunes d'œufs jusqu'à obtention d'une préparation fluide et crémeuse • Saler légèrement. Ajouter la noix de muscade. • Plonger les pâtes dans l'eau bouillante et cuire 2-3 min, jusqu'à ce qu'elles soient *al dente*. • Verser un peu d'eau de cuisson des pâtes dans un grand plat de service pour le réchauffer, puis jeter l'eau. • Égoutter les pâtes et transvaser dans le plat. • Verser la préparation au mascarpone sur les tagliolini. Ajouter 1-2 cuil. à soupe d'eau de cuisson. • Mélanger délicatement, saupoudrer de parmesan et servir sans tarder.

Pour 4 personnes
Préparation : 10 min
+ temps de préparation des pâtes
Cuisson : 5 min
Niveau de difficulté : 2

- **400 g de tagliolini maison (*voir* pages 242-245) ou 400 g de tagliolini frais, achetés dans le commerce**
- **250 g de mascarpone, à température ambiante**
- **4 gros jaunes d'œufs**
- **1/4 cuil. à café de noix de muscade, fraîchement râpée**
- **60 g de parmesan, fraîchement râpé**
- **sel**

Il est possible de remplacer les tagliolini par des tagliatelle, des spaghetti, des linguine ou des bucatini.

PICI SAUCE À L'AIL

Pici : sur un plan de travail propre, former un tas avec la farine et le sel. Creuser un puits, ajouter suffisamment d'eau tiède et incorporer progressivement jusqu'à obtention d'une pâte ferme. Pétrir 15-20 min, jusqu'à ce qu'elle devienne homogène et élastique. Laisser reposer 30 min. • Détacher des morceaux de pâte et rouler en gros spaghetti d'environ 20 cm de long. Recouvrir d'un linge et laisser sécher au moins 1 h.

Sauce à l'ail : faire chauffer l'huile d'olive dans une grande sauteuse à feu moyen, ajouter l'ail et faites revenir 3-4 min, jusqu'à ce qu'il soit coloré. • Incorporer les tomates et le piment. Saler. Couvrir partiellement la sauteuse et laisser mijoter à feu doux 45 min, jusqu'à ce que l'ail soit presque fondu. Saler. • Porter à ébullition une grande marmite d'eau salée et cuire les pâtes 3-4 min jusqu'à ce qu'elles soient *al dente*. • Bien égoutter et disposer sur un plat de service chaud. Verser la sauce et mélanger délicatement. • Servir sans attendre.

Pour 4 personnes
Préparation : 45 min + 1 h 30
Cuisson : 1 h
Niveau de difficulté : 3

Pici

- **350 g de farine blanche**
- **1/4 cuil. à café de sel**
- **eau tiède**

Sauce à l'ail

- **5 cuil. à soupe d'huile d'olive vierge extra**
- **10 gousses d'ail, légèrement écrasées**
- **1 kg de tomates, mondées et finement émincées**
- **1/4 cuil. à café de flocons de piment rouge séché**
- **sel**

■ ■ ■ *Les pici sont des sortes de spaghetti artisanaux épais, originaires du sud de la Toscane.*

Il est possible de remplacer les pici par des tagliatelle, des spaghetti, des linguine, des bucatini ou des penne.

TAGLIATELLE AUX ŒUFS ET À LA MOZZARELLA

Porter à ébullition une grande marmite d'eau salée. • Dans un petit saladier, battre les jaunes d'œufs, ajouter les anchois et la mozzarella, et mélanger soigneusement. • Plonger les pâtes dans l'eau bouillante et cuire 3-4 min jusqu'à ce qu'elles soient *al dente*. • Pendant la cuisson, faire fondre le beurre dans une grande sauteuse. • Égoutter les pâtes en réservant de l'eau de cuisson. Transvaser les pâtes dans la sauteuse, ajouter 4 cuil. à soupe de l'eau de cuisson et la préparation aux œufs. Mélanger délicatement jusqu'à ce que la sauce soit bien crémeuse, en veillant à ce que les œufs ne coagulent pas. • Rectifier l'assaisonnement. Saupoudrer de parmesan. • Servir sans attendre.

Pour 4 personnes
Préparation : 30 min
+ temps de préparation des pâtes
Cuisson : 10 min
Niveau de difficulté : 2

- **400 g de tagliatelle maison (*voir* pages 242-245) ou 400 g de tagliatelle fraîches, achetées dans le commerce**
- **3 gros jaunes d'œufs**
- **6 anchois**
- **150 g de mozzarella, détaillée en dés de 1 cm**
- **75 g de beurre**
- **4 cuil. à soupe de parmesan, fraîchement râpé**
- **sel et poivre blanc du moulin**

Il est possible de remplacer les tagliatelle par des pappardelle, des spaghetti, des linguine ou des bucatini.

TAGLIATELLE À LA FARINE DE CHÂTAIGNE ET À LA RICOTTA

Tagliatelle à la farine de châtaigne : tamiser les deux farines et le sel, puis former un tas sur un plan de travail propre. • Dans un petit saladier, battre les œufs et l'eau. • Creuser un puits dans la farine, verser la préparation aux œufs et incorporer progressivement jusqu'à obtention d'une pâte homogène. • Pétrir, puis découper en tagliatelle selon les instructions des pages 244-245.
Sauce : porter 500 ml de lait à ébullition dans une petite casserole, ajouter les châtaignes, et laisser mijoter 45-60 min, jusqu'à ce qu'elles soient tendres. Égoutter et transférer dans un robot de cuisine. Mixer grossièrement. • Verser le reste du lait et suffisamment d'eau pour remplir une grande marmite. Saler, couvrir et porter à ébullition.
• Dans une grande sauteuse, faire chauffer la ricotta et la crème fraîche à feu doux. Saler, poivrer et ajouter la noix de muscade. Réserver au chaud.
• Plonger les pâtes dans la marmite et cuire 2-3 min jusqu'à ce qu'elles soient *al dente*.
• Égoutter les pâtes et verser dans la sauteuse contenant la ricotta. Ajouter les châtaignes et une bonne quantité de parmesan, et mélanger délicatement. • Servir chaud et saupoudrer avec le parmesan restant.

Pour 4 personnes
Préparation : 30 min
+ temps de préparation des pâtes
Cuisson : 1 h 10
Niveau de difficulté : 3

Tagliatelle à la farine de châtaigne

- **300 g de farine blanche**
- **100 g de farine de châtaigne**
- **¼ cuil. à café de sel**
- **2 gros œufs**
- **60 ml d'eau**

Sauce

- **1,5 l de lait**
- **16 châtaignes sèches**
- **350 g de ricotta fraîche, égouttée**
- **120 ml de crème fraîche épaisse**
- **150 g de parmesan, fraîchement râpé**
- **noix de muscade, fraîchement râpée**
- **set et poivre blanc du moulin**

Il est possible de remplacer les tagliatelle à la farine de châtaigne par des tagliatelle aux épinards.

TAGLIATELLE AUX TOMATES SÉCHÉES

Préchauffer le four à 200 °C (th. 6). • Porter à ébullition une grande marmite d'eau salée. • Dans un plat de cuisson, disposer les tomates, saler, poivrer, et arroser avec 3 cuil. à soupe d'huile d'olive. • Cuire au four 15-20 min, jusqu'à ce que les tomates se ramollissent et commencent à se colorer. • Plonger les pâtes dans l'eau bouillante et cuire 3-4 min jusqu'à ce qu'elles soient *al dente.* • Égoutter soigneusement et verser dans un plat de service chauffé. • Ajouter les tomates, l'ail, les 3 cuil. à soupe d'huile restantes et le basilic. • Mélanger délicatement. Décorer avec les feuilles de basilic, et servir sans attendre.

Pour 4 personnes
Préparation : 15 min + temps de préparation des pâtes
Cuisson : 20-25 min
Niveau de difficulté : 2

- **400 g de tagliatelle maison (*voir* pages 242-245) ou 400 g de tagliatelle fraîches achetées dans le commerce**
- **1 kg de tomates cerises**
- **6 cuil. à soupe d'huile d'olive vierge extra**
- **2 gousses d'ail, finement émincées**
- **1 cuil. à soupe de basilic frais, finement haché, plus quelques feuilles pour décorer**
- **sel et poivre du moulin**

Il est possible de remplacer les tagliatelle par des tagliolini, des spaghetti, des linguine, des penne ou des fusilli.

TAGLIATELLE AUX TOMATES FRAÎCHES, SAUCE AUX ANCHOIS

Porter à ébullition une grande marmite d'eau salée. • Dans une petite sauteuse, faire chauffer l'huile d'olive à feu moyen, ajouter les anchois, écraser avec une fourchette pour les réduire en purée, et retirer du feu. • Dans un saladier, mettre les tomates cerises, l'ail, le basilic et le piment, et mélanger. • Plonger les pâtes dans l'eau bouillante et cuire 3-4 min jusqu'à ce qu'elles soient *al dente*. • Égoutter soigneusement et verser dans un plat de service. Ajouter la préparation aux tomates et les bocconcini, puis arroser avec l'huile aux anchois. Poivrer. • Mélanger délicatement, et servir sans attendre.

Pour 4 personnes
Préparation : 25 min
+ temps de préparation des pâtes
Cuisson : 5-7 min
Niveau de difficulté : 2

- **400 g de tagliatelle maison (*voir* pages 242-245) ou 400 g de tagliatelle fraîches, achetées dans le commerce**
- **60 ml d'huile d'olive vierge extra**
- **6 filets d'anchois salés**
- **350 g de tomates cerises, coupées en deux**
- **2 gousses d'ail, finement émincées**
- **2 cuil. à soupe de basilic frais, finement haché**
- **1 piment rouge ou vert, épépiné et finement haché**
- **250 g de bocconcini (petites boules de mozzarella), détaillés en petits dés**
- **sel et poivre du moulin**

Il est possible de remplacer les tagliatelle par des farfalle frais, des spaghetti, des linguine ou des rigatoni.

TAGLIATELLE AU BLÉ COMPLET À LA ROQUETTE ET AUX TOMATES SÉCHÉES

Tagliatelle au blé complet : tamiser les deux farines sur un plan de travail propre et former un tas. • Battre les œufs dans un petit saladier. • Creuser un puits dans la farine, verser les œufs et incorporer progressivement, jusqu'à obtention d'une pâte homogène. • Pétrir, puis découper en tagliatelle, selon les instructions des pages 244-245.

Sauce à la roquette et aux tomates séchées : porter à ébullition une grande marmite d'eau salée. • Dans un grand saladier rempli d'eau chaude, mettre les tomates séchées et laisser tremper 10-15 min, jusqu'à ce qu'elles gonflent. Égoutter soigneusement et couper grossièrement. • Dans un saladier, disposer la roquette, les tomates, l'ail, le basilic, les olives, l'huile d'olive, le sel et le poivre. • Plonger les pâtes dans l'eau bouillante et cuire 3-4 min jusqu'à ce qu'elles soient *al dente*. • Égoutter et verser dans un plat de service chaud. • Ajouter la préparation à la roquette. Mélanger délicatement, et servir sans attendre

Pour 4 personnes
Préparation : 30 min
+ temps de préparation des pâtes
Cuisson : 3-4 min
Niveau de difficulté : 2

Tagliatelle au blé complet

- **200 g de farine de blé complet**
- **200 g de farine blanche**
- **4 gros œufs**

Sauce à la roquette et aux tomates séchées

- **250 ml d'eau chaude**
- **12 tomates séchées**
- **100 g de roquette, grossièrement ciselée**
- **2 gousses d'ail, finement émincées**
- **20 feuilles de basilic frais, ciselées**
- **100 g d'olives noires, dénoyautées et légèrement écrasées**
- **4 cuil. à soupe d'huile d'olive vierge extra**
- **sel et poivre du moulin**

Il est possible de remplacer les tagliatelle au blé complet par des tagliatelle aux épinards, des spaghetti, des fusilli ou des penne.

Tagliatelle aux asperges et aux œufs

Porter à ébullition une grande marmite d'eau salée. • Couper les pointes des asperges et détailler les tiges en rondelles épaisses. • Dans une grande sauteuse, faire chauffer l'huile d'olive à feu moyen à vif, ajouter la pancetta et faire dorer 5 min. • Incorporer les tiges d'asperges et faire revenir 3-4 min. • Saler, poivrer et verser la moitié du bouillon. Laisser mijoter 5 min à feu doux. • Ajouter les pointes d'asperges et laisser mijoter 3-4 min, jusqu'à ce qu'elles soient tendres. • Plonger les pâtes dans l'eau bouillante et cuire 3-4 min jusqu'à ce qu'elles soient *al dente*. • Égoutter soigneusement et verser dans la sauteuse contenant les asperges. Augmenter le feu, ajouter les jaunes d'œufs et le reste du bouillon, et remuer sans cesse pour éviter la formation de grumeaux. • Saupoudrer de parmesan et de menthe. Rectifier l'assaisonnement. • Servir immédiatement.

Pour 4 personnes
Préparation : 20 min
+ temps de préparation des pâtes
Cuisson : 25-30 min
Niveau de difficulté : 2

- **400 g de tagliatelle maison (*voir* pages 242-245) ou 400 g de tagliatelle fraîches, achetées dans le commerce**
- **500 g d'asperges tendres**
- **3 cuil. à soupe d'huile d'olive vierge extra**
- **250 g de pancetta (ou de lard) en tranches épaisses, détaillée en fines lanières**
- **180 ml de bouillon de viande ou de légumes**
- **3 gros jaunes d'œuf**
- **125 g de parmesan, fraîchement râpé**
- **1 brin de menthe fraîche, ciselée**
- **sel et poivre blanc du moulin**

Il est possible de remplacer les tagliatelle par des pappardelle, des stracci ou des bucatini.

TAGLIATELLE AU JAMBON ET AU CURRY

Porter à ébullition une grande marmite d'eau salée. • Dans une grande sauteuse, faites fondre le beurre à feu doux, ajouter l'oignon et une pincée de sel. Couvrir et laisser mijoter 20 min. • Ajouter l'ail et le jambon, et faire revenir à feu moyen jusqu'à ce que l'ail soit doré. • Incorporer le curry en poudre et cuire 2 min. • Ajouter les amandes et cuire 2 min de plus. • Verser la crème fraîche, porter à ébullition, saler, puis retirer du feu. • Pendant ce temps, plonger les pâtes dans l'eau bouillante et cuire 3-4 min jusqu'à ce qu'elles soient *al dente*. • Égoutter et verser dans la sauteuse contenant la sauce. Mélanger délicatement 1 min, en ajoutant un peu d'eau de cuisson si nécessaire. • Servir sans attendre.

■ ■ ■ *Pour les amateurs de cuisine épicée, augmenter la dose de curry en poudre ou ajouter des piments séchés émiettés.*

Pour 4 personnes
Préparation : 30 min
+ temps de préparation des pâtes
Cuisson : 30 min
Niveau de difficulté : 2

- **400 g de tagliatelle maison (*voir* pages 242-245) ou 400 g de tagliatelle fraîches, achetées dans le commerce**
- **30 g de beurre**
- **2 oignons de taille moyenne, finement émincés**
- **1 gousse d'ail, finement hachée**
- **120 g de jambon, découpé en petits dés**
- **1-2 cuil. à soupe de curry épicé en poudre**
- **15 amandes, mondées et grossièrement hachées**
- **180 ml de crème fraîche**
- **sel**

Il est possible de remplacer les tagliatelle par des farfalle frais, des spaghetti, des linguine ou des penne.

TAGLIATELLE AU SALAMI

Dans une grande sauteuse, faire chauffer l'huile d'olive à feu moyen, ajouter l'oignon et faire revenir 3-4 min, jusqu'à ce qu'il soit tendre. • Incorporer le salami et faire revenir 30 s à feu vif. Verser le vin et laisser cuire jusqu'à évaporation. • Ajouter les tomates, saler, couvrir à demi et laisser mijoter 20 min à feu doux. • Porter à ébullition une grande marmite d'eau salée et cuire les pâtes 3-4 min jusqu'à ce qu'elles soient *al dente*. • Ajouter le provolone dans la sauteuse contenant la préparation au salami et à la tomate, et laisser fondre légèrement. • Égoutter les pâtes et transvaser dans la sauteuse. Mélanger délicatement 1 min, puis retirer du feu. Parsemer de persil et de parmesan. • Servir sans attendre.

Pour 4 personnes
Préparation : 30 min
+ temps de préparation des pâtes
Cuisson : 40 min
Niveau de difficulté : 2

- **400 g de tagliatelle maison (*voir* pages 242-245) ou 400 g de tagliatelle fraîches, achetées dans le commerce**
- **60 ml d'huile d'olive vierge extra**
- **1 gros oignon, finement émincé**
- **150 g de salami en tranches épaisses, découpé en lamelles**
- **60 ml de vin blanc sec**
- **500 g de tomates, mondées et émincées**
- **120 g de provolone, découpé en lamelles**
- **1 cuil. à soupe de persil frais, finement haché**
- **4 cuil. à soupe de parmesan, fraîchement râpé**
- **sel**

Il est possible de remplacer les tagliatelle par des pappardelle, des spaghetti, des linguine, des penne ou des farfalle.

TAGLIATELLE AUX CREVETTES ET À L'AIL

Porter à ébullition une grande marmite d'eau salée. • Dans une petite casserole, mettre l'ail avec 60 ml de lait. Porter à ébullition, puis égoutter l'ail en jetant le lait. Répéter deux fois l'opération avec le même ail et le reste du lait. • Dans un robot de cuisine, mettre l'ail et 5 cuil. à soupe d'huile d'olive, et mixer jusqu'à obtention d'une préparation fluide. Réserver. • Dans une petite casserole, faire chauffer 1 cuil. à soupe d'eau à feu doux, ajouter les anchois et mélanger jusqu'à ce qu'ils soient réduits en purée. Transvaser dans un robot, incorporer 2 cuil. à soupe d'huile d'olive et mixer jusqu'à obtention d'une préparation homogène. Réserver. • Dans une grande sauteuse, faire chauffer à feu vif la cuil. à soupe d'huile d'olive restante, ajouter les crevettes et faire revenir 2-3 min, jusqu'à ce qu'elles soient cuites et roses. Saler et réserver au chaud. • Plonger les pâtes dans l'eau bouillante et cuire 3-4 min jusqu'à ce qu'elles soient *al dente*. • Égoutter et verser dans la sauteuse contenant les crevettes, ajouter la sauce à l'ail et mélanger délicatement. • Disposer dans 4 assiettes de service. Napper avec la sauce aux anchois. Décorer de persil et de basilic. • Servir sans attendre.

Pour 4 personnes
Préparation : 45 min
+ temps de préparation des pâtes
Cuisson : 40 min
Niveau de difficulté : 2

- **400 g de tagliatelle maison (*voir* pages 242-245) ou 400 g de tagliatelle fraîches, achetées dans le commerce**
- **250 g d'ail**
- **200 ml de lait**
- **8 cuil. à soupe d'huile d'olive vierge extra**
- **12 filets d'anchois**
- **250 g de petites crevettes crues, décortiquées et déveinées**
- **1 cuil. à soupe de persil frais, finement haché**
- **basilic frais, ciselé**
- **sel**

Il est possible de remplacer les tagliatelle par des maltagliati, des stracci, des linguine ou des farfalle.

TAGLIATELLE AUX MOULES

Dans un grand saladier rempli d'eau chaude salée, faire tremper les moules 1 h. Bien nettoyer en éliminant le byssus et les bernacles. • Dans une grande sauteuse, mettre les moules, ajouter 120 ml de vin, couvrir et cuire à feu vif 5-10 min, en remuant la sauteuse de temps à autre, jusqu'à ce que les moules soient ouvertes. Jeter celles qui sont restées fermées. • Laisser brièvement refroidir, puis enlever les coquilles. • Dans une grande sauteuse, faire chauffer l'huile d'olive à feu moyen, ajouter l'ail, le piment et le persil, et faire revenir 2-3 min, jusqu'à ce que le tout soit tendre. • Verser le vin restant et laisser mijoter jusqu'à évaporation. • Ajouter les tomates et laisser mijoter une dizaine de minutes à feu moyen jusqu'à ce qu'elles se désagrègent. • Saler et incorporer les moules. • Porter à ébullition une grande marmite d'eau salée et cuire les pâtes 3-4 min jusqu'à ce qu'elles soient *al dente*. • Égoutter et verser dans un plat de service. Ajouter la sauce aux moules et mélanger délicatement. • Servir sans attendre.

Pour 4 personnes
Préparation : 30 min + 1 h de trempage + temps de préparation des pâtes
Cuisson : 25-30 min
Niveau de difficulté : 3

- **400 g de tagliatelle maison (*voir* pages 242-245) ou 400 g de tagliatelle fraîches, achetées dans le commerce**
- **2 l de moules, avec les coquilles**
- **180 ml de vin blanc sec**
- **60 ml d'huile d'olive vierge extra**
- **2 gousses d'ail, finement émincées**
- **1 piment rouge frais, épépiné et finement émincé**
- **1 cuil. à soupe de persil frais, finement haché**
- **1,5 kg de tomates, mondées et grossièrement concassées**
- **sel**

Il est possible de remplacer les tagliatelle par des maltagliati, des linguine, des conchiglie ou des rigatoni.

TAGLIATELLE AUX LANGOUSTINES

Porter à ébullition une grande marmite d'eau salée. • Décortiquer et déveiner les langoustines. Retirer les têtes et les réserver. Découper la chair en petits dés. • Dans une grande casserole remplie d'eau froide, mettre les têtes, saler, porter à ébullition et cuire à découvert 30 min à feu moyen. Filtrer à l'aide d'un tamis, jeter les têtes et réserver le bouillon pour la cuisson des pâtes. • Dans une grande sauteuse, faire fondre 30 g de beurre à feu moyen, ajouter l'ail et les langoustines, et faire revenir 2-3 min. • Verser le vin et laisser cuire jusqu'à évaporation. • Incorporer la crème et l'estragon, et laisser cuire 2 min. Jeter l'ail. • Pendant ce temps, porter le bouillon réservé à ébullition et cuire les pâtes 3-4 min jusqu'à ce qu'elles soient *al dente*. • Bien égoutter et verser dans la sauteuse contenant les langoustines. Incorporer le beurre restant ainsi que 4 cuil. à soupe du bouillon de cuisson des pâtes. Mélanger délicatement 1 min, puis retirer du feu. Parsemer de persil. • Servir immédiatement.

Pour 4 personnes
Préparation : 1 h + temps de préparation des pâtes
Cuisson : 50 min
Niveau de difficulté : 2

- **400 g de tagliatelle maison (*voir* pages 242-245) ou 400 g de tagliatelle fraîches, achetées dans le commerce**
- **1 kg de langoustines crues**
- **60 g de beurre**
- **1 gousse d'ail, écrasée avec la lame d'un couteau**
- **60 ml de vin blanc sec**
- **120 ml de crème fraîche épaisse**
- **1 cuil. à soupe d'estragon frais, finement haché**
- **1 cuil. à soupe de persil frais, finement haché**
- **sel et poivre blanc du moulin**

Il est possible de remplacer les tagliatelle par des pappardelle, des farfalle frais ou des rigatoni.

TAGLIATELLE AU CANARD ET AUX LÉGUMES

Pour 4-6 personnes
Préparation : 1 h + temps de préparation des pâtes
Cuisson : 45 min
Niveau de difficulté : 3

- **400 g de tagliatelle maison (*voir* pages 242-245) ou 400 g de tagliatelle fraîches achetées dans le commerce**
- **2 carottes, coupées en julienne**
- **1 poireau, coupé en julienne**
- **2 branches de céleri, coupées en julienne**
- **2 petits oignons, émincés**
- **4 cuil. à soupe d'huile d'olive vierge extra**
- **1 échalote, émincée**
- **1 cuil. à soupe de gingembre frais, finement émincé**
- **125 ml de vin de xérès sec**
- **6 champignons, émincés**
- **1 branche de blette, émincée**
- **500 ml de bouillon de volaille ou de légumes**
- **1 magret de canard, sans peau, découpé en fines lamelles**
- **2 cuil. à soupe de farine**
- **45 g de beurre**
- **1 cuil. à soupe de Maïzena**
- **2 cuil. à soupe de persil frais, finement haché**
- **sel et poivre du moulin**

Porter à ébullition une grande marmite d'eau salée. • Dans une petite casserole d'eau salée portée à ébullition, mettre les carottes à blanchir 2 min. Égoutter et transvaser dans un saladier rempli d'eau froide et de glaçons. Blanchir séparément le poireau, le céleri et les oignons de la même manière, et égoutter. • Dans une grande sauteuse, faire chauffer l'huile d'olive à feu moyen, ajouter l'échalote et le gingembre, et faire revenir 3-4 min jusqu'à ce qu'ils soient tendres. Ajouter 100 ml de xérès et laisser mijoter jusqu'à évaporation. • Incorporer les champignons et faire revenir 5 min jusqu'à ce qu'ils soient tendres. Ajouter les légumes blanchis, cuire 3 min, puis ajouter la blette et la moitié du bouillon. Augmenter le feu et cuire 2 min. • Passer les morceaux de canard dans la farine. • Dans une sauteuse, faire fondre le beurre à feu vif, ajouter le canard et faire revenir 1 min. Saler et poivrer. Verser le reste de xérès et laisser cuire jusqu'à évaporation. • Transférer le canard dans la sauteuse contenant les légumes. • Dans un petit saladier, délayer la Maïzena dans le bouillon restant et ajouter au contenu de la sauteuse. Porter la sauce à ébullition, puis retirer du feu. • Pendant ce temps, plonger les pâtes dans l'eau bouillante et cuire 3-4 min jusqu'à ce qu'elles soient *al dente*. • Bien égoutter et transvaser dans la sauteuse. Mélanger 1 min, en ajoutant un peu d'eau de cuisson si nécessaire. Parsemer de persil. • Servir.

Il est possible de remplacer les tagliatelle par des maltagliati ou des farfalle frais.

PAPPARDELLE À LA SICILIENNE

Dans une grande sauteuse, faire chauffer l'huile d'olive à feu moyen, ajouter le porc et le veau, et faire revenir 5-8 min jusqu'à ce qu'ils soient dorés. • Incorporer le concentré de tomate dissous dans le vin, laisser mijoter 4-5 min et ajouter les tomates. Saler et poivrer. Couvrir à demi et faire mijoter 40 min à feu doux. • Porter à ébullition une grande marmite d'eau salée et cuire les pappardelle 3-5 min jusqu'à ce qu'elles soient *al dente*. • Pendant ce temps, émietter grossièrement la ricotta sèche à l'aide d'une fourchette. • Quand les pâtes sont presque cuites, mélanger la ricotta fraîche avec 2 cuil. à soupe de l'eau de cuisson dans un grand plat de service chaud. • Égoutter les pâtes et transvaser dans le plat. Ajouter la sauce à la viande et mélanger délicatement. • Parsemer de ricotta sèche et de pecorino. Mélanger et servir sans attendre.

Pour 4 personnes
Préparation : 10 min
+ temps de préparation des pâtes
Cuisson : 1 h
Niveau de difficulté : 2

- **400 g de pappardelle maison (*voir* pages 242-245) ou 400 g de pappardelle fraîches, achetées dans le commerce**
- **60 ml d'huile d'olive vierge extra**
- **250 g de porc haché**
- **250 g de veau haché**
- **2 cuil. à soupe de concentré de tomate**
- **125 ml de vin blanc ou de vin rouge sec**
- **400 g de tomates en boîte, avec leur jus**
- **90 g de ricotta sèche**
- **250 g de ricotta fraîche, égouttée**
- **60 g de pecorino, fraîchement râpé**
- **sel et poivre du moulin**

Il est possible de remplacer les pappardelle par des tagliatelle, des rigatoni ou des farfalle.

Tagliatelle aux épinards, tomates cerises et mozzarella

Confectionner les tagliatelle fraîches aromatisées aux épinards selon les instructions de la page ci-contre.
Sauce : porter à ébullition une grande marmite d'eau salée. • Dans une petite sauteuse, faire chauffer l'huile d'olive, ajouter les anchois et écraser avec une fourchette jusqu'à ce qu'ils soient réduits en purée. Retirer du feu. • Dans un bol, mélanger les tomates cerises, l'ail, le persil et le basilic. • Plonger les tagliatelle aux épinards dans l'eau bouillante et cuire 3-4 min jusqu'à ce qu'elles soient *al dente*. • Égoutter et transvaser dans un plat de service. Ajouter les tomates et les bocconcini. Arroser avec l'huile aromatisée. Saler et poivrer. • Mélanger et servir sans attendre.

Pour 4 personnes
Préparation : 25 min
+ temps de préparation des pâtes
Cuisson : 5 min
Niveau de difficulté : 1

Tagliatelle aux épinards

- **350 g de farine blanche**
- **3 gros œufs**
- **50 g d'épinards, réduits en purée**

Sauce

- **60 ml d'huile d'olive vierge extra**
- **4 filets d'anchois salés**
- **400 g de tomates cerises, coupées en deux**
- **1 gousse d'ail, finement hachée**
- **1 cuil. à soupe de persil frais, finement haché**
- **1 cuil. à soupe de basilic frais, finement haché**
- **250 g de bocconcini (petites boules de mozzarella)**
- **sel et poivre du moulin**

PRÉPARER DES PÂTES AROMATISÉES ET COLORÉES

Pour préparer des pâtes aux épinards, aux blettes, aux poivrons, aux carottes, ou encore aux betteraves, il suffit de cuire les légumes dans de l'eau légèrement salée jusqu'à ce qu'ils soient tendres, puis de les mixer pour obtenir une purée homogène. Pour des pâtes à la tomate, utiliser du concentré de tomate.

1. TAMISER la farine sur un plan de travail propre et former un tas. Creuser un puits au centre.

2. BATTRE les œufs et la purée d'épinards à la fourchette dans un petit bol. Verser dans le puits de farine.

3. INCORPORER la farine à la préparation aux épinards à l'aide de la fourchette. Une fois la farine absorbée, former une boule.

4. PÉTRIR 10-15 min, jusqu'à obtention d'une pâte lisse et homogène.

5. ENVELOPPER la pâte dans du film alimentaire et laisser reposer 30 min à température ambiante.

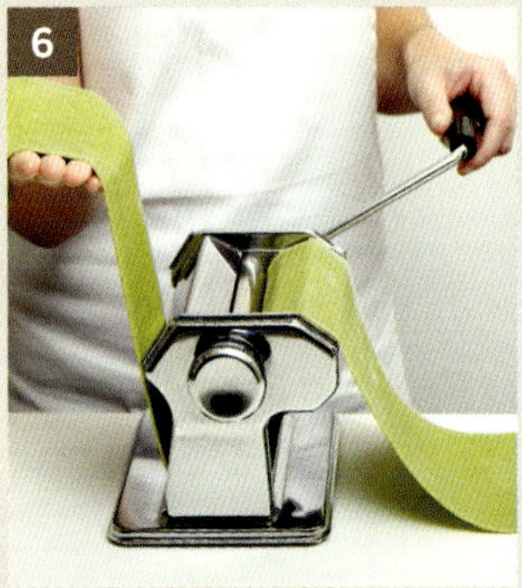

6. ABAISSER la pâte avec une machine à pâtes ou étaler à la main. Découper des tagliatelle.

PAGLIA E FIENO AU GORGONZOLA

Porter à ébullition une grande marmite d'eau salée. **Sauce :** dans une casserole de taille moyenne, faire fondre le beurre à feu moyen. Ajouter le gorgonzola et la crème, saler, poivrer, et cuire à feu doux en remuant sans cesse jusqu'à ce que le fromage soit fondu. • Plonger les pâtes dans l'eau bouillante et cuire 2-3 min jusqu'à ce qu'elles soient *al dente*. • Égoutter et verser dans un plat de service chaud. Incorporer la sauce au gorgonzola. Mélanger délicatement à l'aide de deux fourchettes. • Saupoudrer de parmesan. Décorer avec le persil et servir immédiatement.

Pour 4 personnes
Préparation : 10 min + temps de préparation des pâtes
Cuisson : 10 min
Niveau de difficulté : 2

Pâtes

- **200 g de tagliatelle natures maison (*voir* pages 242-245)**
- **200 g de tagliatelle aux épinards maison (*voir* pages 276-277)**

Sauce

- **60 g de beurre**
- **250 g de gorgonzola, coupé en petits dés**
- **150 ml de crème fraîche épaisse**
- **4 cuil. à soupe de parmesan, fraîchement râpé**
- **persil, pour décorer**
- **sel et poivre blanc du moulin**

Il est possible de remplacer les paglia e fieno par des maltagliati.

TAGLIATELLE AUX ÉPINARDS ET AU JAMBON

Porter à ébullition une grande marmite d'eau salée. • Dans une grande sauteuse, faire fondre le beurre à feu moyen, ajouter le jambon et faire revenir 5 min, jusqu'à ce qu'il soit croustillant. • Verser la crème fraîche et laisser mijoter 5 min jusqu'à ce que la sauce soit épaisse. • Saler, poivrer et ajouter la noix de muscade. • Plonger les pâtes dans l'eau bouillante et cuire 3-4 min jusqu'à ce qu'elles soient *al dente*. • Égoutter et transvaser dans la sauteuse. Mélanger délicatement pour bien enrober les pâtes de sauce. • Saupoudrer de parmesan et servir sans attendre.

Pour 4 personnes
Préparation : 15 min
+ temps de préparation des pâtes
Cuisson : 15 min
Niveau de difficulté : 2

- **400 g de tagliatelle aux épinards maison (*voir* pages 276-277) ou 400 g de tagliatelle aux épinards fraîches, achetées dans le commerce**
- **60 g de beurre**
- **120 g de jambon, découpé en fines lanières**
- **200 ml de crème fraîche épaisse**
- **1/4 cuil. à café de noix de muscade, fraîchement râpée**
- **60 g de parmesan, fraîchement râpé**
- **sel et poivre blanc du moulin**

Il est possible de remplacer les tagliatelle aux épinards par des tagliatelle natures ou des stracci.

FETTUCCINE À LA ROMAINE

Pour 4 personnes
Préparation : 30 min + temps de préparation des pâtes
Cuisson : 1 h 30
Niveau de difficulté : 2

- **400 g de fettucine aux épinards maison (*voir* pages 276-277) ou 400 g de fettucine aux épinards fraîches, achetées dans le commerce**
- **60 ml d'huile d'olive vierge extra**
- **1 oignon, finement émincé**
- **1 carotte, finement émincée**
- **1 branche de céleri, finement émincée**
- **250 g de bœuf maigre, haché**
- **90 ml de vin rouge sec**
- **120 g de foies de volaille, nettoyés et coupés en dés**
- **300 g de coulis de tomates**
- **15 g de bolets séchés, mis à tremper 15 min dans l'eau chaude, finement émincés**
- **1 feuille de laurier**
- **120 g de parmesan, fraîchement râpé**
- **20 g de beurre**
- **sel et poivre du moulin**

Dans une grande sauteuse, faire chauffer l'huile d'olive à feu moyen, ajouter l'oignon, la carotte et le céleri, et faire revenir 3-4 min, jusqu'à ce qu'ils soient tendres. • Incorporer le bœuf et faire revenir 5 min environ, jusqu'à ce qu'il soit bien doré. • Verser le vin et cuire 3-4 min jusqu'à évaporation. • Ajouter les foies de volaille et laisser mijoter 15 min à feu doux. • Incorporer le coulis de tomate, les champignons et la feuille de laurier, saler, poivrer, couvrir et laisser mijoter 1 h minimum à feu doux. Jeter la feuille de laurier. • Porter à ébullition une grande marmite d'eau salée et cuire les pâtes 3-4 min jusqu'à ce qu'elles soient *al dente*. • Égoutter et ajouter au contenu de la sauteuse. Saupoudrer de parmesan. Ajouter des copeaux de beurre. Bien mélanger et servir sans attendre.

Il est possible de remplacer les fettucine aux épinards par des pappardelle, des orecchiette, des gnocchi de pommes de terre ou des rigatoni.

TAGLIATELLE ÉPICÉES À LA CRÈME ET AUX AUBERGINES

Tagliatelle épicées : tamiser la farine sur un plan de travail propre et former un tas. • Dans un petit saladier, battre les œufs avec les piments et le thym. • Creuser un puits dans la farine, verser la préparation aux œufs et incorporer progressivement jusqu'à l'obtention d'une pâte homogène. • Pétrir la pâte, puis découper des tagliatelle selon les instructions des pages 244-245. **Sauce à la crème et aux aubergines :** éplucher les aubergines et détailler en dés de 2,5 cm. Faire bouillir 4 min dans l'eau légèrement salée • Égoutter sur du papier absorbant pour éliminer l'excès d'eau. • Porter à ébullition une grande marmite d'eau salée. • Dans une grande sauteuse, faire chauffer l'huile d'olive à feu moyen, ajouter l'ail et le thym, et faire revenir 2 min. • Incorporer les aubergines et cuire 6-7 min, en les écrasant délicatement avec une fourchette. • Retirer du feu. Ajouter la moitié du basilic, saler et poivrer. Verser dans un robot de cuisine et mixer jusqu'à obtention d'une préparation fluide. • Transférer dans la sauteuse, ajouter les tomates et cuire jusqu'à ce qu'elles se désagrègent et que la sauce soit bien onctueuse. • Plonger les pâtes dans l'eau bouillante et cuire 3-4 min jusqu'à ce qu'elles soient *al dente*. • Égoutter et ajouter au contenu de la sauteuse. Incorporer 2-3 cuil. à soupe d'eau de cuisson. Parsemer de pecorino et du reste du basilic. Mélanger délicatement. • Servir chaud.

Pour 4 personnes
Préparation : 30 min
+ temps de préparation des pâtes
Cuisson : 30 min
Niveau de difficulté : 3

Tagliatelle épicées

- **400 g de farine blanche**
- **4 gros œufs**
- **2 piments séchés, émiettés**
- **1 cuil. à café de thym frais, finement haché**

Sauce à la crème et aux aubergines

- **3 aubergines**
- **90 ml d'huile d'olive vierge extra**
- **2 gousses d'ail, finement émincées**
- **1 cuil. à soupe de thym frais, finement haché**
- **15 feuilles de basilic frais, ciselées**
- **3 grosses tomates, mondées et finement émincées**
- **6 cuil. à soupe de pecorino romano, fraîchement râpé**
- **sel et poivre blanc du moulin**

Il est possible de remplacer les tagliatelle par des orecchiette.

FETTUCCINE À LA BOURRACHE, AU BEURRE ET AU FROMAGE

Fettuccine à la bourrache : porter à ébullition 1 l d'eau avec une bonne pincée de sel et cuire la bourrache 20 min, jusqu'à ce qu'elle soit tendre. Égoutter et laisser refroidir. • Mettre dans un robot de cuisine et mixer jusqu'à obtention d'une consistance très fine. Filtrer à l'aide d'une passoire. Transférer dans un linge propre et presser pour éliminer l'excès d'eau. • Dans un saladier, battre les œufs avec une fourchette, puis incorporer la bourrache. • Tamiser la farine sur un plan de travail propre et former un tas. Creuser un puits au centre, verser la préparation aux œufs et incorporer progressivement à l'aide d'une fourchette. • Pétrir 10-15 min, jusqu'à obtention d'une pâte lisse et homogène, puis découper des fettuccine d'environ 1 cm de large selon les instructions des pages 244-245. Laisser sécher 30 min sur un linge fariné. • Porter à ébullition une grande marmite d'eau salée et cuire les pâtes 1-2 min jusqu'à ce qu'elles soient *al dente*.

Sauce : pendant la cuisson des pâtes, faites fondre le beurre à feu moyen, jusqu'à ce qu'il se colore. • Égoutter les pâtes et verser dans un plat de service chaud. Arroser avec le beurre fondu, saupoudrer de parmesan et mélanger. • Servir sans attendre.

Pour 4 personnes
Préparation : 45 min
+ temps de préparation des pâtes
Cuisson : 25 min
Niveau de difficulté : 3

Fettucine à la bourrache

- **350 g de bourrache**
- **3 gros œufs**
- **300 g de farine blanche**
- **sel**

Sauce

- **120 g de beurre**
- **120 g de parmesan, fraîchement râpé**

Il est possible de remplacer les fettucine par des tagliatelle natures ou des tagliatelle aux épinards.

TAGLIATELLE AU CITRON ET AUX TOMATES SÉCHÉES

Tagliatelle au citron : tamiser la farine sur un plan de travail propre et former un tas. • Dans un petit saladier, battre les œufs, le jus de citron et le zeste de citron. • Creuser un puits dans la farine, verser la préparation aux œufs et incorporer progressivement à l'aide d'une fourchette, jusqu'à obtention d'une pâte homogène. • Pétrir la pâte, puis découper des tagliatelle selon les instructions des pages 244-245.

Sauce aux tomates séchées : mettre les tomates séchées dans un petit saladier avec le vinaigre et l'eau. Laisser tremper 15 min, en remuant de temps en temps. • Porter à ébullition une grande marmite d'eau salée. • Égoutter les tomates et presser pour éliminer l'excès d'eau. Émincer finement à l'aide d'un couteau ou d'un robot, en réservant quelques tomates entières ou grossièrement coupées pour décorer. • Disposer dans un plat de service. Ajouter le jus et le zeste de citron, puis verser l'huile d'olive. Saler et poivrer avec parcimonie car les tomates sont déjà très salées. • Plonger les pâtes dans l'eau bouillante et cuire 2-3 min jusqu'à ce qu'elles soient *al dente*. • Bien égoutter et transvaser dans le plat de service contenant les tomates. • Mélanger délicatement et décorer de tomates entières ou grossièrement coupées. • Servir sans attendre.

Pour 4 personnes
Préparation : 30 min + temps de préparation des pâtes
Cuisson : 2-3 min
Niveau de difficulté : 3

Tagliatelle au citron

- **300 g de farine blanche**
- **3 gros œufs**
- **2 cuil. à soupe de jus de citron, fraîchement pressé**
- **2 cuil. à soupe de zeste de citron biologique, finement râpé**

Sauce aux tomates séchées

- **150 g de tomates séchées**
- **2 cuil. à soupe de vinaigre de vin blanc**
- **2-3 cuil. à soupe d'eau**
- **jus de ½ citron et zeste, découpé en fine julienne**
- **4 cuil. à soupe d'huile d'olive vierge extra**
- **sel et poivre blanc du moulin**

Il est possible de remplacer les tagliatelle par des spaghetti ou des linguine.

TAGLIATELLE AU BASILIC, SAUCE AUX LÉGUMES

Tagliatelle au basilic : tamiser la farine sur un plan de travail propre et former un tas. • Dans un petit saladier, battre les œufs et le basilic. • Creuser un puits dans la farine, verser la préparation aux œufs et incorporer progressivement à l'aide d'une fourchette, jusqu'à l'obtention d'une pâte homogène. • Pétrir, puis découper des tagliatelle selon les instructions des pages 244-245.

Sauce aux légumes : porter à ébullition une grande marmite d'eau salée. • Dans une grande sauteuse, faire chauffer le beurre à feu vif, ajouter les courgettes, les carottes et les échalotes, et faire revenir 3 min. • Verser le vin et laisser mijoter jusqu'à évaporation. • Incorporer la crème et le bouillon, et laisser mijoter 5 min, jusqu'à ce que les légumes soient tendres et que la sauce épaississe légèrement. Saler et poivrer. • Plonger les pâtes dans l'eau bouillante et cuire jusqu'à ce qu'elles soient *al dente*. • Bien égoutter et verser dans la sauteuse contenant la sauce. • Mélanger délicatement. Saupoudrer de parmesan et servir immédiatement.

Pour 4 personnes
Préparation : 40 min
+ temps de préparation des pâtes
Cuisson : 20 min
Niveau de difficulté : 2

Tagliatelle au basilic

- **350 g de farine blanche**
- **3 gros œufs**
- **50 g de basilic frais, ciselé**

Sauce aux légumes

- **30 g de beurre**
- **2 courgettes, coupées en julienne**
- **2 carottes, coupées en julienne**
- **2 échalotes, émincées**
- **125 ml de vin blanc sec**
- **125 ml de crème fraîche épaisse**
- **125 ml de bouillon de légumes**
- **parmesan, fraîchement râpé**
- **set et poivre blanc du moulin**

Il est possible de remplacer les tagliatelle au basilic par des tagliatelle natures ou des linguine.

TAGLIATELLE AUX BETTERAVES, SAUCE AUX OLIVES NOIRES

Pour 4 personnes
Préparation : 45 min
+ temps de préparation des pâtes
Cuisson : 10 min
Niveau de difficulté : 2

Tagliatelle aux betteraves

- 350 g de farine blanche
- 3 gros œufs
- 50 g de betteraves cuites, finement émincées ou réduites en purée

Sauce aux olives noires

- 3 cuil. à soupe d'huile d'olive vierge extra
- 30 g de beurre
- 400 g d'olives noires, dénoyautées et grossièrement concassées
- 1 petit piment frais, épépiné et finement émincé
- 125 g de parmesan, fraîchement râpé
- feuilles de basilic frais
- sel

Tagliatelle aux betteraves : tamiser la farine sur un plan de travail propre et former un tas. • Dans un petit saladier, battre les œufs et les betteraves. • Creuser un puits dans la farine, verser la préparation aux œufs et incorporer progressivement à l'aide d'une fourchette, jusqu'à l'obtention d'une pâte homogène. • Pétrir la pâte, puis découper des tagliatelle selon les instructions des pages 242-245.
Sauce aux olives noires : porter à ébullition une grande marmite d'eau salée. • Dans une grande sauteuse, faire chauffer l'huile d'olive et le beurre à feu moyen, ajouter les olives et le piment, saler, et faire revenir 4-5 min. • Plonger les pâtes dans l'eau bouillante et cuire 3-4 min jusqu'à ce qu'elles soient *al dente*. • Bien égoutter et verser dans la sauteuse. Mélanger délicatement, en ajoutant 1-2 cuil. à soupe d'eau de cuisson des pâtes si nécessaire. • Retirer du feu. Saupoudrer de parmesan et décorer avec les feuilles de basilic. Servir sans attendre.

Il est possible de remplacer les tagliatelle aux betteraves par des tagliatelle natures ou des maltagliati.

TAGLIATELLE AUX ORTIES ET AU CHÈVRE

Tagliatelle aux orties : dans une grande marmite d'eau salée, cuire les orties 4 min. Égoutter soigneusement. Laisser refroidir, puis émincer finement au couteau. • Tamiser la farine sur un plan de travail propre et former un tas. • Dans un petit saladier, battre les œufs et la moitié des orties – réserver l'autre moitié pour la sauce. • Creuser un puits dans la farine, verser la préparation aux œufs et incorporer progressivement à l'aide d'une fourchette, jusqu'à l'obtention d'une pâte homogène. • Pétrir, puis découper des tagliatelle selon les instructions des pages 244-245.

Sauce : porter à ébullition une grande marmite d'eau salée. • Dans une grande sauteuse, faire chauffer l'huile d'olive à feu doux, ajouter l'oignon et laisser mijoter 15 min, en ajoutant un peu d'eau si nécessaire. • Incorporer l'ail et les orties restantes. Saler et poivrer, et laisser mijoter 5 min. • Dans un petit saladier, écraser le fromage de chèvre et la crème à la fourchette. Réserver. • Plonger les pâtes dans l'eau bouillante et cuire 3-4 min jusqu'à ce qu'elles soient *al dente*. • Bien égoutter et ajouter au contenu de la sauteuse. Mélanger délicatement 1 min, et ajouter un peu d'eau de cuisson pour obtenir une sauce onctueuse. Poser le fromage de chèvre sur le dessus, et retirer du feu. • Servir immédiatement.

Pour 4-6 personnes
Préparation : 45 min
+ temps de préparation des pâtes
Cuisson : 20-30 min
Niveau de difficulté : 3

Tagliatelle aux orties

- **350 g d'orties**
- **450 g de farine blanche**
- **4 gros œufs**

Sauce

- **3 cuil. à soupe d'huile d'olive vierge extra**
- **½ oignon, finement haché**
- **1 gousse d'ail, finement émincée**
- **125 g de fromage de chèvre frais et crémeux**
- **4 cuil. à soupe de crème fraîche**
- **sel et poivre blanc du moulin**

Il est possible de remplacer les tagliatelle aux orties par des tagliatelle natures.

TAGLIATELLE AUX ÉPINARDS, AUX FRUITS DE MER ET AUX ŒUFS

Dans un grand saladier rempli d'eau froide, faire tremper les moules et les palourdes 1 h. • Porter à ébullition une grande marmite d'eau salée. • Rincer soigneusement les mollusques, retirer le byssus et les bernacles des moules. Éliminer les moules ouvertes ou cassées. • Dans une grande sauteuse, mettre les moules et les palourdes, ajouter le vin et cuire à feu vif jusqu'à ce qu'elles soient ouvertes. Jeter celles qui sont restées fermées. • Retirer les coquilles, en en réservant quelques-unes intactes pour le décor. • Filtrer le jus de la sauteuse à l'aide d'un tamis et réserver. • Dans la même sauteuse, faire chauffer l'huile d'olive à feu moyen, ajouter l'ail, les queues de crevettes et le persil, et faire revenir 3 min. • Dans un plat de service, battre les jaunes d'œufs, poivrer et ajouter 2 cuil. à soupe du jus de cuisson réservé. • Plonger les pâtes dans l'eau bouillante et cuire 3-4 min jusqu'à ce qu'elles soient *al dente*. • Bien égoutter et verser dans la sauteuse. Ajouter les moules et les palourdes, et remuer délicatement 1-2 min à feu moyen. Transvaser dans le plat de service. Mélanger jusqu'à obtention d'une sauce bien onctueuse. Poivrer au goût. • Servir sans attendre.

Pour 4 personnes
Préparation : 45 min + 1 h de trempage + temps de préparation des pâtes
Cuisson : 20 min
Niveau de difficulté : 3

- **400 g de tagliatelle aux épinards maison (*voir* pages 276-277) ou 400 g de tagliatelle aux épinards fraîches, achetées dans le commerce**
- **1,5 l de moules et de palourdes, avec leurs coquilles**
- **125 ml de vin blanc sec**
- **4 cuil. à soupe d'huile d'olive vierge extra**
- **3 gousses d'ail, finement hachées**
- **250 g de queues de crevettes crues, décortiquées**
- **2 cuil. à soupe de persil frais, finement haché**
- **3 gros jaunes d'œufs**
- **sel et poivre du moulin**

Il est possible de remplacer les tagliatelle aux épinards par des tagliatelle natures ou des bucatini.

TAGLIATELLE À L'ENCRE DE SEICHE ET AUX CREVETTES

Pour 4 personnes
Préparation : 40 min + temps de préparation des pâtes
Cuisson : 30-35 min
Niveau de difficulté : 3

Tagliatelle à l'encre de seiche

- **350 g de farine blanche**
- **3 gros œufs**
- **60 ml d'encre de seiche**

Sauce aux crevettes

- **750 g de crevettes crues, décortiquées, déveinées et découpées en petits morceaux, avec les têtes réservées**
- **300 ml d'eau**
- **1 petit oignon, découpé en quartiers**
- **1 petit bouquet de persil, tiges entières et feuilles finement hachées**
- **45 g de beurre**
- **2 gousses d'ail, finement hachées**
- **300 ml de vin blanc sec**
- **180 ml de crème fraîche épaisse**
- **sel et poivre blanc du moulin**

Tagliatelle à l'encre de seiche : tamiser la farine sur un plan de travail propre et former un tas. • Dans un petit saladier, battre les œufs et l'encre de seiche. • Creuser un puits dans la farine, verser la préparation aux œufs et incorporer peu à peu à l'aide d'une fourchette, jusqu'à obtention d'une pâte homogène. • Pétrir, puis découper des tagliatelle selon les instructions des pages 244-245.

Sauce aux crevettes : rincer les têtes de crevettes et mettre dans une petite casserole avec l'eau, l'oignon et les tiges de persil. Porter à ébullition et cuire 20 min. Filtrer à l'aide d'un tamis, en réservant le jus de cuisson. • Porter à ébullition une grande marmite d'eau salée. • Dans une grande sauteuse, faire fondre le beurre à feu vif, ajouter l'ail et les crevettes, et faire revenir 3 min. Sortir les crevettes à l'aide d'une écumoire et réserver. • Remettre la sauteuse sur feu moyen. Ajouter le vin et 2-3 cuil. à soupe du jus de cuisson des crevettes réservé. Laisser mijoter 3-4 min, jusqu'à ce que la sauce soit un peu réduite. Ajouter la crème et faire mijoter 2-3 min. Saler et poivrer. • Plonger les pâtes dans l'eau bouillante et cuire 2-3 min jusqu'à ce qu'elles soient *al dente*. • Égoutter et transvaser dans la sauteuse. Ajouter les crevettes et le reste du jus de cuisson réservé. Mélanger délicatement. • Parsemer des feuilles de persil finement hachées. • Servir sans attendre.

Il est possible de remplacer les tagliatelle à l'encre de seiche par des tagliatelle natures, des spaghetti, des linguine ou des bucatini.

TAGLIATELLE AUX HERBES, SAUCE À LA VIANDE

Pour 4 personnes
Préparation : 1 h + temps de préparation des pâtes
Cuisson : 1 h 30
Niveau de difficulté : 3

Tagliatelle aux herbes

- **350 g de farine blanche**
- **3 gros œufs**
- **60 g d'herbes (persil, thym, basilic, menthe), ciselées**

Sauce à la viande

- **60 ml d'huile d'olive vierge extra**
- **1 gros oignon, finement émincé**
- **1 branche de céleri, finement émincée**
- **1 carotte, finement émincée**
- **400 g de bœuf, découpé en gros morceaux**
- **15 g de bolets séchés, trempés dans de l'eau chaude, égouttés et finement émincés**
- **1 cuil. à soupe de persil frais, finement haché**
- **1 cuil. à soupe de farine blanche**
- **120 ml de vin blanc sec**
- **400 g de tomates, mondées et grossièrement concassées**
- **sel et poivre du moulin**

Tagliatelle aux herbes : tamiser la farine sur un plan de travail propre et former un tas. • Dans un petit saladier, battre les œufs et les herbes ciselées. • Creuser un puits dans la farine, verser la préparation aux œufs et incorporer peu à peu à l'aide d'une fourchette, jusqu'à obtention d'une pâte homogène. • Pétrir, puis découper des tagliatelle selon les instructions des pages 244-245.

Sauce à la viande : dans une grande sauteuse, faire chauffer l'huile d'olive à feu moyen, ajouter l'oignon, le céleri et la carotte, et faire sauter 3-4 min, jusqu'à ce qu'ils soient tendres. • Incorporer le bœuf et faire revenir 5 min, jusqu'à ce qu'il soit bien doré. • Ajouter les champignons et le persil, et laisser mijoter 3 min. • Saupoudrer la farine et laisser s'imprégner d'huile d'olive. • Verser le vin et cuire jusqu'à évaporation. • Ajouter les tomates. Rectifier l'assaisonnement. Couvrir et laisser mijoter à feu doux au moins 1 h, en remuant de temps en temps, jusqu'à ce que la viande soit bien tendre. Ajouter un peu d'eau si la sauce est trop épaisse. • Porter à ébullition une grande marmite d'eau salée et cuire les pâtes 3-4 min jusqu'à ce qu'elles soient *al dente*. • Égoutter et transvaser dans la sauteuse contenant la sauce à la viande. • Mélanger délicatement et servir sans attendre.

Il est possible de remplacer les tagliatelle aux herbes par des tagliatelle natures, des pappardelle ou des stracci.

PAPPARDELLE AU SAFRAN, SAUCE À L'AGNEAU

Pour 6 personnes
Préparation : 40 min
+ temps de préparation des pâtes
Cuisson : 1-2 h 30
Niveau de difficulté : 3

Pappardelle au safran

- 500 g de farine blanche
- 4 œufs + 2 gros jaunes d'œufs
- 1 cuil. à café de safran en poudre, dissous dans 1 cuil. à soupe d'eau chaude

Sauce à l'agneau

- 60 ml d'huile d'olive vierge extra
- 45 g de beurre
- 1 gigot d'agneau de 1,2 kg environ
- 120 ml de vin de xérès sec
- 1 l de bouillon de viande
- 1 petit oignon, finement émincé
- 2 cuil. à soupe de farine blanche
- 1 cœur de laitue, détaillé en lanières
- 1 cuil. à soupe de marjolaine fraîche, finement hachée
- 8 filaments de safran, écrasés
- 1 pincée de safran en poudre
- sel et poivre blanc du moulin

Pappardelle au safran : tamiser la farine sur un plan de travail propre et former un tas. • Dans un petit saladier, battre les œufs et le safran dissout. • Creuser un puits dans la farine, verser la préparation aux œufs et incorporer peu à peu à l'aide d'une fourchette, jusqu'à obtention d'une pâte homogène. • Pétrir, puis découper des pappardelle selon les instructions des pages 244-245.

Sauce à l'agneau : dans une grande sauteuse, faire chauffer l'huile d'olive et le beurre à feu moyen, ajouter l'agneau et faire revenir 5-10 min, jusqu'à ce qu'il soit doré. • Verser le xérès et cuire jusqu'à évaporation. • Saler et poivrer. Réduire le feu et laisser mijoter 1-2 h, jusqu'à ce que la viande soit très tendre. Ajouter le bouillon pour éviter que la viande ne se dessèche. • Sortir bouillon et viande de la sauteuse, désosser et découper la viande en tranches fines. • Verser 3 cuil. à soupe de bouillon dans la sauteuse, ajouter l'oignon et cuire 5 min. • Incorporer l'agneau et cuire encore 3-5 min. • Verser la farine et 500 ml de bouillon. Ajouter la laitue, la marjolaine et les filaments de safran, saler, poivrer, et cuire 5 min environ à feu doux, jusqu'à ce que la laitue soit cuite et que la sauce ait épaissi. • 30 min environ avant la fin de cuisson de la sauce, porter à ébullition une grande marmite d'eau salée, ajouter la pincée de safran en poudre et cuire les pâtes 3-4 min jusqu'à ce qu'elles soient *al dente*. Égoutter et verser dans un plat de service chaud. Napper de sauce et mélanger délicatement. • Servir sans tarder.

TAGLIATELLE AU ROMARIN, SAUCE À L'AGNEAU

Tagliatelle au romarin : tamiser la farine sur un plan de travail propre et former un tas. • Dans un petit saladier, battre les œufs et le romarin. • Creuser un puits dans la farine, verser la préparation aux œufs et incorporer progressivement à l'aide d'une fourchette, jusqu'à obtention d'une pâte homogène. • Pétrir, puis découper des tagliatelle selon les instructions des pages 244-245.

Sauce à l'agneau : dans une grande sauteuse, faire chauffer l'huile d'olive à feu moyen, ajouter l'ail, le romarin et le piment, et faire revenir 3 min. • Ajouter l'agneau et faire revenir jusqu'à ce qu'il soit doré uniformément. • Verser le vin et cuire jusqu'à évaporation. • Incorporer les tomates, rectifier l'assaisonnement, couvrir et laisser mijoter 30 min à feu doux. • Porter à ébullition une grande marmite d'eau salée • 3-4 min avant la fin de cuisson de la sauce, plonger les pâtes dans l'eau bouillante et cuire jusqu'à ce qu'elles soient *al dente*. • Égoutter et verser dans la sauteuse contenant la sauce. Incorporer le persil. Mélanger délicatement et retirer du feu. • Servir sans attendre.

Pour 4 personnes
Préparation : 40 min
+ temps de préparation des pâtes
Cuisson : 40 min
Niveau de difficulté : 2

Tagliatelle au romarin

- **350 g de farine blanche**
- **3 gros œufs**
- **60 g de romarin frais, émincé**

Sauce à l'agneau

- **60 ml d'huile d'olive vierge extra**
- **2 gousses d'ail, finement émincées**
- **1 brin de romarin frais**
- **1 piment séché, émietté**
- **400 g d'agneau, désossé et découpé en petits cubes**
- **60 ml de vin blanc sec**
- **6 grosses tomates, mondées et grossièrement concassées**
- **1 cuil. à soupe de persil frais, finement haché**
- **sel et poivre du moulin**

Il est possible de remplacer les tagliatelle au romarin par des pappardelle ou des fusilli.

FARFALLE FRAÎCHES AU SAUMON

Porter à ébullition une marmite d'eau salée. • Découper le saumon en petits dés ou en petites lamelles. • Dans une grande sauteuse, faire chauffer 2 cuil. à soupe d'huile d'olive à feu doux, ajouter l'oignon et une pincée de sel, et faire revenir 7-10 min jusqu'à ce qu'il soit tendre. • Augmenter le feu et ajouter le saumon, les câpres et le reste de l'huile. Goûter, saler si nécessaire – les câpres sont déjà très salées – et cuire 1-2 min seulement à feu moyen, car le saumon ne doit pas être trop cuit. • Plonger les pâtes dans l'eau bouillante et cuire 3-4 min jusqu'à ce qu'elles soient *al dente*. • Bien égoutter et verser dans la sauteuse contenant le saumon. Parsemer de basilic. • Mélanger délicatement et servir sans attendre.

Pour 4 personnes
Préparation : 40 min + temps de préparation des pâtes
Cuisson : 15-20 min
Niveau de difficulté : 3

Pâtes

- **400 g de farfalle maison (*voir* pages 242-245 et ci-contre)**

Sauce au saumon

- **250 g de filet de saumon frais, en tranches**
- **4 cuil. à soupe d'huile d'olive vierge extra**
- **1 oignon, finement émincé**
- **2 cuil. à soupe de câpres au sel, rincées, séchées, et grossièrement émincées**
- **6 feuilles de basilic, ciselées**
- **sel**

Il est possible de remplacer les farfalle par des pappardelle, des maltagliati ou des stracci.

PRÉPARER DES FARFALLE

En italien, *farfalle* signifie « papillon », d'où le nom donné à ces pâtes. En français, on les appelle aussi des « nœuds papillons ». Il est possible de choisir des variantes de pâtes aromatisées pour les préparer.

1. DÉCOUPER des bandes de 2,5 cm de large dans la pâte fraîche étalée finement. Puis diviser en rectangles de 6 cm de large à l'aide d'une roulette à pâtisserie.

2. PINCER chaque rectangle par le milieu entre le pouce et l'index.

3. RÉPÉTER jusqu'à épuisement des rectangles. Fariner un torchon propre avec de la semoule de blé dur et laisser sécher 30 min.

Maltagliati, sauce aux chipolatas

Pour 4 personnes
Préparation : 30 min
+ temps de préparation des pâtes
Cuisson : 35-40 min
Difficulté : 2

Maltagliati

- **400 g de pâte fraîche nature maison (*voir* pages 242-245)**

Sauce aux chipolatas

- **400 g de chipolatas**
- **2 cuil. à soupe d'huile d'olive vierge extra**
- **1 oignon, finement émincé**
- **1 pincée de cannelle en poudre**
- **120 ml de vin rouge sec**
- **800 g de tomates en boîte, avec leur jus**
- **4 cuil. à soupe de parmesan, fraîchement râpé**
- **persil frais, pour décorer**
- **sel et poivre du moulin**

Maltagliati : confectionner les maltagliati avec la pâte fraîche selon les instructions ci-dessous.
Sauce aux chipolatas : piquer les saucisses et cuire 3 min dans une casserole d'eau bouillante. Égoutter, ôter la peau et émietter grossièrement. • Dans une grande sauteuse, faire chauffer l'huile d'olive à feu doux, ajouter l'oignon et faire suer 10 min avec une pincée de sel. • Porter à ébullition une grande marmite d'eau salée. • Dans la sauteuse, ajouter les saucisses et faire revenir 5 min à feu vif. • Saler, poivrer et ajouter la cannelle. Verser le vin et laisser mijoter jusqu'à évaporation. • Incorporer les tomates et laisser mijoter encore 20 min à feu doux.
• Plonger les pâtes dans l'eau bouillante et cuire 2-3 min jusqu'à ce qu'elles soient *al dente*. • Égoutter soigneusement et ajouter au contenu de la sauteuse. Mélanger délicatement et saupoudrer de parmesan.
• Servir sans attendre. Décorer avec le persil.

Préparer des maltagliati

En italien, *maltagliati* signifie « mal découpé », un terme qui correspond parfaitement à ces pâtes aux formes très irrégulières.

1. ÉTALER la pâte finement. Découper différentes formes : petits losanges, rectangles, triangles et autres, à l'aide d'un couteau bien aiguisé.

MALTAGLIATI AUX HARICOTS

Pour 4 personnes
Préparation : 30 min
+ temps de préparation des pâtes
Cuisson : 30 min
Niveau de difficulté : 2

Porter à ébullition une grande marmite d'eau salée. • Dans une grande sauteuse, faire chauffer 4 cuil. à soupe d'huile d'olive à feu vif, ajouter l'ail, les herbes et le piment, et faire revenir 1 min. • Incorporer les haricots égouttés et cuire 5 min à feu moyen. Ajouter les tomates, saler, couvrir et laisser mijoter 10 min. • Dans une petite poêle, faire chauffer le reste de l'huile d'olive à feu vif et faire revenir le prosciutto jusqu'à ce que le gras soit transparent. Transférer dans la sauce aux haricots. • Porter à ébullition 500 ml d'eau avec le vinaigre et une pincée de sel, et cuire l'oignon pendant 2 min. Égoutter et réserver. • Faire cuire les pâtes *al dente* dans l'eau bouillante pendant 2-3 min. • Égoutter soigneusement et ajouter au contenu de la sauteuse. Mélanger délicatement, en ajoutant l'oignon et un peu d'eau de cuisson si la sauce est trop épaisse. • Servir sans attendre.

- **400 g de maltagliati maison (*voir* page 312) ou 400 g de maltagliati frais, achetés dans le commerce**
- **5 cuil. à soupe d'huile d'olive vierge extra**
- **2 gousses d'ail, finement émincées**
- **1 cuil. à soupe de sauge fraîche, finement hachée**
- **1 cuil. à soupe de romarin frais, finement haché**
- **1 piment séché, émietté**
- **500 g de haricots cuits ou en boîte (cannellini, borlotti, azuki), égouttés**
- **4 tomates, mondées, épépinées et coupées en morceaux**
- **90 g de prosciutto (ou de jambon sec), découpé en fines lanières**
- **500 ml d'eau**
- **5 cuil. à soupe de vinaigre de vin rouge**
- **1 gros oignon rouge, émincé**
- **sel**

Il est possible de remplacer les maltagliati par des tagliatelle ou des stracci.

MALTAGLIATI AUX COURGETTES ET AUX PALOURDES

Pour 4 personnes
Préparation : 30 min + 1 h de trempage + temps de préparation des pâtes
Cuisson : 20-25 min
Niveau de difficulté : 2

- 400 g de maltagliati maison (*voir* page 312) ou 400 g de maltagliati frais, achetés dans le commerce
- 1 kg de palourdes, avec leurs coquilles
- 125 ml de vin blanc sec
- 5 cuil. à soupe d'huile d'olive vierge extra
- 350 g de courgettes, coupées en rondelles
- 1 pincée de sucre
- 4 brins de menthe, finement émincés, plus quelques feuilles pour décorer
- sel

Dans une grande marmite d'eau, faire tremper les palourdes 1 h. • Égoutter et rincer soigneusement sous le robinet d'eau froide. Jeter celles qui sont ouvertes ou cassées. • Porter à ébullition une grande marmite d'eau salée. • Dans une grande sauteuse, faire chauffer la moitié du vin et la moitié des palourdes. Couvrir et cuire à feu moyen jusqu'à ce que les palourdes soient ouvertes. Retirer du feu. Répéter l'opération avec le vin et les palourdes restants. Jeter les palourdes qui sont restées fermées. • Filtrer les jus de cuisson et réserver. • Dans une grande sauteuse, faire chauffer l'huile d'olive à feu moyen et faire revenir les courgettes 5 min. Incorporer le sucre, les palourdes et 3-4 cuil. à soupe de jus de cuisson, saler, ajouter la menthe et cuire 2-3 min. Retirer du feu. • Plonger les pâtes dans l'eau bouillante et cuire 3-4 min jusqu'à ce qu'elles soient *al dente*. • Égoutter et transvaser dans la sauteuse. Mélanger délicatement à feu moyen, en ajoutant un peu de jus de cuisson si nécessaire. • Décorer avec les feuilles de menthe et servir sans attendre.

Il est possible de remplacer les maltagliati par des tagliatelle, des spaghetti ou des linguine.

CARRÉS DE POLENTA, SAUCE AUX HARICOTS ET À LA SAUCISSE

Carrés de polenta : tamiser les deux farines sur un plan de travail et former un tas. • Battre les œufs dans un petit saladier. • Creuser un puits dans la farine, verser les œufs et incorporer progressivement à l'aide d'une fourchette, jusqu'à obtention d'une pâte homogène. • Pétrir, puis étaler finement, selon les instructions des pages 244-245. • Découper des petits carrés à l'aide d'une roulette à pâtisserie. • Déposer sur un torchon fariné et laisser sécher 30 min.

Sauce aux haricots et à la saucisse : mettre les haricots dans une grande marmite avec 2 cuil. à soupe d'huile d'olive et le romarin entier. Couvrir d'eau et laisser mijoter 1-2 h jusqu'à ce qu'ils soient tendres. Avant la fin de la cuisson, saler et poivrer. • Porter à ébullition une grande marmite d'eau salée. • Égoutter les haricots en réservant l'eau de cuisson, jeter le romarin. • Transférer dans un robot de cuisine et mixer en incorporant de l'eau de cuisson réservée jusqu'à obtention d'une purée. • Émietter la chair à saucisse avec une fourchette. • Dans une grande sauteuse, faire chauffer le reste de l'huile d'olive à feu vif, ajouter la chair à saucisse et faire revenir 8 min. • Ajouter le romarin haché et verser le vin. Retirer du feu et réserver. • Plonger les carrés de polenta dans l'eau bouillante et cuire 4-5 min jusqu'à ce qu'ils soient *al dente*. • Égoutter et transvaser dans un plat de service chaud. • Réchauffer la purée de haricots, verser dans le plat avec la sauce à la saucisse. Mélanger et servir.

Pour 4 personnes
Préparation : 2 h + 12 h de trempage + temps de préparation des carrés de polenta
Cuisson : 2 h 30
Niveau de difficulté : 3

Carrés de polenta

- **150 g de farine de maïs**
- **200 g de farine blanche**
- **4 gros œufs**

Sauce aux haricots et à la saucisse

- **200 g de cannellini secs, mis à tremper 12 h dans l'eau froide**
- **4 cuil. à soupe d'huile d'olive vierge extra**
- **1 brin de romarin frais**
- **400 g de chair à saucisse**
- **1 brin de romarin frais, feuilles finement hachées**
- **125 ml de vin blanc sec**
- **sel et poivre du moulin**

CARRÉS DE PÂTE AUX ENCORNETS

Pour 4 personnes
Préparation : 20 min
+ temps de préparation des carrés de pâte
Cuisson : 20 min
Niveau de difficulté : 3

Carrés de pâte

- **200 g de farine de blé dur**
- **200 g de farine blanche**
- **4 gros œufs**

Sauce aux encornets

- **125 ml d'huile d'olive vierge extra**
- **400 g de petits encornets nettoyés et pelés, découpés en fines rondelles (sans les tentacules, à conserver pour une autre recette)**
- **1 grosse tomate, coupée en petits morceaux**
- **1 cuil. à soupe de cerfeuil frais, finement haché**
- **1 cuil. à soupe de marjolaine fraîche, finement hachée**
- **1 cuil. à soupe de thym frais, finement haché**
- **180 ml de bouillon de poisson très chaud**
- **sel et poivre blanc du moulin**

Carrés de pâte : tamiser les deux farines sur un plan de travail propre et former un tas. • Battre les œufs dans un petit saladier. • Creuser un puits dans la farine, verser les œufs et incorporer progressivement à l'aide d'une fourchette jusqu'à obtention d'une pâte homogène. • Pétrir, puis étaler finement selon les instructions des pages 244-245. • Découper des petits carrés à l'aide d'une roulette à pâtisserie. • Déposer sur un torchon légèrement fariné et laisser sécher 30 min.

Sauce aux encornets : porter à ébullition une grande marmite d'eau salée. • Dans une grande sauteuse, faire chauffer l'huile d'olive à feu vif, ajouter les encornets, la tomate, le cerfeuil, la marjolaine et le thym, et faire revenir 3 min. • Verser le bouillon de poisson, saler, poivrer et cuire 2-3 min jusqu'à ce que la sauce soit réduite de moitié.

• Plonger les carrés de pâte dans l'eau bouillante et cuire 4-5 min jusqu'à ce qu'ils soient *al dente*.

• Bien égoutter et verser dans la sauteuse. Mélanger délicatement et servir sans attendre.

Il est possible de remplacer les carrés de pâte par des tagliatelle, des spaghetti, des linguine ou des penne.

PIZZOCCHERI À LA SAUCE AU POTIRON ET AU GORGONZOLA

Pizzoccheri : tamiser les deux farines et le sel sur un plan de travail propre. Former un tas, creuser un puits et incorporer suffisamment d'eau, jusqu'à obtention d'une pâte plutôt ferme. Pétrir 20 min, envelopper dans du film alimentaire et laisser reposer 30 min. • Étaler la pâte finement. Déposer sur un linge fariné et laisser sécher 30 min. • Découper des morceaux de 1 x 5 cm.

Sauce au potiron et au gorgonzola : préchauffer le four à 200 °C (th. 6-7). • Cuire le potiron 40 min, jusqu'à ce qu'il soit bien tendre. Laisser refroidir quelques instants, éplucher et découper en petits dés. • Porter à ébullition une grande marmite d'eau salée. • Dans une sauteuse, faire fondre le beurre, ajouter le potiron et le sucre, et faire revenir 2-3 min. Saler et retirer du feu. • Plonger les pâtes dans l'eau bouillante et cuire 3-4 min jusqu'à ce qu'elles soient *al dente*. • Pendant ce temps, faire fondre le gorgonzola dans une casserole à fond épais avec 1-2 cuil. à soupe de l'eau de cuisson des pâtes. • Égoutter les pâtes et transvaser dans la casserole. Mélanger, puis incorporer délicatement le potiron. • Décorer de persil et servir sans attendre.

■ ■ ■ *Les pizzoccheri sont des pâtes courtes préparées avec de la farine de sarrasin. Elles sont sont originaires de Valtellina, en Lombardie, dans le nord de l'Italie.*

Pour 4 personnes
Préparation : 30 min
+ temps de préparation des pâtes
Cuisson : 50 min
Niveau de difficulté : 2

Pizzoccheri

- **300 g de farine de sarrasin**
- **150 g de farine blanche**
- **180 ml d'eau**
- **sel**

Sauce au potiron et au gorgonzola

- **750 g de courge ou de potiron, découpés en quartiers, mais non pelés**
- **45 g de beurre**
- **1 pincée de sucre**
- **150 g de gorgonzola**
- **persil frais, pour décorer**
- **sel**

Il est possible de remplacer les pizzoccheri par des tagliatelle ou des tagliatelle au blé complet.

STRACCI AUX FLEURS DE COURGETTES

Pour 4 personnes
Préparation : 30 min
+ temps de préparation des pâtes
Cuisson : 15 min
Niveau de difficulté : 2

Stracci

- 400 g de pâte fraîche maison (*voir* pages 242-245)

Sauce aux fleurs de courgettes

- 1 cuil. à soupe d'huile d'olive vierge extra
- 60 g de prosciutto (ou de jambon sec), découpé en fines lanières
- 4 petites courgettes, coupées en fines rondelles
- 180 ml de crème fraîche épaisse
- 1 pincée de safran en poudre
- 4 fleurs de courgettes
- 1 cuil. à soupe de persil frais, finement haché
- sel

Stracci : confectionner les stracci avec la pâte fraîche selon les instructions ci-dessous.

Sauce aux fleurs de courgettes : porter à ébullition une grande marmite d'eau salée. • Dans une grande sauteuse, faire chauffer l'huile d'olive, ajouter le prosciutto et les courgettes, et faire revenir 3-5 min. • Verser la crème et laisser mijoter 3 min. • Incorporer le safran, mélanger soigneusement, saler et retirer du feu. • Plonger les pâtes dans l'eau bouillante et cuire 2-3 min jusqu'à ce qu'elles soient *al dente*. • Réchauffer la sauce et ajouter les fleurs de courgettes. • Égoutter les pâtes et transvaser dans la sauteuse. Mélanger délicatement 1 min. • Décorer chaque portion avec une fleur de courgette, parsemer de persil et servir immédiatement.

PRÉPARER DES STRACCI

Les *stracci*, dont le nom signifie « chiffons », conviennent bien aux sauces crémeuses et pas trop épaisses.

1. ÉTALER la pâte en feuilles ultra-fines. Déchirer les feuilles à la main pour former des petites pâtes irrégulières.

ORECCHIETTE À LA SAUCE ÉPICÉE AUX BROCOLIS ET AUX ANCHOIS

Préparer les orecchiette selon les instructions de la page ci-contre.

Sauce épicée aux brocolis et aux anchois : dans une grande sauteuse, faire chauffer l'huile d'olive à feu moyen, ajouter l'ail et les anchois, et mélanger jusqu'à ce que les anchois soient réduits en purée. • Retirer du feu et laisser refroidir. • Porter à ébullition une grande marmite d'eau salée et cuire les tiges de brocolis 2 min, incorporer les fleurettes et laisser cuire 4-6 min jusqu'à ce qu'elles soient bien tendres. Sortir à l'aide d'une écumoire et ajouter au contenu de la sauteuse. • Remettre l'eau à bouillir, plonger les pâtes dans l'eau bouillante et cuire 3-5 min jusqu'à ce qu'elles soient *al dente*. • Égoutter et transvaser dans la sauteuse. Saler et incorporer les piments. Servir sans attendre.

Pour 4 personnes
Préparation : 15 min + temps de préparation des pâtes
Cuisson : 20-30 min
Niveau de difficulté : 2

Orecchiette

- **200 g de semoule de blé dur**
- **200 g de farine blanche**
- **eau tiède**
- **huile d'olive vierge extra (facultatif)**

Sauce épicée aux brocolis et aux anchois

- **60 ml d'huile d'olive vierge extra**
- **2 gousses d'ail, finement émincées**
- **4-6 filets d'anchois salés**
- **500 g de brocolis, divisés en fleurettes, avec les tiges hachées**
- **1-2 piments séchés, émiettés**
- **sel**

Il est possible de remplacer les orecchiette par des gnocchi ou des rigatoni.

PRÉPARER DES ORECCHIETTE

Les orecchiette sont originaires des Pouilles, la région qui occupe le talon de la botte de la péninsule italienne. En italien, *orecchiette* signifie « petites oreilles », en référence à la forme des pâtes.

1. TAMISER la semoule et la farine sur un plan de travail propre. Former un tas, creuser un puits et verser de l'eau tiède et de l'huile d'olive (facultatif).

2. TRAVAILLER la pâte à la main depuis le centre du puits, jusqu'à complète incorporation de la farine.

3. MÉLANGER toujours à la main jusqu'à obtention d'une pâte souple.

4. PÉTRIR 15-20 min jusqu'à obtention d'une pâte lisse et homogène. Façonner en longs et fins boudins.

5. COUPER en segments d'1 cm environ, puis « étirer » chaque segment avec un couteau à bout rond.

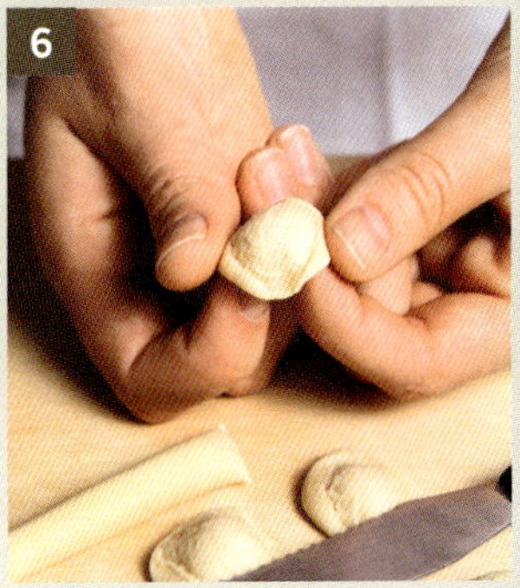

6. POSER chaque segment de pâte sur le doigt et façonner en orecchiette.

ORECCHIETTE À LA ROQUETTE ET AUX POMMES DE TERRE

Porter à ébullition une grande marmite d'eau salée et cuire les pommes de terre 10 min. • Ajouter 2 gousses d'ail et laisser cuire 5-10 min de plus. • Verser les orecchiette et la roquette, et poursuivre la cuisson jusqu'à ce que les pâtes soient *al dente*. • Dans une grande sauteuse, faire chauffer l'huile d'olive, ajouter les 2 gousses d'ail restantes et le piment, et cuire 3-4 min à feu doux. • Égoutter les pâtes, la roquette et les pommes de terre, jeter l'ail, et verser dans la sauteuse. • Bien mélanger et servir sans attendre.

Pour 4 personnes
Préparation : 10 min
+ temps de préparation des pâtes
Cuisson : 15-20 min
Niveau de difficulté : 2

- **400 g d'orecchiette maison (*voir* pages 326-327) ou 500 g d'orecchiette fraîches, achetées dans le commerce**
- **500 g de pommes de terre, pelées et coupées en rondelles de 5 mm d'épaisseur**
- **4 gousses d'ail, légèrement écrasées**
- **350 g de roquette**
- **120 ml d'huile d'olive vierge extra**
- **1 piment séché, émietté**
- **sel**

Il est possible de remplacer les orecchiette par des penne ou des fusilli.

Orecchiette, sauce à la viande

Dans une grande sauteuse, faire chauffer l'huile d'olive à feu moyen, ajouter les oignons et faire revenir 3-4 min, jusqu'à ce qu'ils soient tendres. • Incorporer la viande et faire revenir 5 min, jusqu'à ce qu'elle soit bien dorée. • Ajouter les tomates, le céleri et le basilic. Saler et poivrer. Couvrir et laisser cuire 1 h minimum à feu doux. • Porter à ébullition une grande marmite d'eau salée et cuire les pâtes 3-4 min jusqu'à ce qu'elles soient *al dente*. • Égoutter soigneusement et transvaser dans la sauteuse. • Mélanger 1 min à feu vif. Saupoudrer de fromage, et servir immédiatement.

Pour 4-6 personnes
Préparation : 15 min
+ temps de préparation des pâtes
Cuisson : 1 h 10
Niveau de difficulté : 2

- **400 g d'orecchiette maison (*voir* pages 326-327) ou 500 g d'orecchiette fraîches, achetées dans le commerce**
- **90 ml d'huile d'olive vierge extra**
- **2 gros oignons, finement émincés**
- **500 g de viande maigre hachée (bœuf, agneau, ou porc)**
- **500 g de tomates, mondées et émincées**
- **2 branches de céleri, finement émincées**
- **2 cuil. à soupe de basilic frais, émincé**
- **60 g de pecorino ou de parmesan, fraîchement râpé**
- **sel et poivre du moulin**

Il est possible de remplacer les orecchiette par des tagliatelle, des pappardelle, des spaghetti ou des penne.

GNOCCHI DE POMMES DE TERRE AU BEURRE ET À LA SAUGE

Préparer les gnocchi de pommes de terre selon les instructions de la page ci-contre.

Sauce : dans une petite casserole, faire fondre le beurre à feu moyen avec la sauge, jusqu'à ce qu'il blondisse et s'imprègne de la saveur aromatique de la sauge.

• Arroser les gnocchi avec le beurre fondu. Poivrer. Saupoudrer de parmesan et servir immédiatement.

Pour 4-6 personnes
Préparation : 1 h + 1-2 h de repos
Cuisson : 45 min
Niveau de difficulté : 2

Gnocchi de pommes de terre

- **1 kg de pommes de terre bien farineuses, avec leur peau et cuites à l'eau**
- **250 g de farine blanche**
- **1 gros œuf, légèrement battu**
- **3 cuil. à soupe de parmesan, fraîchement râpé**
- **½ cuil. à café de sel**

Sauce

- **125 g de beurre, fondu**
- **12 feuilles de sauge fraîche**
- **150 g de parmesan, fraîchement râpé**
- **poivre du moulin**

Il est possible de remplacer les gnocchi par des tagliatelle, des farfalle fraîches ou des stracci.

■ PRÉPARER DES GNOCCHI DE POMMES DE TERRE

Les gnocchi de pommes de terre se préparent en mélangeant purée de pommes de terre, farine, sel et œuf. Ils sont délicieux accompagnés de beurre et de sauge, mais se marient également avec de nombreuses sauces.

1. ÉPLUCHER les pommes de terre encore chaudes et réduire en purée dans un saladier.

2. INCORPORER la farine, le sel, l'œuf et le parmesan. Mélanger avec une spatule en bois jusqu'à obtention d'une pâte homogène.

3. FORMER une boule. Détacher des bouts de pâte et façonner en boudins un peu plus gros que le doigt. Couper en segments de 2,5 cm.

4. ROULER les gnocchi un par un sur les dents d'une fourchette (pour qu'ils retiennent mieux la sauce).

5. CUIRE les gnocchi 2-3 min à l'eau bouillante salée, jusqu'à ce qu'ils remontent à la surface. Sortir avec une écumoire.

GNOCCHI À LA SAUCE AUX QUATRE FROMAGES

Pour 4-6 personnes
Préparation : 20 min
+ temps de préparation des gnocchi
Cuisson : 30 min
Niveau de difficulté : 2

- **500 g de gnocchi de pommes de terre maison (*voir* pages 334-335) ou 500 g de gnocchi de pomme de terre frais, achetés dans le commerce**

Sauce béchamel

- **30 g de beurre**
- **30 g de farine blanche**
- **1 pincée de noix de muscade**
- **300 ml de lait**
- **250 g de fontina, fraîchement râpé**
- **125 g de gorgonzola, grossièrement émietté**
- **125 g de mascarpone**
- **120 g de parmesan, fraîchement râpé**
- **sel et poivre du moulin**

Sauce béchamel : faire fondre le beurre à feu moyen dans une petite casserole. Incorporer la farine et la noix de muscade et cuire 1-2 min, en remuant sans cesse. • Retirer du feu et verser le lait d'un seul coup. Mélanger jusqu'à obtention d'une consistance fluide. Laisser mijoter à feu doux, sans cesser de remuer, jusqu'à ce que la sauce soit lisse et épaisse. • Ajouter les quatre fromages, en réservant un peu de parmesan. Cuire à feu doux, tout en remuant, jusqu'à ce que les fromages soient fondus et que la sauce devienne onctueuse. Poivrer. • Porter à ébullition une grande marmite d'eau salée et cuire les gnocchi 2-3 min en plusieurs fois. Sortir avec une écumoire et disposer sur un plat de service chaud. • Napper avec la sauce au fromage. Mélanger délicatement, saupoudrer le parmesan réservé et servir sans attendre.

Il est possible de remplacer les gnocchi par des rigatoni ou des penne.

GNOCCHI AUX BROCOLIS ET À LA PANCETTA

Porter à ébullition une grande marmite d'eau salée et cuire les fleurettes de brocolis 6-8 min, jusqu'à ce qu'elles soient tendres. Sortir avec une écumoire et réserver l'eau de cuisson. • Dans une sauteuse, faire chauffer l'huile d'olive à feu moyen et faire revenir l'ail, le piment et la pancetta 4-5 min, jusqu'à ce que tous les ingrédients soient bien dorés. • Incorporer les fleurettes de brocolis, saler, poivrer, et laisser mijoter 10 min. • Porter à ébullition l'eau de cuisson réservée et cuire les gnocchi 2-3 min en plusieurs fois. Sortir avec une écumoire et ajouter au contenu de la sauteuse. • Parsemer de pecorino. Mélanger délicatement et servir sans attendre.

Pour 4-6 personnes
Préparation : 25 min + temps de préparation des gnocchi
Cuisson : 25 min
Niveau de difficulté : 1

- **500 g de gnocchi de pommes de terre maison (*voir* pages 334-335) ou 500 g de gnocchi de pommes de terre frais, achetés dans le commerce**
- **500 g de fleurettes de brocolis**
- **125 ml d'huile d'olive vierge extra**
- **4 gousses d'ail, finement émincées**
- **1 piment rouge, épépiné et finement émincé**
- **150 g de pancetta (ou de lard), coupée en dés**
- **60 g de pecorino, fraîchement râpé**
- **sel et poivre du moulin**

Il est possible de remplacer les gnocchi par des orecchiette, des conchiglie ou des cavatappi.

PÂTES FARCIES

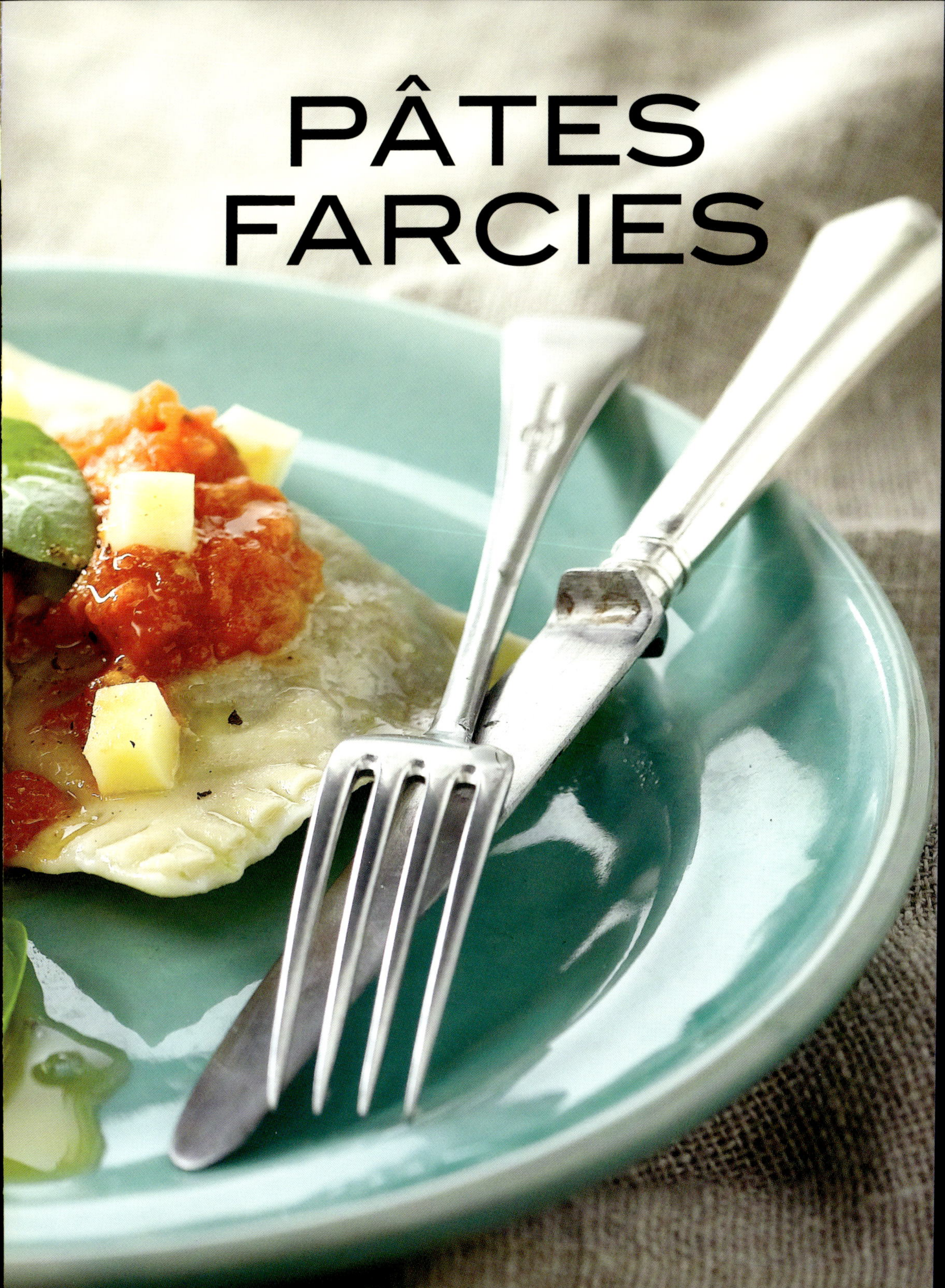

ANOLINI AU BOUILLON DE BŒUF

Pour 4 personnes
Préparation : 1 h + temps de préparation des pâtes
Cuisson : 3 h 30
Niveau de difficulté : 3

Anolini

- **200 g de pâte fraîche (*voir* page 242)**

Farce

- **60 g de lard avec la couenne, coupé en fines lanières**
- **400 g de bœuf maigre**
- **1 pincée de noix de muscade, fraîchement râpée**
- **60 g de beurre**
- **1 oignon, finement haché**
- **1,25 l de bouillon de bœuf (*voir* page 48)**
- **75 g de chapelure fine**
- **60 g de parmesan, fraîchement râpé**
- **1 gros œuf**
- **sel et poivre noir du moulin**

Farce : fixer le lard sur la pièce de bœuf à l'aide de ficelle de cuisine. Saler, poivrer et ajouter la muscade. • Dans une grande casserole, faire fondre le beurre, ajouter la viande et faire revenir 5-10 min jusqu'à ce qu'elle soit cuite de toutes parts. • Ajouter l'oignon et cuire 3-4 min jusqu'à ce qu'il soit tendre. • Ajouter 250 ml de bouillon, couvrir et laisser mijoter 3 h, jusqu'à ce que la viande soit fondante.• Dans un robot de cuisine, verser la viande avec du jus de cuisson et hacher jusqu'à obtention d'une consistance homogène.
• Transvaser dans un saladier, ajouter la chapelure, le parmesan et l'œuf, saler et poivrer. Mélanger et réserver au réfrigérateur.

Anolini : confectionner les anolini avec la pâte fraîche et la farce selon les instructions de la page ci-contre.
• Dans une casserole, faire chauffer le reste de bouillon de bœuf à feu vif, couvrir et porter à ébullition. • Plonger les anolini 2-3 min dans le bouillon et cuire en plusieurs fois, jusqu'à ce qu'ils soient *al dente*. • Servir dans des bols avec le bouillon.

PRÉPARER DES ANOLINI

Les anolini sont de petits ravioli ronds typiques de l'Émilie-Romagne, au centre de l'Italie. On les sert avec un bouillon de bœuf bien chaud ou une sauce. Leur farce, traditionnellement à base de viande, peut aussi se composer de légumes, de fromage ou de fruits de mer. La pâte ne doit pas être trop fine. Il faut qu'elle soit assez résistante pour contenir la farce.

1. ABAISSER la pâte en feuilles assez fines de 30 x 20 cm. Aligner des boulettes de farce tous les 5 cm sur la moitié de chaque feuille, puis replier la pâte sur les boulettes.

2. APPUYER doucement avec le bout des doigts entre les boulettes de farce pour chasser l'air. Découper des disques de pâte avec une roulette à bord lisse ou cannelé ou avec un emporte-pièce.

3. ABAISSER le reste de pâte, et farcir jusqu'à ce que la totalité de la pâte et de la farce soit utilisée. Poser les anolini sur un torchon fariné.

ANOLINI AU POTIRON, SAUCE À LA VIANDE

Pour 4-6 personnes
Préparation : 1 h + temps de préparation des pâtes
Cuisson : 1 h 45
Niveau de difficulté : 3

Anolini

- 200 g de pâte fraîche (*voir* page 242)

Sauce

- 15 g de cèpes séchés
- 60 ml d'huile d'olive vierge extra
- 1 oignon, finement haché
- 1 carotte, finement hachée
- 1 branche de céleri, finement hachée
- 1 gousse d'ail, hachée
- 250 g de bœuf haché
- 1 cuil. à soupe de farine
- 125 ml de vin rouge
- 500 g de tomates en boîte, avec leur jus
- 1 cuil. à soupe de persil haché
- noix de muscade râpée
- sel et poivre noir du moulin

Farce

- 350 g de potiron non épluché, en morceaux
- 500 g de pommes de terre
- 20 g de beurre
- 2 cuil. à soupe de parmesan, et un supplément pour accompagner
- 1 pincée de noix de muscade râpée
- sel et poivre noir du moulin

Sauce : faire tremper les cèpes 15 min dans un bol d'eau froide. Égoutter et hacher finement. • Dans une casserole, faire chauffer l'huile d'olive, ajouter l'oignon, la carotte et le céleri, et faire suer 15 min à feu doux avec une pincée de sel. • Incorporer l'ail et les champignons, et cuire 2 min. • Ajouter le bœuf et faire revenir à feu vif jusqu'à ce qu'il soit bien cuit. • Ajouter la farine et cuire 2 min. • Verser le vin et laisser mijoter jusqu'à évaporation. • Ajouter les tomates, le persil, la muscade, du sel et du poivre, couvrir et laisser mijoter 1 h, en remuant de temps en temps.

Farce : préchauffer le four à 200 °C (th. 6-7). • Cuire le potiron 1 h jusqu'à ce qu'il soit tendre. Laisser refroidir. • Détacher la chair à l'aide d'une cuillère et mixer dans un robot de cuisine jusqu'à obtention d'une purée lisse. • Porter à ébullition une marmite d'eau légèrement salée et cuire les pommes de terre avec leur peau jusqu'à ce qu'elles soient tendres. • Égoutter et peler. Dans un saladier, écraser avec le beurre, le parmesan, la muscade, du sel et du poivre, jusqu'à obtention d'une purée. • Incorporer la purée de potiron et mélanger.

Anolini : confectionner les anolini avec la pâte fraîche et la farce selon les instructions de la page 345.

• Porter à ébullition une marmite d'eau salée et cuire les anolini 2-3 min en plusieurs fois jusqu'à ce qu'ils soient *al dente*. • Bien égoutter et servir très chaud avec la sauce à la viande et le parmesan.

ANOLINI AUX CHAMPIGNONS ET AUX HERBES

Pour 4 personnes
Préparation : 1 h + temps de préparation des pâtes + 1 h de trempage
Cuisson : 30 min
Niveau de difficulté : 3

Anolini

- **200 g de pâte fraîche (*voir* page 242)**
- **8 cuil. à soupe de parmesan, fraîchement râpé**
- **feuilles de 3 branches de marjolaine fraîche, finement hachées**
- **90 g de beurre fondu**

Farce

- **30 g de cèpes séchés**
- **2 cuil. à soupe d'huile d'olive vierge extra**
- **1 gousse d'ail, finement hachée**
- **1 branche de romarin frais**
- **1 feuille de laurier**
- **250 g de porc, haché**
- **1 échalote, finement hachée**
- **2 cuil. à soupe de cognac**
- **1 cuil. à soupe de persil, finement haché**
- **1 œuf**
- **4 cuil. à soupe de parmesan, fraîchement râpé**
- **sel et poivre noir du moulin**

Farce : dans un petit saladier rempli d'eau tiède, faire tremper les cèpes séchés 1 h. Égoutter en réservant le liquide de trempage. Hacher finement les cèpes. • Dans une grande poêle antiadhésive, faire chauffer l'huile d'olive, ajouter l'ail, le romarin et la feuille de laurier, et faire sauter 1 min à feu vif. • Ajouter le porc, l'échalote et les cèpes. Verser le cognac et laisser mijoter jusqu'à évaporation.
• Poursuivre la cuisson 10 min à feu moyen, en remuant fréquemment et en ajoutant un peu de jus de trempage des cèpes si la farce devient trop épaisse. • Retirer le laurier et le romarin. Transvaser la préparation dans un robot de cuisine et hacher finement. • Dans un saladier, mettre le hachis, ajouter le persil, l'œuf et le parmesan, saler, poivrer et mélanger.

Anolini : confectionner les anolini avec la pâte fraîche et la farce selon les instructions de la page 345.

• Porter à ébullition une grande marmite d'eau salée et cuire les anolini 2-3 min jusqu'à ce qu'ils soient *al dente*. • Sortir à l'aide d'une écumoire, bien égoutter et transvaser sur un plat de service. • Saupoudrer de parmesan et de marjolaine, et arroser de beurre fondu. • Servir aussitôt.

ANOLINI AU PECORINO ET SAUCE AUX FÈVES

Sauce : dans une petite casserole, faire fondre le beurre à feu doux, ajouter le poireau et faire revenir 10 min. • Ajouter les fèves, saler et verser 300 ml de bouillon de bœuf. Couvrir et laisser mijoter environ 1 h en remuant fréquemment et en ajoutant du bouillon si les fèves se dessèchent. • Saler et poivrer.
Farce : passer la ricotta à travers un tamis fin au-dessus d'un saladier. Incorporer le pecorino, saler, poivrer et ajouter la noix de muscade. Mélanger et réserver au réfrigérateur.
Anolini : confectionner les anolini avec la pâte fraîche et la farce selon les instructions de la page 345.
• Porter à ébullition une grande marmite d'eau salée et cuire les anolini 2-3 min jusqu'à ce qu'ils soient *al dente*. • Sortir à l'aide d'une écumoire, bien égoutter et transvaser sur un plat de service. • Servir très chaud, avec la sauce aux fèves et du pecorino.

Pour 4 personnes
Préparation : 45 min
+ temps de préparation des pâtes
Cuisson : 1 h 30
Niveau de difficulté : 3

Anolini

- **200 g de pâte fraîche (*voir* page 242)**

Sauce

- **90 g de beurre**
- **1 poireau, finement émincé**
- **350 g de fèves fraîches, décortiquées**
- **350 ml de bouillon de bœuf (*voir* page 48)**
- **sel et poivre noir du moulin**

Farce

- **150 g de ricotta fraîche, égouttée**
- **200 g de pecorino jeune, grossièrement râpé, et un supplément pour accompagner**
- **1 pincée de noix de muscade, fraîchement râpée**
- **sel et poivre blanc du moulin**

ANOLINI À L'ORIENTALE

Pour 4 personnes
Préparation : 45 min
+ temps de préparation des pâtes
Cuisson : 10 min
Niveau de difficulté : 3

Pâte à anolini

- **150 g de farine ordinaire**
- **50 g de farine de blé dur**
- **1 cuil. à soupe d'huile d'arachide**
- **90 ml d'eau tiède**

Farce

- **250 g de chou, finement émincé**
- **250 g de porc, haché**
- **2 cuil. à soupe de citronnelle, finement hachée**
- **1 petite carotte, finement hachée**
- **3 ciboules, finement hachées**
- **1 cuil. à soupe de sauce soja claire**
- **2 cuil. à soupe de cognac**
- **1 cuil. à soupe de Maïzena**
- **1 cuil. à café de gingembre frais, finement haché**
- **1 pincée de sucre**
- **sauce soja foncée, pour accompagner**
- **sel**

Pâte à anolini : tamiser les deux farines et former un tas. Creuser un puits, verser l'huile et la moitié de l'eau, et travailler à la fourchette jusqu'à ce que toute la farine soit absorbée, en ajoutant un peu d'eau si nécessaire. Pétrir 10-15 min jusqu'à obtention d'une pâte souple et homogène. Laisser reposer 1 h.

Farce : disposer le chou dans un grand saladier et saupoudrer de 2-3 pincées de sel. Réserver 1 h. • Presser le chou pour éliminer l'excès d'eau. Remettre dans le saladier et ajouter le porc, la citronnelle, la carotte, les ciboules, la sauce soja claire, le cognac, la Maïzena, le gingembre et le sucre. Bien mélanger le tout avec les mains. Réserver au réfrigérateur.

Anolini : confectionner les anolini avec la pâte fraîche et la farce selon les instructions de la page 345.

• Porter à ébullition une grande casserole d'eau salée. • Disposer les anolini dans un panier de cuisson à la vapeur au-dessus de l'eau bouillante et cuire 10 min. • Servir très chaud avec la sauce soja foncée.

ANOLINI À LA RICOTTA ET À LA MENTHE

Pour 4 personnes
Préparation : 45 min
+ temps de préparation des pâtes
Cuisson : 45 min
Niveau de difficulté : 3

Anolini

- 200 g de pâte fraîche (*voir* page 242)

Farce

- 500 g de ricotta fraîche, égouttée
- 90 g de pecorino, fraîchement râpé
- 1 gros œuf
- 2 cuil. à soupe de menthe, finement hachée
- sel et poivre blanc du moulin

Sauce

- 60 ml d'huile d'olive vierge extra
- 2 gousses d'ail, finement hachées
- 500 g de courgettes, coupées en bâtonnets
- 3 tomates, mondées et grossièrement hachées
- 1 cuil. à soupe de persil, finement haché
- quelques feuilles de basilic, grossièrement hachées
- sel et poivre noir du moulin

Farce : presser la ricotta à travers un tamis fin au-dessus d'un saladier. • Incorporer le pecorino, l'œuf et la menthe. Saler, poivrer et mélanger. • Placer la préparation dans une poche à douille munie d'un embout souple et réserver au réfrigérateur.

Sauce : dans une grande poêle antiadhésive, faire chauffer l'huile d'olive à feu moyen, ajouter l'ail et faire revenir 2-3 min jusqu'à ce qu'il soit légèrement doré. • Ajouter les courgettes et faire sauter 5 min à feu moyen. • Incorporer les tomates et le persil et laisser mijoter 2 min de plus. Saler, poivrer et ajouter une partie du basilic.

Anolini : confectionner les anolini avec la pâte fraîche et la farce selon les instructions de la page 345.

• Porter à ébullition une grande marmite d'eau salée et cuire les anolini 2-3 min jusqu'à ce qu'ils soient *al dente*. • Sortir à l'aide d'une écumoire, bien égoutter et transvaser sur un plat de service.

• Recouvrir de sauce aux courgettes. Décorer le plat avec le basilic restant et servir très chaud.

ANOLINI AUX POIRES ET AU PECORINO

Farce : peler les poires, arroser de jus de citron pour éviter qu'elles noircissent, et couper en dés. • Dans une casserole de taille moyenne, mettre l'eau, le sucre et les poires, recouvrir d'un papier cuisson et laisser mijoter 15-20 min en remuant de temps en temps, jusqu'à ce que les poires soient tendres. Retirer du feu. • Ajouter le pecorino et poivrer généreusement.

Anolini : confectionner les anolini avec la pâte fraîche et la farce selon les instructions de la page 345.

• Porter à ébullition une grande marmite d'eau salée et cuire les anolini 2-3 min jusqu'à ce qu'ils soient *al dente.* • Sortir à l'aide d'une écumoire, bien égoutter et transvaser sur un plat de service. • Dans une petite casserole, faire fondre le beurre avec la marjolaine et une pincée de sel. • Verser sur les anolini, parsemer de pecorino et saupoudrer de cannelle. • Servir très chaud.

Pour 4 personnes
Préparation : 45 min
+ temps de préparation des pâtes
Cuisson : 25-30 min
Niveau de difficulté : 3

Anolini

- **200 g de pâte fraîche (*voir* page 242)**
- **120 g de beurre**
- **1 branche de marjolaine**
- **60 g de pecorino vieux, fraîchement râpé**
- **½ cuil. à café de cannelle en poudre**
- **sel**

Farce

- **3 poires mûres mais fermes (la variété Kaiser convient bien)**
- **jus fraîchement pressé de ½ citron**
- **120 ml d'eau**
- **1 cuil. à soupe de sucre**
- **90 g de pecorino, fraîchement râpé**
- **poivre noir du moulin**

RAVIOLI AU BOUILLON DE BŒUF

Pour 4-6 personnes
Préparation : 45 min
+ temps de préparation des pâtes
Cuisson : 20 min
Niveau de difficulté : 3

Ravioli

- **200 g de pâte fraîche (*voir* page 242)**
- **1,25 l de bouillon de bœuf (*voir* page 48)**
- **basilic frais**

Farce

- **350 g de ricotta**
- **150 g de parmesan, fraîchement râpé**
- **1 gros œuf**
- **zeste finement râpé de 1/2 citron biologique**
- **1 cuil. à soupe de ciboulette, finement hachée**
- **2 cuil. à soupe de chapelure fine**
- **sel et poivre blanc du moulin**

Farce : dans un saladier, mettre la ricotta, le parmesan, l'œuf, le zeste de citron, la ciboulette et la chapelure. Saler, poivrer et mélanger. Réserver au réfrigérateur.

Ravioli : confectionner les ravioli avec la pâte fraîche et la farce selon les instructions de la page ci-contre.

• Dans une casserole moyenne, faire chauffer le bouillon de bœuf à feu vif, couvrir et porter à ébullition. • Plonger les ravioli dans le bouillon et cuire 2-3 min jusqu'à ce qu'ils soient *al dente*. • Transvaser dans des bols individuels et décorer avec le basilic. • Servir très chaud.

PRÉPARER DES RAVIOLI CARRÉS OU RECTANGULAIRES

Les ravioli sont carrés ou rectangulaires et ont quatre bords cannelés ou trois bords cannelés et un bord lisse (du côté où la pâte a été pliée). Ils mesurent 5 cm de côté et sont farcis avec des légumes, du fromage, des fruits de mer ou de la viande. On les sert dans des bouillons ou avec une sauce.

1. DÉCOUPER la pâte en bandes de 10 cm de large. Disposer des boulettes de farce tous les 5 cm sur un des côtés de chaque bande.

2. APLATIR LÉGÈREMENT les boulettes de farce. Replier la pâte pour les recouvrir.

3. APPUYER doucement avec le bout des doigts entre les boulettes de farce pour chasser l'air.

4. DÉCOUPER les ravioli avec une roulette à bord lisse ou cannelé.

5. ABAISSER le reste de pâte et farcir jusqu'à épuisement de la farce. Poser les ravioli sur un torchon fariné.

RAVIOLI À LA RICOTTA AU CONSOMMÉ

Pour 4-6 personnes
Préparation : 1 h + temps de préparation des pâtes
Cuisson : 30 min
Niveau de difficulté : 3

Ravioli

- 200 g de pâte fraîche (*voir* page 242)

Farce

- 120 g de lard, finement haché
- 1 jaune d'œuf
- 5 cuil. à soupe de parmesan, fraîchement râpé
- 150 g de ricotta fraîche, égouttée
- sel et poivre blanc du moulin

Consommé

- 60 g de bœuf haché
- 1/2 carotte, finement hachée
- 1/2 poireau, finement haché
- 1/2 branche de céleri, finement hachée
- 1 blanc d'œuf
- 1,5 l de bouillon de bœuf (*voir* page 48), dont le gras a été écumé en surface
- 500 ml de vin blanc sec pétillant

Farce : dans un saladier, mettre le lard, le jaune d'œuf, le parmesan et la ricotta. Saler, poivrer et mélanger. Réserver au réfrigérateur.
Ravioli : confectionner les ravioli avec la pâte fraîche et la farce selon les instructions de la page 361.
Consommé : dans une casserole moyenne, mettre le bœuf, la carotte, le poireau, le céleri et le blanc d'œuf et ajouter 500 ml de bouillon. Porter le tout à ébullition et remuer doucement jusqu'à ce que le bouillon commence à s'évaporer. Arrêter de remuer et attendre que le blanc d'œuf remonte à la surface et forme une croûte retenant les impuretés. Laisser mijoter quelques minutes, enlever délicatement le blanc d'œuf et filtrer le bouillon à travers un tamis fin. • Remettre sur le feu et porter à nouveau à ébullition. Retirer du feu et ajouter le vin. Réserver.
• Faire chauffer le bouillon restant à feu vif et à couvert, porter à ébullition et cuire les ravioli 2-3 min par petites quantités, jusqu'à ce qu'ils soient *al dente*. • Sortir à l'aide d'une écumoire, bien égoutter et transvaser dans le bouillon clarifié réservé. • Disposer avec du bouillon dans des bols individuels et servir aussitôt.

RAVIOLI AUX BROCOLIS, SAUCE AUX ANCHOIS

Pour 4-6 personnes
Préparation : 45 min
+ temps de préparation des pâtes
Cuisson : 45 min
Niveau de difficulté : 3

Anolini

- 200 g de pâte fraîche (*voir* page 242)
- 6 cuil. à soupe de chapelure fine
- 6 cuil. à soupe de pecorino vieux, fraîchement râpé

Farce

- 1,25 kg de brocolis
- 350 g de pommes de terre farineuses, cuites à l'eau et écrasées en purée
- 2 gousses d'ail, finement hachées
- 2 cuil. à soupe d'huile d'olive vierge extra
- 1 cuil. à soupe de persil, finement haché
- ½ cuil. à café de flocons de piment rouge
- sel

Sauce

- 60 ml d'huile d'olive vierge extra
- ½ oignon, finement haché
- 8 filets d'anchois, finement hachés
- 3 gousses d'ail, finement hachées
- 60 ml de vin blanc sec

Farce : éplucher les tiges de brocolis et couper en dés. Diviser les fleurettes en petits morceaux. • Dans un cuit-vapeur, disposer les tiges, parsemer de sel et cuire 10 min. Ajouter les fleurettes et cuire 5 min de plus jusqu'à ce qu'elles soient tendres. • Transférer dans un robot de cuisine et mixer jusqu'à obtention d'une purée. • Dans une sauteuse, verser la préparation et cuire à feu moyen à doux, en remuant souvent pour éliminer toute l'humidité. • Dans un saladier, mélanger les pommes de terre écrasées, les brocolis, l'ail, l'huile d'olive, le persil, le piment rouge et le sel. • Réserver au réfrigérateur.
Sauce : dans une poêle moyenne, faire chauffer l'huile à feu doux, ajouter l'oignon et une pincée de sel, couvrir et laisser mijoter 10 min. • Ajouter les anchois et l'ail et remuer constamment jusqu'à ce que les anchois aient fondu dans l'huile. • Verser le vin et laisser cuire jusqu'à évaporation.
Ravioli : confectionner les ravioli avec la pâte fraîche et la farce selon les instructions de la page 361.
• Porter à ébullition une grande marmite d'eau salée et cuire les ravioli 2-3 min en plusieurs fois jusqu'à ce qu'ils soient *al dente*. • Sortir à l'aide d'une écumoire, bien égoutter et transférer sur un plat de service. • Napper de sauce aux anchois et parsemer de chapelure grillée et de pecorino. • Servir très chaud.

RAVIOLI AUX AUBERGINES À LA SAUCE TOMATE

Pour 4-6 personnes
Préparation : 1 h 30
+ temps de préparation des pâtes
Cuisson : 45 min
Niveau de difficulté : 3

Ravioli

- 200 g de pâte fraîche (*voir* page 242)
- 150 g de mozzarella fraîche, coupée en dés
- basilic frais

Farce

- 350 g d'aubergine
- 1 cuil. à soupe de persil, finement haché
- 1 pincée d'origan
- 5 feuilles de basilic, coupées grossièrement
- 1 gros œuf
- 4 cuil. à soupe de parmesan, fraîchement râpé
- 4 cuil. à soupe de chapelure fine
- sel et poivre noir du moulin

Sauce

- 60 ml d'huile d'olive vierge extra
- 1 gousse d'ail, écrasée avec le plat d'un couteau
- 1,25 kg de tomates mondées, épépinées et coupées en dés

Farce : préchauffer le four à 200 °C (th. 6-7) et cuire l'aubergine 30-40 min, jusqu'à ce qu'elle soit tendre. • Couper en deux et évider la chair à l'aide d'une cuillère à soupe. Mettre dans un saladier, saler et laisser reposer 30 min. • Transférer l'aubergine dans un torchon propre et presser doucement pour éliminer l'excès d'eau. • Remettre dans le saladier et écraser à la fourchette. Poivrer, ajouter le persil, l'origan et le basilic. Incorporer l'œuf, le parmesan et assez de chapelure pour obtenir une pâte ferme (de la consistance d'une boulette de viande). Réserver au réfrigérateur.

Ravioli : confectionner les ravioli avec la pâte fraîche et la farce selon les instructions de la page 361.

• Porter à ébullition une grande marmite d'eau salée.

Sauce : dans une grande poêle, faire chauffer l'huile d'olive à feu moyen, ajouter l'ail et faire revenir jusqu'à ce qu'il soit légèrement doré. • Jeter l'ail. Ajouter les tomates et cuire 3 min à feu vif. Saler et poivrer.

• Plonger les ravioli dans l'eau bouillante et cuire 3-4 min, en plusieurs fois, jusqu'à ce qu'ils soient *al dente*. • Sortir à l'aide d'une écumoire, bien égoutter et transférer sur un plat de service chaud. Parsemer de dés de mozzarella et napper de sauce tomate. • Servir très chaud avec le basilic.

RAVIOLI SUCRÉS

Pour 4-6 personnes
Préparation : 1 h 30
+ temps de préparation des pâtes
Cuisson : 15-20 min
Niveau de difficulté : 3

Ravioli

- **200 g de pâte fraîche (*voir* page 242)**
- **90 g de ricotta fumée, fraîchement râpée**
- **90 g de beurre fondu**

Farce

- **4 cuil. à soupe de raisins secs dorés (variété sultana)**
- **60 g de beurre**
- **1 oignon, finement haché**
- **400 g de pommes de terre cuites à l'eau, écrasées**
- **1 cuil. à café de cannelle en poudre**
- **6 cuil. à soupe de noix, finement hachées**
- **zeste de ½ citron biologique, finement râpé**
- **1 cuil. à café de menthe séchée**
- **1 cuil. à soupe de sucre**
- **sel et poivre noir du moulin**

Farce : faire tremper les raisins secs 30 min dans un petit saladier rempli d'eau froide. Bien égoutter. • Dans une casserole, faire fondre le beurre à feu moyen, ajouter l'oignon et une pincée de sel et faire suer 10 min à feu doux. • Dans un saladier, mettre les pommes de terre écrasées, l'oignon, la cannelle, les raisins secs, les noix, le zeste de citron, la menthe et le sucre. Saler, poivrer et mélanger. Réserver au réfrigérateur.

Ravioli : confectionner les ravioli avec la pâte fraîche et la farce selon les instructions de la page 361.

• Porter à ébullition une grande marmite d'eau salée et cuire les ravioli 2-3 min, en plusieurs fois, jusqu'à ce qu'ils soient *al dente*. • Sortir à l'aide d'une écumoire, bien égoutter et transférer sur un plat de service. • Parsemer de ricotta et arroser de beurre. • Servir aussitôt.

■ ■ ■ *Voici une recette traditionnelle du Frioul, région du nord-est de l'Italie. La ricotta fumée peut être remplacée par un autre fromage vieilli et fumé.*

RAVIOLI À L'ÉCORCE DE CÉDRAT CONFIT

Farce : dans un saladier, mettre l'écorce de cédrat, les amandes, le zeste de citron, la ricotta et l'œuf. Saler, poivrer et bien mélanger.

Ravioli : confectionner les ravioli avec la pâte fraîche et la farce selon les instructions de la page 361.

• Porter à ébullition une grande marmite d'eau salée et cuire les ravioli 2-3 min, en plusieurs fois, jusqu'à ce qu'ils soient *al dente*. • Sortir à l'aide d'une écumoire, bien égoutter et transférer sur un plat de service. • Arroser de beurre, saupoudrer de sucre et de noix de muscade. • Servir très chaud.

■ ■ ■ *La version traditionnelle de cette recette utilise de l'écorce de cédrat confit, mais les écorces de citron, d'orange ou de pamplemousse confits conviennent aussi très bien.*

Pour 4-6 personnes
Préparation : 45 min
+ temps de préparation des pâtes
Cuisson : 20 min
Niveau de difficulté : 3

Ravioli

- **200 g de pâte fraîche (*voir* page 242)**
- **90 g de beurre fondu**
- **1 cuil. à soupe de sucre**
- **1 pincée de noix de muscade, fraîchement râpée**

Farce

- **90 g d'écorce de cédrat confit, finement hachée**
- **100 g d'amandes, finement moulues**
- **zeste de ½ citron biologique, finement râpé**
- **120 g de ricotta, égouttée**
- **1 œuf**
- **sel et poivre blanc du moulin**

RAVIOLI À LA RICOTTA ET AU PECORINO

Pour 4-6 personnes
Préparation : 45 min
+ temps de préparation des pâtes
Cuisson : 20 min
Niveau de difficulté : 3

Ravioli

- 200 g de pâte fraîche (*voir* page 242)
- 60 g de pecorino, coupé en fins copeaux
- marjolaine fraîche

Farce

- 350 g de ricotta fraîche, égouttée
- 60 g de beurre fondu
- 3 cuil. à soupe de parmesan, fraîchement râpé
- 3 cuil. à soupe de bouillon de bœuf (*voir* page 48)
- 1 œuf
- 1 pincée de noix de muscade, fraîchement râpée
- sel et poivre blanc du moulin

Sauce

- 60 g de beurre
- 3 cuil. à soupe de bouillon de bœuf (*voir* page 48)
- 200 ml de crème fraîche épaisse

Farce : dans un saladier, mettre la ricotta, le beurre, le parmesan, le bouillon de bœuf, l'œuf et la noix de muscade. Saler, poivrer et mélanger. Réserver au réfrigérateur.

Ravioli : confectionner les ravioli avec la pâte fraîche et la farce selon les instructions de la page 361. • Porter à ébullition une grande marmite d'eau salée.

Sauce : dans une petite casserole, faire fondre le beurre avec le bouillon de bœuf, et laisser mijoter 3-4 min à feu doux. • Ajouter la crème et laisser mijoter 10 min de plus.

• Plonger les ravioli dans l'eau bouillante et cuire 2-3 min, en plusieurs fois, jusqu'à ce qu'ils soient *al dente*. • Sortir à l'aide d'une écumoire, bien égoutter et transférer sur un plat de service.

• Verser la sauce sur les pâtes, parsemer de pecorino, ajouter quelques brins de marjolaine et servir très chaud.

■ ■ ■ *Le bouillon frais peut être aisément remplacé par du bouillon cube.*

RAVIOLI AUX FRUITS DE MER

Pour 4-6 personnes
Préparation : 1 h + temps de préparation des pâtes
Cuisson : 15-20 min
Niveau de difficulté : 3

Farce : dans une grande poêle, faire chauffer l'huile d'olive et l'ail à feu moyen, ajouter les filets de poisson et laisser cuire 2 min en remuant doucement. • Verser le vermouth et le cognac, saler, poivrer et laisser mijoter jusqu'à évaporation. • Retirer la poêle du feu. Dans un robot de cuisine, verser le poisson et le jus de cuisson, et hacher finement. • Fariner légèrement les coquilles Saint-Jacques. • Dans une casserole, faire fondre le beurre à feu moyen, ajouter les noix de Saint-Jacques et faire revenir 3-4 min jusqu'à ce qu'elles soient tendres. Saler et retirer du feu. • Dans un saladier, mettre le poisson haché, les noix de Saint-Jacques, l'œuf et le persil. Rectifier l'assaisonnement et bien mélanger.

Ravioli : confectionner les ravioli avec la pâte fraîche et la farce selon les instructions de la page 361.
• Faire bouillir une grande marmite d'eau salée.

Sauce : dans une grande poêle, faire chauffer l'huile d'olive à feu moyen, ajouter les filets de poisson et les crevettes, et faire revenir doucement 2 min. Verser le vermouth et cuire jusqu'à évaporation.
• Ajouter les tomates, saler, poivrer et laisser mijoter 2 min.
• Plonger les ravioli dans l'eau bouillante et cuire 3 min, en plusieurs fois, jusqu'à ce qu'ils soient *al dente*. • Sortir avec une écumoire, bien égoutter et transférer dans la poêle contenant la sauce. Ajouter le beurre et 4 cuil. à soupe d'eau de cuisson.
• Parsemer de persil, remuer doucement et servir.

Ravioli

- 200 g de pâte fraîche (*voir* page 242)

Farce

- 3 cuil. à soupe d'huile d'olive vierge extra
- 1 gousse d'ail, épluchée
- 500 g de filets de poisson blanc à chair ferme
- 1 cuil. à soupe de vermouth sec
- 1 cuil. à soupe de cognac
- 4 cuil. à soupe de farine
- 250 g de noix de Saint-Jacques, grossièrement hachées
- 25 g de beurre
- 1 œuf
- 1 cuil. à soupe de persil, haché
- sel et poivre blanc du moulin

Sauce

- 2 cuil. à soupe d'huile d'olive vierge extra
- 250 g de filets de poisson blanc, coupés en morceaux
- 250 g de petites crevettes crues, décortiquées
- 2 cuil. à soupe de vermouth sec
- 350 g de tomates, mondées et hachées
- 2 cuil. à soupe de beurre
- 1 cuil. à soupe de persil, finement haché

RAVIOLI AU SAUMON ET AUX CHAMPIGNONS

Pour 4 personnes
Préparation : 1 h + temps de préparation des pâtes
Cuisson : 40 min
Niveau de difficulté : 3

Ravioli

- **200 g de pâte fraîche nature (*voir* page 242) et 200 g de pâte fraîche aux épinards (*voir* page 277)**

Farce

- **30 g de beurre**
- **250 g de filets de saumon frais, hachés**
- **2 cuil. à soupe de Martini sec**
- **2 jaunes d'œufs**
- **2 cuil. à soupe de crème fraîche**
- **2 cuil. à soupe de chapelure fine**
- **2 cuil. à soupe de parmesan, fraîchement râpé**
- **1 cuil. à soupe d'aneth, finement haché**
- **sel et poivre blanc du moulin**

Sauce

- **5 cuil. à soupe d'huile d'olive vierge extra**
- **2 gousses d'ail, finement hachées**
- **500 g de champignons, émincés**
- **1 cuil. à soupe de farine**
- **300 ml de bouillon de poisson**
- **1 cuil. à soupe d'aneth, finement haché**
- **sel**

Farce : dans une grande poêle, faire fondre le beurre, ajouter le saumon et faire revenir à feu moyen à vif. • Verser le Martini et laisser mijoter jusqu'à évaporation. Sortir du feu et laisser refroidir. • Hacher le saumon dans un robot de cuisine. • Transférer dans un saladier, ajouter les jaunes d'œufs, la crème, la chapelure, le parmesan et l'aneth, saler, poivrer et mélanger. • Réserver au réfrigérateur.

Sauce : dans une poêle, faire chauffer l'huile d'olive à feu moyen, ajouter l'ail et faire revenir 2 min. Incorporer les champignons et une pincée de sel, couvrir et laisser mijoter 5-10 min jusqu'à ce qu'ils soient tendres. • Saupoudrer la farine et cuire 2 min. Verser le bouillon, couvrir et cuire 15 min à feu doux.• Retirer la poêle du feu et ajouter l'aneth.

Ravioli : diviser chaque pâte en deux. Abaisser assez finement et découper en feuilles de 10 cm de large. Couper chaque feuille en deux dans le sens de la longueur. • Poser des boulettes de farce à intervalles réguliers sur la moitié des bandes de pâte et recouvrir d'une bande de pâte d'une autre couleur. Poursuivre en suivant les instructions de la page 361.

• Faire bouillir une grande marmite d'eau salée à feu vif et cuire les ravioli 2-3 min, en plusieurs fois, jusqu'à ce qu'ils soient *al dente*. • Sortir à l'aide d'une écumoire, bien égoutter et ajouter au contenu de la poêle. • Servir très chaud.

AGNOLOTTI DE NOËL

Pour 4-6 personnes
Préparation : 1 h 15 + temps de préparation des pâtes
Cuisson : 20 min
Niveau de difficulté : 3

Agnolotti

- 300 g de farine
- 1 gros œuf
- 3 jaunes d'œufs
- quelques cuil. à soupe d'eau froide

Farce

- 350 g de viande rôtie (porc, bœuf ou poulet), sans gras
- 125 g de mortadelle
- 125 g de parmesan, fraîchement râpé
- 1 œuf
- 120 ml de crème fraîche épaisse
- 2 poignées de mie de pain fraîche, trempée dans le lait et pressée
- 1 pincée de noix de muscade, fraîchement râpée
- sel et poivre noir du moulin

Sauce

- 150 g de fontina, coupé en dés et mis à tremper 2 h au réfrigérateur dans 3 cuil. à soupe ½ de lait
- 3 jaunes d'œufs
- 30 g de beurre
- sel et poivre blanc du moulin

Préparer la pâte des agnolotti avec la farine, l'œuf, les jaunes d'œufs et l'eau selon les instructions de la page 242 et laisser reposer 30 min.
Farce : dans un robot de cuisine, hacher la viande rôtie et la mortadelle jusqu'à obtention d'une consistance très fine. • Incorporer le parmesan, l'œuf, la crème et la mie de pain. Saler, poivrer, ajouter la noix de muscade et bien mélanger.
Agnolotti : diviser la pâte en quatre et abaisser en feuilles assez fines (sur une machine à pâtes, utiliser la deuxième épaisseur la plus fine). Puis confectionner les agnolotti selon les instructions de la page ci-contre.
Sauce : dans une casserole au bain-marie, mélanger le fromage, le lait, les jaunes d'œufs et le beurre, jusqu'à ce que le fromage ait fondu. Fouetter la sauce jusqu'à ce qu'elle soit épaisse et crémeuse, en évitant que les œufs ne coagulent. Retirer du feu, saler et poivrer. Réserver au chaud en remuant fréquemment.
• Faire bouillir une grande marmite d'eau salée à feu vif et cuire les agnolotti 3-4 min par petites quantités à la fois jusqu'à ce qu'ils soient *al dente*.
• Bien égoutter et servir très chaud avec la sauce.

PRÉPARER DES AGNOLOTTI

Les agnolotti sont des ravioli du Piémont, une région du nord-ouest de l'Italie. Ils renferment une farce à base de viande rôtie ou braisée et sont servis dans un bouillon avec une simple sauce au beurre et à la sauge. Les agnolotti con plin sont traditionnellement servis à Noël.

1. COUPER les feuilles de pâte en bandes de 6 cm de large. Disposer des boulettes de farce tous les 4 cm sur le bord de chaque bande.

2. REPLIER la pâte sur la farce. Appuyer entre les boulettes tout en continuant d'enrouler la pâte sur elle-même.

3. COUPER la bande de pâte à environ 1 cm du bord replié à l'aide d'une roulette cannelée.

4. REFERMER les agnolotti en laissant une fine bande de pâte dépasser. Découper entre les boulettes.

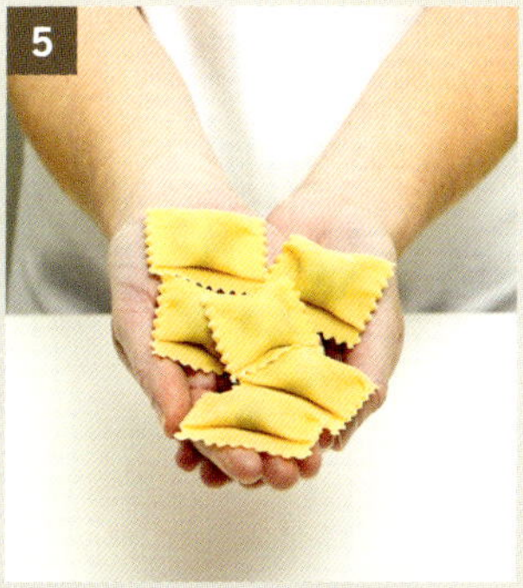

5. ABAISSER le reste de la pâte et farcir jusqu'à épuisement de la farce. Poser les agnolotti sur un torchon fariné.

CAPPELLETTI AU FROMAGE ET À LA POIRE

Farce : mélanger le pecorino, la ricotta, la poire, l'œuf, le sel et le poivre dans un saladier.

Cappelletti : confectionner les cappelletti avec la pâte fraîche et la farce selon les instructions de la page ci-contre.

• Faire bouillir une grande marmite d'eau salée à feu vif et cuire les cappelletti 3-4 min, en deux à trois fois, jusqu'à ce qu'ils soient *al dente*. • Sortir à l'aide d'une écumoire, bien égoutter et transférer sur des assiettes individuelles. • Parsemer de pecorino, arroser de beurre et poivrer. • Servir aussitôt.

Pour 4-6 personnes
Préparation : 1 h + temps de préparation des pâtes
Cuisson : 10-15 min
Niveau de difficulté : 3

Cappelletti

- **200 g de pâte fraîche (*voir* page 242)**
- **4 cuil. à soupe de pecorino, grossièrement râpé**
- **90 g de beurre fondu**
- **poivre noir du moulin**

Farce

- **250 g de pecorino, grossièrement râpé**
- **250 g de ricotta fraîche, égouttée**
- **1 poire, épluchée, évidée et grossièrement râpée**
- **1 œuf**
- **sel et poivre blanc du moulin**

PRÉPARER DES CAPPELLETTI

Les cappelletti (« petits chapeaux »), également appelés cappellacci, sont composés de petits carrés de pâte fraîche. Ces carrés sont farcis, repliés en triangles et enroulés pour leur donner leur forme. Avant de les façonner, diviser la pâte en 3 pâtons. Abaisser assez finement (sur une machine à pâtes, utiliser la deuxième épaisseur la plus fine).

1. DÉCOUPER la pâte en bandes puis en carrés de 6 cm de côté, à l'aide d'une roulette à bord lisse.

2. DÉPOSER une cuillerée à café bien remplie de farce au centre de chaque carré et replier en triangle.

3. ENROULER le triangle de pâte autour de l'index et faire adhérer ses extrémités.

4. RETROUSSER la pointe du triangle vers le haut afin de donner au cappelletti sa forme de « petit chapeau ».

5. ABAISSER le reste de la pâte et farcir jusqu'à épuisement de la farce. Poser les cappelletti sur un torchon fariné.

CAPPELLETTI À L'AUBERGINE ET AU CHOCOLAT

Sauce : dans une casserole moyenne, faire chauffer l'huile d'olive, ajouter les tomates, l'oignon, l'ail, le basilic et le sucre, saler, couvrir et laisser mijoter 40 min à feu doux. Si la sauce est trop liquide, ôter le couvercle et poursuivre la cuisson jusqu'à ce qu'elle ait un peu réduit.

Farce : préchauffer le four à 180 °C (th. 6). • Couper l'aubergine en deux dans le sens de la longueur, inciser la chair en diagonale, sans percer la peau, à l'aide d'un couteau bien aiguisé et cuire 1 h au four, jusqu'à ce qu'elle soit tendre. • Laisser refroidir puis prélever la chair à l'aide d'une cuillère à soupe. • Dans une poêle, faire chauffer l'huile d'olive à feu moyen, ajouter l'oignon et faire revenir 3-4 min jusqu'à ce qu'il soit tendre. • Ajouter la tomate, l'aubergine et les flocons de piment, et laisser mijoter 10 min. Saler et retirer du feu. • Incorporer la chapelure, le cacao, la ricotta et le chocolat. • Hacher le tout dans un robot de cuisine. Réserver.

Cappelletti : confectionner les cappelletti avec la pâte fraîche et la farce selon les instructions de la page 385.

• Faire bouillir une grande marmite d'eau salée à feu vif. • Verser la sauce tomate très chaude dans 4 assiettes individuelles. • Plonger les cappelletti dans l'eau bouillante et cuire 3-4 min, en plusieurs fois, jusqu'à ce qu'ils soient *al dente*. • Sortir à l'aide d'une écumoire, bien égoutter et verser dans les assiettes. Arroser de beurre fondu et servir sans attendre.

Pour 4 personnes
Préparation : 1 h + temps de préparation des pâtes
Cuisson : 1 h
Niveau de difficulté : 3

Cappelletti

- **200 g de pâte fraîche (*voir* page 242)**
- **60 g de beurre fondu**

Sauce

- **1 cuil. à soupe d'huile d'olive vierge extra**
- **500 g de tomates, mondées et hachées**
- **1/2 oignon, finement haché**
- **1 gousse d'ail, finement hachée**
- **4 feuilles de basilic, déchiquetées**
- **1 pincée de sucre**
- **sel**

Farce

- **1 aubergine**
- **1 cuil. à soupe d'huile d'olive vierge extra**
- **1 cuil. à soupe d'oignon blanc, finement haché**
- **1 tomate, mondée et coupée en petits dés**
- **1 grosse pincée de flocons de piment rouge**
- **3 cuil. à soupe de chapelure fine**
- **1 cuil. à café de cacao en poudre amer**
- **150 g de ricotta, égouttée**
- **30 g de chocolat noir, râpé**

DEMI-LUNES

Pour 4 personnes
Préparation : 1 h + temps de préparation des pâtes
Cuisson : 40 min
Niveau de difficulté : 3

Demi-lunes

- 200 g de pâte fraîche (*voir* page 242)
- 120 ml de beurre
- 1 cuil. à soupe de menthe, finement hachée

Farce

- 120 g de pain rassis de la veille, sans la croûte
- 120 ml de vin blanc sec
- 2 artichauts
- jus de 1 citron, fraîchement pressé
- 3 cuil. à soupe d'huile d'olive vierge extra
- ½ gousse d'ail, finement hachée
- 1 cuil. à soupe de menthe, finement hachée
- 100 ml d'eau froide
- 1 oignon, finement haché
- 90 g de jambon fumé
- 250 g de parmesan, fraîchement râpé
- 1 gros œuf
- sel et poivre noir du moulin

Farce : faire tremper le pain dans le vin. • Éplucher les artichauts et faire tremper dans un saladier d'eau froide avec le jus de citron. • Égoutter, émincer finement et disposer dans une grande poêle avec 2 cuil. à soupe d'huile d'olive, l'ail et la menthe, saler et poivrer. Ajouter l'eau, couvrir et laisser mijoter 10-15 min, jusqu'à ce que les artichauts soient tendres. • Dans une petite poêle, faire chauffer le reste de l'huile d'olive, ajouter l'oignon, saler et faire suer 10 min. • Ajouter le jambon et laisser mijoter 3-4 min. • Laisser tiédir les deux préparations, puis hacher avec un grand couteau. • Disposer dans un saladier, incorporer le parmesan, l'œuf, saler, poivrer et bien mélanger.
Demi-lunes : confectionner les demi-lunes avec la pâte fraîche et la farce selon les instructions de la page ci-contre.
Faire bouillir une grande marmite d'eau salée à feu vif et cuire les demi-lunes 2-3 min, en deux ou trois fois, jusqu'à ce qu'elles soient *al dente*. • Sortir à l'aide d'une écumoire, bien égoutter et transférer sur un plat de service. • Faire fondre le beurre dans une poêle, ajouter la menthe. Verser sur les pâtes. • Servir très chaud.

PRÉPARER DES DEMI-LUNES ET DES TORTELLINI

En pliant la pâte d'une façon adéquate, on obtient des petits tortellini (« petits gâteaux ») ou des tortelloni suffisamment grands pour en servir 3 à 4 par personne. Les tortellini se distinguent des cappelletti par leur bord arrondi.

1. ABAISSER la pâte assez finement sur un plan de travail fariné et découper des disques à l'aide d'un emporte-pièce de 7,5 cm de diamètre.

2. FORMER des boulettes de farce. Déposer une boulette au centre de chaque disque. Plier en deux pour former une demi-lune.

3. APPUYER sur les bords pour bien fermer les demi-lunes.

4. ENROULER les demi-lunes autour de l'index et souder les extrémités pour obtenir des tortellini.

5. RETROUSSER le bord des tortellini vers l'extérieur.

6. POUR OBTENIR de plus gros tortellini, utiliser un emporte-pièce plus large et davantage de farce.

TORTELLINI ET SAUCE À LA VIANDE

Pour 4-6 personnes
Préparation : 45 min
+ temps de préparation des pâtes + 2 h de repos
Cuisson : 1 h 30
Niveau de difficulté : 3

Tortellini

- **200 g de pâte fraîche (*voir* page 242)**

Farce

- **150 g de porc maigre, émincé**
- **125 g de mortadelle**
- **125 g de prosciutto (ou de jambon sec)**
- **1 gros œuf, légèrement battu**
- **3 cuil. à soupe de parmesan, fraîchement râpé**
- **1 pincée de noix de muscade, fraîchement râpée**
- **sel et poivre noir du moulin**

Sauce

- **30 g de beurre**
- **1 oignon, finement haché**
- **1 carotte, finement hachée**
- **1 branche de céleri, finement hachée**
- **250 g de porc maigre, haché**
- **250 g de bœuf maigre, haché**
- **2 foies de volaille, hachés**
- **250 ml de vin rouge**
- **400 g de tomates en boîte**
- **sel et poivre noir du moulin**

Farce : dans une poêle antiadhésive, faire frire le porc à sec : cuire un côté à feu vif, baisser le feu, cuire l'autre côté à feu doux et laisser mijoter 4-5 min jusqu'à ce que la viande soit bien cuite. Saler et retirer du feu. • Dans un robot de cuisine, mettre le porc, la mortadelle et le prosciutto, et hacher jusqu'à obtention d'une consistance fine. • Ajouter la moitié de l'œuf et le parmesan. Saler, poivrer et ajouter la noix de muscade. Bien mélanger. Transvaser dans un saladier et réserver 2 h au réfrigérateur.

Tortellini : confectionner les tortellini avec la pâte fraîche et la farce selon les instructions de la page 391.

Sauce : dans une grande casserole à fond épais, faire chauffer le beurre, ajouter l'oignon, la carotte et le céleri, et faire revenir 5-7 min. • Ajouter le porc, le bœuf et les foies de volaille, mouiller avec le vin et poursuivre la cuisson jusqu'à évaporation du liquide. • Ajouter les tomates, saler et poivrer. • Couvrir et laisser mijoter 1-2 h à feu doux.

• Faire bouillir une grande marmite d'eau salée à feu vif et cuire les tortellini 2-3 min, en plusieurs fois, jusqu'à ce qu'ils soient *al dente*.

• Sortir à l'aide d'une écumoire, bien égoutter et transvaser sur un plat de service. Napper de sauce et remuer doucement. • Servir très chaud.

TORTELLINI ET CONFIT À L'OIGNON

Pour 4-6 personnes
Préparation : 50 min + temps de préparation des pâtes + 2 h de repos
Cuisson : 1 h
Niveau de difficulté : 1

Tortellini

- **200 g de pâte fraîche (*voir* page 242)**

Farce

- **150 g de porc maigre, émincé**
- **125 g de mortadelle**
- **125 g de prosciutto (ou de jambon sec)**
- **1 gros œuf, légèrement battu**
- **3 cuil. à soupe de parmesan, fraîchement râpé**
- **1 pincée de noix de muscade, fraîchement râpée**
- **sel, poivre noir du moulin**

Confit à l'oignon

- **30 g de beurre**
- **2 gros oignons, finement émincés**
- **2 cuil. à café de sucre**
- **feuilles de 4 branches de thym frais**
- **250 ml de vin rouge**
- **2 cuil. à soupe de vinaigre de vin rouge**
- **150 g de petits pois surgelés**
- **2 cuil. à soupe de persil, finement haché, pour décorer**

Farce : faire frire le porc à sec dans une poêle antiadhésive : cuire un côté à feu vif, baisser le feu, puis cuire l'autre côté à feu doux et laisser mijoter 4-5 min jusqu'à ce que la viande soit bien cuite. Saler et retirer du feu. • Dans un robot de cuisine, mettre le porc, la mortadelle et le prosciutto, et hacher jusqu'à obtention d'une consistance fine. • Ajouter la moitié de l'œuf et le parmesan. Saler, poivrer et ajouter la noix de muscade. Bien mélanger. Transvaser dans un saladier et réserver 2 h au réfrigérateur.

Tortellini : confectionner les tortellini avec la pâte fraîche et la farce selon les instructions de la page 391.

Confit à l'oignon : dans une casserole moyenne, faire chauffer le beurre, ajouter les oignons et faire revenir 3 min à feu moyen jusqu'à ce qu'ils soient tendres. • Incorporer le sucre et laisser mijoter 2 min. • Ajouter le thym, le vin et le vinaigre, et laisser mijoter 40 min en remuant fréquemment jusqu'à ce que le mélange ait réduit. • Ajouter les petits pois et laisser mijoter jusqu'à ce qu'ils soient tendres.

• Faire bouillir une grande marmite d'eau salée à feu vif et cuire les tortellini 2-3 min, en plusieurs fois, jusqu'à ce qu'ils soient *al dente*. • Sortir à l'aide d'une écumoire, bien égoutter et transférer dans la casserole contenant le confit. Remuer doucement. • Décorer avec le persil et servir très chaud.

RAVIOLI AU THON ET AUX HARICOTS

Farce : mixer les haricots dans un robot de cuisine, jusqu'à obtention d'une purée homogène. • Transférer dans un saladier, ajouter la purée de pommes de terre, l'huile d'olive, saler, poivrer et bien mélanger.

Ravioli : confectionner les ravioli avec la pâte fraîche et la farce selon les instructions de la page ci-contre.

Sauce : dans une petite casserole, faire chauffer l'huile aromatisée au piment, ajouter l'ail. • Incorporer le thon en l'écrasant avec une fourchette et cuire environ 5 min, jusqu'à ce qu'il soit chaud. • Faire bouillir une grande marmite d'eau salée à feu vif et cuire les ravioli environ 3-4 min, en plusieurs fois, jusqu'à ce qu'ils soient *al dente*. • Sortir à l'aide d'une écumoire, bien égoutter et transférer sur un plat de service. • Napper de sauce, parsemer de ciboule et servir aussitôt.

Pour 4-6 personnes
Préparation : 45 min + temps de préparation des pâtes
Cuisson : 15-20 min
Niveau de difficulté : 3

Ravioli

- **200 g de pâte fraîche (*voir* page 242)**

Farce

- **200 g de haricots blancs, cuits**
- **350 g de purée de pommes de terre**
- **1 cuil. à soupe d'huile d'olive vierge extra**
- **sel et poivre noir du moulin**

Sauce

- **2 cuil. à soupe d'huile d'olive vierge extra, aromatisée au piment**
- **1 gousse d'ail, pilée**
- **250 g de thon en boîte, égoutté**
- **1 ciboule, finement hachée**

PRÉPARER DES RAVIOLI TRIANGULAIRES

Les ravioli de forme triangulaire sont constitués de carrés de pâte de 5 à 7,5 cm de côté, farcis de légumes, de viande ou de fruits de mer. Il est possible de farcir des carrés de pâte encore plus grands. Il suffit alors d'en servir 3 ou 4 par convive.

1. ABAISSER la pâte sur un plan de travail fariné. Couper en bandes puis en carrés d'environ 6 cm de côté à l'aide d'une roulette à bord lisse.

2. DÉPOSER une cuillerée à café de farce au centre de chaque carré.

3. REPLIER les carrés en deux en forme de triangles.

4. FARINER les dents d'une fourchette et appuyer fermement sur les bords pour les souder.

5. ABAISSER le reste de la pâte et farcir jusqu'à épuisement de la farce. Poser les ravioli sur un torchon fariné.

RAVIOLI OUVERTS AUX POIVRONS

Faire bouillir une grande marmite d'eau salée à feu vif, ajouter l'huile d'olive.

Ravioli : diviser la pâte en quatre. Abaisser finement (sur une machine à pâtes, utiliser l'épaisseur la plus fine). Couper en carrés d'environ 13 cm de côté. • Blanchir les carrés de pâte un par un en les plongeant dans l'eau bouillante. Sortir à l'aide d'une écumoire et tremper brièvement dans un grand saladier d'eau froide. Presser doucement pour éliminer l'excès d'eau. Disposer sur un torchon propre et réserver au chaud.

Farce : dans une grande poêle, faire chauffer l'huile d'olive, ajouter l'oignon, la carotte, le céleri et une pincée de sel, et faire cuire 15 min à feu doux. • Ajouter la pancetta et poursuivre la cuisson 5 min. • Porter à feu moyen, ajouter les poivrons, saler, poivrer, couvrir et laisser cuire 15-20 min jusqu'à ce qu'ils soient tendres. • Incorporer le beurre.

• Étaler une couche de farce dans 4 assiettes individuelles, déposer un carré de pâte, recouvrir avec le reste de farce et parsemer de la moitié du parmesan. Ajouter un autre carré de pâte en le disposant de façon à former une étoile.

• Saupoudrer le tout du parmesan restant, décorer avec le persil et servir aussitôt.

Pour 4 personnes
Préparation : 30 min
+ temps de préparation des pâtes
Cuisson : 50 min
Niveau de difficulté : 2

Ravioli

- **200 g de pâte fraîche (*voir* page 242)**
- **1 cuil. à soupe d'huile d'olive vierge extra**
- **125 g de parmesan, fraîchement râpé**
- **1 cuil. à soupe de persil, finement haché**
- **sel et poivre noir du moulin**

Farce

- **60 ml d'huile d'olive vierge extra**
- **1 oignon blanc, finement haché**
- **1/2 carotte, finement hachée**
- **1/2 tige de céleri, finement hachée**
- **100 g de pancetta (ou de lard), coupée en dés**
- **500 g de poivrons jaunes, coupés en julienne**
- **30 g de beurre**

GROS RAVIOLI RAYÉS

Pour 8 personnes
Préparation : 1 h + temps de préparation des pâtes
Cuisson : 40 min
Niveau de difficulté : 3

Ravioli

- 130 g de pâte fraîche nature (*voir* page 242)
- 130 g de pâte aux épinards (*voir* page 277)
- 130 g de pâte aux betteraves (*voir* page 294)
- 130 g de pâte à l'encre de seiche (*voir* page 300)

Farce

- 500 g de ricotta
- 2 petits œufs
- 180 g de parmesan, fraîchement râpé
- sel et poivre noir du moulin

Sauce

- 1 kg de chou-fleur, détaillé en petits bouquets, et tiges coupées en dés
- 2 cuil. à soupe de vinaigre de vin blanc
- 60 ml d'huile d'olive vierge extra
- 2 branches de marjolaine, finement hachée
- 2 brins de fenouil, finement hachés
- quelques branches de marjolaine, pour décorer
- quelques brins de fenouil, pour décorer
- sel et poivre blanc du moulin

Farce : dans un saladier, mélanger la ricotta, les œufs et le parmesan, jusqu'à obtention d'un appareil homogène et crémeux. Saler et poivrer.
Ravioli : confectionner les ravioli rayés avec les quatre types de pâte fraîche et la farce, selon les instructions de la page ci-contre.
Sauce : dans une casserole, porter de l'eau à ébullition, ajouter le chou-fleur, le vinaigre et une pincée de sel, et cuire 10-15 min, jusqu'à ce qu'il soit tendre. Égoutter et hacher dans un robot de cuisine avec l'huile d'olive et les herbes.
• Faire bouillir une grande marmite d'eau salée à feu vif, ajouter l'huile d'olive, et cuire les ravioli rayés 3-4 min par petites quantités jusqu'à ce qu'ils soient *al dente*. • Sortir délicatement à l'aide d'une écumoire, bien égoutter et disposer dans les assiettes avec la sauce au chou-fleur. • Décorer avec la marjolaine et le fenouil. Servir très chaud.

PRÉPARER DES RAVIOLI RAYÉS

Pour préparer des ravioli rayés, il faut préparer quatre types de pâtes : de la pâte fraîche nature, un tiers de pâte aux épinards, un tiers de pâte aux betteraves et un tiers de pâte à l'encre d'encornet.

1. ABAISSER les pâtes finement. Couper la pâte nature en morceaux de 10 x 15 cm. Dans chaque pâte colorée, découper des bandes de 1 x 15 cm et disposer sur la pâte nature.

2. PASSER délicatement les morceaux de pâtes rayés dans la machine à pâtes, en utilisant la troisième épaisseur la plus fine. (Ne pas choisir une épaisseur plus fine.) Répéter l'opération afin d'obtenir 16 rectangles de pâte rayés.

3. DIVISER la farce en 8 portions et déposer sur 8 rectangles de pâte rayés, en laissant un bord de 2 cm. Couvrir avec les rectanges de pâte restants et appuyer sur les bords pour souder les ravioli. Poser sur un torchon fariné.

ROULEAUX AUX BLETTES ET À LA RICOTTA

Pour 4-6 personnes
Préparation : 1 h + temps de préparation des pâtes
Cuisson : 30 min
Niveau de difficulté : 3

Rouleaux

- **200 g de pâte fraîche (*voir* page 242)**
- **120 g de beurre fondu**

Farce

- **30 g de beurre**
- **625 g de blettes cuites, pressées et finement hachées**
- **350 g de ricotta fraîche, égouttée**
- **90 g de parmesan, fraîchement râpé**
- **1 cuil. à café de zeste de citron biologique, finement râpé**
- **sel et poivre blanc du moulin**

Farce : dans une grande poêle à feu moyen à doux, faire fondre le beurre, ajouter les blettes et faire revenir 10 min. • Saler, retirer du feu et laisser refroidir. • Incorporer la ricotta au contenu de la poêle, ajouter le parmesan, le zeste de citron, le sel et le poivre, et mélanger.
Rouleaux : diviser la pâte en trois. Abaisser progressivement dans la machine à pâtes jusqu'à la deuxième épaisseur la plus fine. Couper des rectangles de 15 x 10 cm. • Déposer de la farce sur les morceaux de pâte en laissant un espace tout autour. Enrouler délicatement les rectangles de pâte et envelopper dans de la mousseline, en nouant les extrémités avec de la ficelle de cuisine. • Faire chauffer une grande casserole d'eau à feu vif et à couvert, porter à ébullition et cuire les rouleaux 20 min. • Sortir avec une écumoire, égoutter et enlever la mousseline. Couper des tranches épaisses et arroser de beurre fondu. • Servir aussitôt.

PÂTES AU FOUR

GRATIN D'ANELLINI

Pour 6-8 personnes
Préparation : 30 min
Cuisson : 1 h 40
Niveau de difficulté : 1

- **4 cuil. à soupe et ½ d'huile d'olive vierge extra**
- **1 oignon, finement émincé**
- **250 g de bœuf, en petits dés**
- **250 g de porc, en petits dés**
- **250 ml de vin rouge sec**
- **300 g de petits pois surgelés**
- **500 g de tomates, mondées et émincées**
- **500 ml d'eau chaude**
- **500 g d'anellini**
- **120 g de pecorino, fraîchement râpé**
- **50 g de chapelure fine**
- **150 g de pecorino, en petits dés**
- **6 tranches de ciabatta, émiettées**
- **1 cuil. à soupe d'herbes de Provence sèches (origan, thym, basilic, sauge et laurier)**
- **beurre (pour le moule)**
- **sel**

Dans une grande sauteuse, faire chauffer 2 cuil. à soupe d'huile d'olive à feu moyen, ajouter l'oignon et faire revenir 3-4 min, jusqu'à ce qu'il soit tendre. • Incorporer le bœuf et le porc et faire revenir 5-7 min, le temps qu'ils brunissent uniformément. • Verser le vin et laisser évaporer. • Ajouter les petits pois, les tomates et l'eau. Saler. Couvrir et laisser mijoter 1 h à feu doux. • Porter à ébullition une grande marmite d'eau salée et cuire les pâtes pendant la moitié du temps indiqué sur le paquet. • Égoutter et verser dans la sauteuse contenant la sauce. Incorporer le pecorino râpé. • Préchauffer le four à 220 °C (th. 7). • Beurrer un grand plat à four et saupoudrer de chapelure. Verser la moitié des pâtes et parsemer de dés de pecorino. Recouvrir avec le reste des pâtes et égaliser le dessus. • Dans un saladier, mettre la ciabatta avec les 2 cuil. à soupe d'huile d'olive restantes et les herbes de Provence. Mélanger soigneusement et répartir sur les pâtes. • Enfourner 20-25 min, jusqu'à ce que le pain soit doré et croustillant. • Servir sans attendre.

Il est possible de remplacer les anellini par des pennette, des penne ou des sedani.

TOMATES FARCIES AUX PÂTES

Ôter le chapeau de chaque tomate (avec sa tige) et réserver. Évider chaque tomate avec une cuillère à café et réserver la pulpe. • Préchauffer le four à 180 °C (th. 6). • Porter à ébullition une grande marmite d'eau salée et cuire les pâtes pendant la moitié du temps indiqué sur le paquet. • Mélanger les pâtes à la pulpe de tomate réservée. Ajouter le persil et 2 cuil. à soupe d'huile d'olive. Saler et poivrer. • Farcir les tomates avec la préparation. • Graisser un plat à four avec le reste d'huile d'olive, déposer délicatement les tomates et couvrir chacune de son chapeau. • Enfourner 40-45 min, jusqu'à ce que les tomates soient bien tendres et les pâtes entièrement cuites. • Servir chaud ou à température ambiante.

Pour 4-8 personnes
Préparation : 20 min
Cuisson : 40-45 min
Niveau de difficulté : 1

- **8 tomates**
- **8 cuil. à soupe de ditaloni rigati ou d'autres petites pâtes tubulaires**
- **2 cuil. à soupe de persil, finement haché**
- **3 cuil. à soupe d'huile d'olive vierge extra**
- **sel et poivre du moulin**

■ ■ ■ *Choisissez 8 belles tomates de même taille.*

Il est possible de remplacer les ditaloni rigati par des risone, des tubetti ou des conchigliette.

GRATIN DE PÂTES AU FROMAGE

Pâtes : préchauffer le four à 200 °C (th. 6-7). • Beurrer un grand plat à four. • Porter à ébullition une grande marmite d'eau salée et cuire les pâtes pendant la moitié du temps indiqué sur le paquet. • Égoutter et verser dans un plat de service. Incorporer l'huile d'olive et mélanger pour empêcher les pâtes de coller.

Sauce béchamel : dans une petite casserole, faire fondre le beurre à feu moyen, ajouter la farine et cuire 1-2 min en remuant constamment. Retirer du feu et verser le lait d'un coup. Porter à ébullition, sans cesser de remuer. Dès que la sauce commence à bouillir, réduire le feu, saler, poivrer et ajouter la noix de muscade. Laisser mijoter 5 min à feu doux, en remuant régulièrement.

• Mélanger les trois quarts des pâtes à la sauce béchamel et ajouter 120 g de pecorino. • Verser dans le plat de cuisson. Parsemer de ricotta. Recouvrir avec le reste des pâtes et le pecorino restant. • Enfourner 35-40 min, jusqu'à ce que le plat soit fumant et les pâtes bien gratinées. • Servir sans attendre.

Pour 4-6 personnes
Préparation : 30 min
Cuisson : 45-50 min
Niveau de difficulté : 1

Pâtes

- **500 g de sedani**
- **1 cuil. à soupe d'huile d'olive vierge extra**
- **150 g de pecorino, fraîchement râpé**
- **150 g de ricotta sèche, finement émincée**
- **beurre (pour le moule)**

Sauce béchamel

- **90 g de beurre**
- **100 g de farine blanche**
- **500 ml de lait**
- **1/4 cuil. à café de noix de muscade, fraîchement râpée**
- **sel et poivre blanc du moulin**

Il est possible de remplacer les sedani par des penne, des farfalle, des rigatoni ou des maccheroni.

GRATIN DE PÂTES AUX PETITS POIS, SAUCE À LA VIANDE

Dans une grande sauteuse, faire chauffer 4 cuil. à soupe d'huile d'olive à feu moyen, ajouter la moitié de l'oignon et le persil, et faire revenir 3-4 min, jusqu'à ce que l'oignon soit tendre. • Incorporer le bœuf et les chipolatas et cuire 5-7 min, jusqu'à ce que la viande brunisse uniformément. • Verser le vin et laisser évaporer. • Ajouter les tomates et l'eau. Saler. Couvrir et laisser mijoter 1 h à feu doux. • Dans une grande sauteuse, faire chauffer 1 cuil. à soupe d'huile d'olive, ajouter l'oignon et faire revenir jusqu'à ce qu'il soit tendre. Ajouter les petits pois. Couvrir et laisser mijoter 15 min. • Porter à ébullition une grande marmite d'eau salée et cuire les pâtes jusqu'à ce qu'elles soient *al dente*. • Égoutter et transvaser dans la sauteuse contenant la viande. Parsemer de pecorino. • Préchauffer le four à 220 °C (th. 7). • Beurrer un grand moule à manqué et saupoudrer avec la moitié de la chapelure. Verser la moitié des pâtes, la ricotta sèche et les petits pois cuits. Recouvrir avec le reste des pâtes et égaliser la surface. Saupoudrer le reste de chapelure et arroser avec l'huile d'olive restante. • Enfourner 20-25 min. • Laisser reposer 5 min, puis démouler sur un plat de service. • Servir immédiatement.

Pour 4-6 personnes
Préparation : 45 min
Cuisson : 1 h 50
Niveau de difficulté : 2

- **6 cuil. à soupe d'huile d'olive vierge extra**
- **1 oignon, finement émincé**
- **1 cuil. à soupe de persil, finement haché**
- **350 g de bœuf, en petits dés**
- **2 chipolatas, coupées en petits morceaux**
- **250 ml de vin rouge sec**
- **500 g de tomates, mondées et émincées**
- **500 ml d'eau chaude**
- **300 g de petits pois surgelés**
- **500 g d'anellini**
- **300 g de pecorino, fraîchement râpé**
- **100 g de chapelure**
- **150 g de ricotta sèche, coupée en petits dés**
- **beurre (pour le moule)**
- **sel**

Il est possible de remplacer les anellini par des pennette, des mezze maniche ou des sedani.

GRATIN À LA CALABRAISE

Préchauffer le four à 180 °C (th. 6). • Huiler un grand plat à four profond. • Porter à ébullition une grande marmite d'eau salée et plonger les tomates 2 min. Égoutter en réservant 125 ml de l'eau de cuisson. Peler et émincer finement. • Dans un grand saladier, mettre les tomates et leur jus, ajouter le basilic, saler et poivrer. • Peler les pommes de terre et découper en rondelles de 5 mm d'épaisseur. • Disposer une couche de tomates au fond du plat de cuisson. Recouvrir d'une couche de pâtes crues, puis d'une couche de pommes de terre, d'olives et d'oignon. Arroser avec de l'huile d'olive et parsemer de pecorino et d'origan. Répéter l'opération jusqu'à épuisement des ingrédients. Verser l'eau de cuisson réservée. • Saupoudrer de chapelure et arroser avec l'huile d'olive restante. Recouvrir le plat de papier d'aluminium. • Enfourner environ 50 min, le temps que les pâtes et les pommes de terre soient tendres. Retirer le papier aluminium et poursuivre la cuisson 10-15 min. • Servir sans attendre.

Pour 6-8 personnes
Préparation : 30 min
Cuisson : 1 h
Niveau de difficulté : 1

- **125 ml d'huile d'olive vierge extra**
- **1,5 kg de tomates, mûres mais fermes**
- **10 feuilles de basilic, ciselées**
- **500 g de conchiglie**
- **500 g de pommes de terre**
- **200 g d'olives noires, dénoyautées**
- **1 gros oignon, finement émincé**
- **125 g de pecorino, fraîchement râpé**
- **1 cuil. à soupe d'origan frais, finement haché**
- **75 g de chapelure fine**
- **sel et poivre du moulin**

Il est possible de remplacer les conchiglie par des penne, des fusilli ou des rigatoni.

GRATIN DE PENNE AUX BOULETTES DE VIANDE

Pour 6-8 personnes
Préparation : 1 h 10
Cuisson : 1 h 20 environ
Niveau de difficulté : 2

Boulettes de viande

- 250 g de bœuf maigre, haché
- 2 chipolatas, coupées en petits morceaux
- 1 cuil. à soupe de persil, finement haché
- 1 gros œuf
- 2 cuil. à soupe de pecorino, fraîchement râpé
- 1 gousse d'ail, finement émincée
- 2 cuil. à soupe de chapelure fraîche
- 250 ml d'huile d'olive vierge extra, pour la friture
- sel et poivre du moulin

Sauce

- 60 ml d'huile d'olive vierge extra
- 1 gros oignon, finement émincé
- 1 kg de tomates olivettes, mondées et passées au tamis (pour obtenir une passata)
- 1 cuil. à soupe de basilic frais
- 500 g de penne
- 500 g de mozzarella, finement émincée
- 2 cuil. à soupe de pecorino, fraîchement râpé
- sel et poivre du moulin

Boulettes de viande : dans un grand saladier, mélanger le bœuf, les saucisses, le persil, l'œuf, le pecorino, l'ail, le sel et le poivre. Incorporer la chapelure et former des boulettes de la taille d'une noix. • Dans une cocotte, faire chauffer l'huile d'olive jusqu'à ce qu'elle soit très chaude. Plonger les boulettes par petites quantités, 5-7 à la fois, et faire frire jusqu'à ce qu'elles soient croustillantes et bien brunes. • Égoutter sur du papier absorbant.
Sauce : dans une cocotte de taille moyenne, faire chauffer l'huile d'olive à feu doux, ajouter l'oignon, couvrir et laisser mijoter 10 min, jusqu'à ce qu'il soit tendre. • Incorporer les tomates et le basilic. Saler et poivrer. Cuire 25-30 min à feu moyen à doux et à découvert.
• Préchauffer le four à 180 °C (th. 6). • Porter à ébullition une grande marmite d'eau salée et cuire les pâtes pendant la moitié du temps indiqué sur le paquet. • Égoutter et verser dans un grand saladier. Mélanger avec la moitié de la sauce. Transvaser la moitié des pâtes dans un grand plat de cuisson. Napper avec la moitié de la mozzarella et la moitié des boulettes de viande. Recouvrir avec le reste des pâtes. Compléter avec le reste des boulettes et de mozzarella. Verser la sauce restante et saupoudrer de pecorino. • Enfourner 30-35 min, jusqu'à ce que le fromage soit gratiné. • Servir sans attendre.

Il est possible de remplacer les penne par des fusilli, des rigatoni ou des tortiglioni.

GRATIN DE FARFALLE AU POULET

Dans une grande sauteuse, faire chauffer l'huile d'olive à feu moyen, ajouter l'oignon et faire revenir 3 min, le temps qu'il soit tendre. Saler. • Incorporer la chair à saucisse, le jambon et le poulet. Laisser mijoter 10 min à feu moyen à doux en ajoutant du bouillon si la préparation se dessèche. • Incorporer les œufs. Saler et poivrer. • Porter à ébullition une grande marmite d'eau salée et cuire les pâtes pendant la moitié du temps indiqué sur le paquet. Égoutter et verser dans la sauteuse contenant la préparation à la viande. • Préchauffer le four à 180 °C (th. 6). • Beurrer un plat à four et saupoudrer de chapelure. • Disposer les pâtes dans le plat de cuisson. Napper de sauce tomate et parsemer de pecorino. • Enfourner 35-40 min, jusqu'à ce que le dessus soit gratiné. Servir sans attendre.

Pour 6-8 personnes
Préparation : 1 h
Cuisson : 50-60 min
Niveau de difficulté : 2

- **60 ml d'huile d'olive vierge extra**
- **1 gros oignon, finement émincé**
- **100 g de chair à saucisse**
- **150 g de jambon fumé, en dés**
- **400 g de poulet grillé, en lamelles**
- **250 ml de bouillon de légumes maison ou en cube (facultatif)**
- **3 œufs durs, émiettés**
- **500 g de farfalle**
- **75 g de chapelure fine**
- **500 ml de sauce tomate maison (*voir* page 182) ou achetée dans le commerce**
- **125 g de pecorino vieux, fraîchement râpé**
- **beurre (pour le moule)**
- **sel et poivre du moulin**

Il est possible de remplacer les farfalle par des spaghettini, des spaghetti ou des linguine.

GRATIN DE RIGATONI

Dans une grande sauteuse, faire chauffer l'huile d'olive à feu moyen, ajouter l'oignon et l'ail, et faire revenir 3-4 min, jusqu'à ce qu'ils soient tendres. Saler. • Incorporer la chair à saucisse, le salami et le bœuf et laisser mijoter 30 min à feu doux. • Porter à ébullition une grande marmite d'eau salée et cuire les pâtes pendant la moitié du temps indiqué sur le paquet. • Égoutter et laisser refroidir quelques instants. • Préchauffer le four à 180 °C (th. 6). Beurrer un grand plat à four. • Farcir les pâtes de la préparation à la viande avec une cuillère à café. • Disposer dans le plat de cuisson. Napper de sauce tomate et saupoudrer de parmesan. • Enfourner 35-40 min, jusqu'à ce que le dessus soit gratiné. • Garnir de feuilles de persil et servir immédiatement.

Pour 6-8 personnes
Préparation : 1 h
Cuisson : 1 h 20
Niveau de difficulté : 2

- **60 ml d'huile d'olive vierge extra**
- **1 gros oignon, finement émincé**
- **2 gousses d'ail, finement émincées**
- **150 g de chair à saucisse**
- **150 g de salami, en dés**
- **500 g de bœuf, haché**
- **500 g de gros rigatoni**
- **750 ml de sauce tomate maison (*voir* page 182) ou achetée dans le commerce**
- **125 g de parmesan, fraîchement râpé**
- **beurre (pour le moule)**
- **persil, pour décorer**
- **sel et poivre du moulin**

Il est possible de remplacer les rigatoni par des conchiglione.

GRATIN DE SPAGHETTI AU POULET ET AUX ÉPINARDS

Porter à ébullition une grande marmite d'eau salée et cuire les pâtes pendant la moitié du temps indiqué sur le paquet. • Égoutter et réserver. • Préchauffer le four à 200 °C (th. 6-7). • Dans une grande sauteuse, faire chauffer l'huile d'olive à feu moyen, ajouter l'ail écrasé et l'oignon et faire revenir 3-4 min, jusqu'à ce qu'ils soient tendres. • Incorporer le poulet et faire sauter jusqu'à ce qu'il soit doré. • Dans un robot de cuisine, verser les tomates, le basilic, le sel, le piment, le persil, le reste de l'ail et 120 g de parmesan. Mixer grossièrement jusqu'à obtention d'une préparation assez grumeleuse. • Incorporer dans la sauteuse contenant le poulet et laisser mijoter 15 min. • Retirer du feu et ajouter les épinards et les pâtes. • Transvaser la préparation dans un plat de cuisson. Saupoudrer le reste du parmesan. Enfourner 20-25 min. • Servir sans attendre.

Pour 4-6 personnes
Préparation : 10 min
Cuisson : 55 min
Niveau de difficulté : 1

- **500 g de spaghetti**
- **2 cuil. à soupe d'huile d'olive vierge extra**
- **10 gousses d'ail, dont 6 écrasées**
- **1 oignon rouge, émincé**
- **4 blancs de poulets sans peau, émincés**
- **800 g de tomates en boîte, avec leur jus**
- **6 belles feuilles de basilic**
- **1/4 cuil. à café de sel**
- **1 petit piment séché, émietté**
- **30 g de persil**
- **180 g de parmesan, fraîchement râpé**
- **200 g d'épinards frais**

Il est possible de remplacer les spaghetti par des penne, des ruote ou des rigatoni.

GRATIN DE TAGLIATELLE AUX CREVETTES ET AU VIN BLANC

Sauce : préchauffer le four à 200 °C (th. 6-7).
• Porter à ébullition 1 l d'eau, ajouter les crevettes et cuire 10 min. Retirer avec une écumoire. Ouvrir leur dos avec une paire de ciseaux bien affûtés. Extraire la chair en la gardant aussi intacte que possible. Réserver. • Placer les carapaces et les têtes dans l'eau de cuisson et laisser bouillir jusqu'à ce que les deux tiers du liquide se soient évaporés. Réserver. • Dans une grande sauteuse, faire chauffer l'huile d'olive et 60 g de beurre à feu moyen, ajouter l'ail et l'oignon, et faire revenir 3-4 min, jusqu'à ce qu'ils soient tendres. • Incorporer la chair des crevettes réservée et le vin. Cuire jusqu'à évaporation du vin. Saler. Retirer du feu. • Dans une petite casserole, faire fondre le reste du beurre, ajouter la farine. Mélanger et laisser cuire 2-3 min. Incorporer le lait chaud et le bouillon de crevettes filtré sans cesser de remuer pour éviter la formation de grumeaux. Cuire 5-10 min tout en remuant, jusqu'à épaississement.
• Porter à ébullition une grande marmite d'eau salée et cuire les pâtes 1 min (ou pendant la moitié du temps indiqué sur le paquet). • Égoutter et verser dans la sauteuse. Incorporer la sauce et cuire à feu doux tout en remuant délicatement. Transvaser dans un grand plat à four. Saupoudrer de parmesan et de persil. Enfourner 10-15 min, jusqu'à formation d'une croûte dorée. • Servir sans attendre.

Pour 4-6 personnes
Préparation : 40 min
Cuisson : 40 min
Niveau de difficulté : 2

Pâtes

- **400 g de tagliatelle maison (*voir* pages 242-245) ou achetées dans le commerce**

Sauce

- **750 g de crevettes entières, crues et non décortiquées**
- **3 cuil. à soupe d'huile d'olive vierge extra**
- **90 g de beurre**
- **1 gousse d'ail, finement émincée**
- **1 petit oignon, finement émincé**
- **120 ml de vin blanc sec**
- **3 cuil. à soupe de farine blanche**
- **250 ml de lait chaud**
- **150 g de parmesan, fraîchement râpé**
- **2 cuil. à soupe de persil, finement haché**
- **sel**

Il est possible de remplacer les tagliatelle par des penne, des farfalle ou des linguine.

GRATIN DE TAGLIATELLE AUX ÉPINARDS

Pour 4-6 personnes
Préparation : 45 min
+ temps de préparation des pâtes
Cuisson : 55 min
Niveau de difficulté : 2

Pâtes

- **400 g de tagliatelle aux épinards maison (*voir* pages 276-277) ou achetées fraîches dans le commerce**
- **4 cuil. à soupe de parmesan, fraîchement râpé**
- **beurre (pour le moule)**

Sauce béchamel

- **45 g de beurre**
- **50 g de farine blanche**
- **1 pincée de noix de muscade, fraîchement râpée**
- **650 ml de lait**
- **sel et poivre blanc du moulin**

Sauce

- **60 g de beurre**
- **60 g de prosciutto (ou de jambon sec), finement émincé**
- **60 g de champignons séchés, mis à tremper pendant 15 min dans de l'eau chaude**
- **sel et poivre blanc du moulin**

Sauce béchamel : dans une casserole de taille moyenne, faire fondre le beurre, ajouter la farine et la noix de muscade, et cuire 3-4 min, en remuant constamment. Verser le lait en une seule fois. Saler, poivrer, et porter à ébullition sans cesser de remuer. • Laisser mijoter à feu doux 5 min, en continuant de remuer. Retirer du feu.

Sauce : dans une grande sauteuse, faire fondre le beurre, ajouter le prosciutto et faire revenir 2-3 min à feu doux, jusqu'à ce qu'il soit croustillant. • Égoutter les champignons en réservant l'eau de trempage. • Émincer grossièrement et ajouter au prosciutto. Cuire 5 min environ à feu moyen jusqu'à ce que les champignons soient tendres, et ajouter graduellement l'eau réservée. • Saler et poivrer.

• Porter à ébullition une grande marmite d'eau salée. • Préchauffer le four à 190 °C (th. 6). • Beurrer un grand plat à four. • Plonger les pâtes dans l'eau bouillante et cuire 1 min. • Égoutter et transvaser dans un grand saladier. • Incorporer délicatement la sauce, la quasi-totalité de la béchamel et 3 cuil. à soupe de parmesan. Mélanger délicatement et verser dans le plat de cuisson. Napper avec le reste de béchamel et saupoudrer le fromage restant. • Enfourner 30-35 min. • Servir sans attendre.

Il est possible de remplacer les tagliatelle par des penne au blé complet ou aux épinards ou des fusilli.

GRATIN DE PAPPARDELLE AU POTIRON

Sauce : préchauffer le four à 200 °C (th. 6-7). • Huiler un grand plat à four. • Dans une grande sauteuse, faire chauffer l'huile d'olive à feu moyen, ajouter la pancetta et l'ail et faire revenir jusqu'à ce qu'ils soient dorés. • Incorporer le potiron et le vin, et laisser mijoter 10 min.
• Porter à ébullition une grande marmite d'eau salée et cuire les pâtes 1 min (ou pendant la moitié du temps indiqué sur le paquet). • Égoutter et ajouter au contenu de la sauteuse. Laisser mijoter 2 min à feu moyen. • Incorporer le persil et poivrer. Jeter l'ail. • Verser la préparation dans le plat de cuisson. Parsemer de fontina et de beurre. • Enfourner 10-15 min, jusqu'à ce que le fromage soit bien doré. • Servir sans tarder.

Pour 4-6 personnes
Préparation : 15 min
+ temps de préparation des pâtes
Cuisson : 30-35 min
Niveau de difficulté : 1

Pâtes

- **400 g de pappardelle maison (*voir* pages 242-245) ou achetées fraîches dans le commerce**
- **huile (pour le moule)**

Sauce

- **60 ml d'huile d'olive vierge extra**
- **125 g de pancetta (ou de lard), coupée en lardons**
- **1 gousse d'ail, légèrement écrasée**
- **350 g de chair de potiron, finement émincée**
- **120 ml de vin blanc sec**
- **1 cuil. à soupe de persil, finement haché**
- **250 g de fontina, fraîchement râpé**
- **15 g de beurre**
- **poivre du moulin**

Il est possible de remplacer les pappardelle par des spaghettini, des spaghetti ou des linguine.

GRATIN DE TAGLIOLINI

Pour 6 personnes
Préparation : 35 min
+ temps de préparation des pâtes
Cuisson : 35-40 min
Niveau de difficulté : 2

Sauce crémeuse : dans une casserole, faire fondre le beurre à feu moyen, ajouter la farine et cuire 1 min en remuant sans cesse. • Ajouter le bouillon, la crème, les endives et le marsala. Saler et poivrer. Laisser mijoter 10 min, en remuant constamment. Retirer du feu et laisser refroidir.

Porter à ébullition une grande marmite d'eau salée. • Préchauffer le four à 180 °C (th. 6). • Beurrer 6 ramequins. • Plonger les pâtes dans l'eau bouillante et cuire 1 min (ou pendant la moitié du temps indiqué sur le paquet). • Égoutter et transvaser dans un grand saladier. Saupoudrer de parmesan, puis incorporer la sauce crémeuse et la sauce à la viande. Mélanger délicatement. • Répartir la préparation dans les ramequins. • Mettre au bain-marie dans un grand plat à four à moitié rempli d'eau froide. Enfourner 15-20 min. • Servir sans attendre.

Pâtes

- **400 g de tagliolini maison (*voir* pages 242-245) ou achetés fraîches dans le commerce**
- **90 g de parmesan, fraîchement râpé**
- **500 ml de sauce bolognaise à la viande (*voir* page 126)**
- **beurre (pour les ramequins)**
- **sel et poivre blanc du moulin**

Sauce crémeuse

- **60 g de beurre**
- **4 cuil. à soupe de farine blanche**
- **400 ml de bouillon de bœuf (*voir* page 48)**
- **120 ml de crème fraîche épaisse**
- **5 feuilles d'endives, découpées en fines lanières et cuites au beurre 2-3 min**
- **1 cuil. à soupe de marsala rouge**

Il est possible de remplacer les tagliolini par des spaghettini, des spaghetti ou des linguine.

NIDS DE TAGLIATELLE

Pour 4-6 personnes
Préparation : 30 min
+ temps de préparation des pâtes + 4 h de repos
Cuisson : 30 min
Niveau de difficulté : 3

Pâtes

- 400 g de tagliatelle maison (*voir* pages 242-245) ou achetées fraîches dans le commerce
- 250 g de mozzarella, en dés
- 150 g de jambon, en dés
- 120 g de parmesan, fraîchement râpé
- 1 gros œuf
- chapelure (pour la plaque)
- sel et poivre blanc du moulin

Sauce

- 100 g de beurre
- 75 g de farine blanche
- 1 pincée de noix de muscade, fraîchement moulue
- 750 ml de lait
- sel et poivre blanc du moulin

Sauce : dans une casserole de taille moyenne, faire fondre 70 g de beurre, ajouter la farine et la noix de muscade, et cuire 3-4 min, en remuant constamment. Verser le lait en une seule fois. Saler et poivrer. Porter à ébullition sans cesser de tourner. • Laisser mijoter 5 min, en continuant à remuer, puis retirer du feu. Réserver.
• Porter à ébullition une grande marmite d'eau salée et cuire les pâtes 1 min (ou pendant la moitié du temps indiqué sur le paquet). • Égoutter, puis transvaser dans un grand saladier. • Incorporer délicatement la sauce réservée, la mozzarella, le jambon, 90 g de parmesan et l'œuf. Saler, poivrer et mélanger. • Tapisser une plaque à pâtisserie de papier d'aluminium. Étaler la préparation sur une épaisseur de 2 cm et laisser reposer dans un endroit sec au moins 4 h, ou jusqu'à ce qu'elle soit bien ferme.
• Préchauffer le four à 200 °C (th. 6-7).
• Découper la préparation en disques de 6 cm avec un emporte-pièce ou un verre. • Saupoudrer une plaque à pâtisserie de chapelure ou tapisser de papier sulfurisé. • Déposer les disques sur la plaque et parsemer du beurre restant et de parmesan. • Enfourner 10-15 min, jusqu'à ce que le dessus soit bien doré. • Servir sans attendre.

GRATIN DE PÂTES AUX LÉGUMES

Pour 8 personnes
Préparation : 1 h + temps de préparation des pâtes
Cuisson : 1 h
Niveau de difficulté : 3

Pâtes

- **200 g de tagliatelle maison (*voir* pages 242-245) ou achetées fraîches dans le commerce**
- **200 g de tagliatelle aux épinards (*voir* pages 276-277) ou achetées fraîches dans le commerce**
- **gros sel**

Sauce crémeuse

- **75 g de beurre**
- **75 g de farine blanche**
- **300 ml de bouillon de bœuf (*voir* page 48)**
- **400 ml de crème fraîche liquide**
- **sel et poivre blanc du moulin**

Farce

- **350 g de légumes divers, coupés en dés (dans l'idéal, un mélange de petits pois, carottes et haricots verts)**
- **90 g de beurre**
- **90 g de pecorino, fraîchement râpé**
- **1 gros œuf**
- **sel et poivre blanc du moulin**

Porter à ébullition une grande marmite d'eau avec du gros sel. • Préchauffer le four à 180 °C (th. 6). **Sauce crémeuse :** dans une casserole, faire fondre le beurre à feu moyen, ajouter la farine et cuire 1 min, en remuant constamment. Verser le bouillon et la crème. Saler et poivrer. Porter à ébullition et laisser mijoter 10 min, en remuant sans cesse. **Farce :** plonger les légumes 5 min dans la marmite d'eau bouillante. • Égoutter et verser dans un saladier rempli d'eau froide. • Faire fondre 45 g de beurre dans une grande sauteuse. Égoutter soigneusement les légumes et transvaser dans la sauteuse. Cuire 5 min à feu doux. Saler et poivrer, puis retirer du feu.
• Porter à ébullition une grande marmite d'eau salée et cuire les pâtes 1 min (ou pendant la moitié du temps indiqué sur le paquet). • Égoutter soigneusement et incorporer le reste du beurre.
• Tapisser le fond de 8 ramequins de pâtes.
• Mélanger le reste de pâtes avec la sauce crémeuse. Incorporer les légumes, le pecorino et l'œuf. Mélanger, puis répartir dans les ramequins.
• Enfourner 25-30 min, jusqu'à ce que le dessus soit bien gratiné. • Démouler et servir sans attendre.

Il est possible de remplacer les tagliatelle par des paglia e fieno.

GRATIN DE CANNELLONI

Pour 6 personnes
Préparation : 1 h 30
+ temps de préparation des pâtes
Cuisson : 2 h
Niveau de difficulté : 3

Cannelloni

- **400 g de pâte fraîche nature (*voir* page 242)**
- **beurre (pour le moule)**

Sauce à la viande

- **2 cuil. à soupe d'huile d'olive vierge extra**
- **1 oignon, finement émincé**
- **1 branche de céleri, finement émincée**
- **1 carotte, finement émincée**
- **1 cuil. à soupe de persil, finement haché**
- **4 chipolatas, émiettées**
- **125 g de bœuf, haché**
- **150 g de foies de volaille, finement émincés**
- **120 ml de marsala rouge**
- **250 g de tomates en boîte, émincées**
- **120 ml de bouillon de bœuf (*voir* page 48)**

Sauce à la viande : dans une cocotte de taille moyenne, faire chauffer l'huile d'olive à feu vif, ajouter l'oignon, le céleri, la carotte et le persil, et faire revenir 4 min. • Incorporer les chipolatas et cuire à feu doux à moyen jusqu'à ce que les saucisses aient rendu leur gras. • Augmenter le feu et faire sauter le bœuf jusqu'à ce qu'il brunisse uniformément. • Ajouter les foies de volaille et cuire 3 min. • Verser le marsala et laisser cuire jusqu'à évaporation. • Incorporer les tomates et le bouillon. Saler et poivrer. Couvrir et laisser mijoter 1 h à feu doux, en remuant souvent.
Pâtes : diviser la pâte fraîche en six. Étaler avec une machine à pâtes, en diminuant l'écartement d'un cran à chaque fois, jusqu'à l'avant-dernier. Laisser sécher 30 min sur un linge légèrement fariné. • Découper les feuilles de pâte en rectangles de 10 x 18 cm et blanchir comme pour des lasagnes (*voir* page 453).
Sauce béchamel : dans une casserole de taille moyenne, faire fondre le beurre, ajouter la farine et la noix de muscade, et cuire 3-4 min, en remuant constamment. Ajouter le lait d'un seul coup. Saler et poivrer. Porter à ébullition, sans cesser de remuer. • Laisser mijoter 5 min, en remuant régulièrement, puis retirer du feu.
Farce : dans une petite sauteuse, faire fondre le beurre, ajouter l'oignon et faire revenir à feux doux, jusqu'à ce qu'il soit translucide. • Augmenter le feu, ajouter le bœuf, le jambon et le poulet, et faire

- 1 œuf
- 4 cuil. à soupe de parmesan, fraîchement râpé
- 1 pincée de noix de muscade, fraîchement râpée
- sel et poivre du moulin

Sauce béchamel

- 45 g de beurre
- 50 g de farine blanche
- 1 pincée de noix de muscade, fraîchement râpée
- 650 ml de lait
- sel et poivre blanc du moulin

Farce

- 90 g de beurre
- ½ oignon, finement émincé
- 300 g de bœuf maigre, haché
- 90 g de jambon, finement émincé
- 90 g de blanc de poulet, haché
- 90 ml de vin blanc sec
- 90 ml de bouillon de bœuf (*voir* page 48)

sauter jusqu'à ce qu'ils soient dorés. • Verser le vin et laisser cuire jusqu'à évaporation. • Ajouter le bouillon. Saler et poivrer. Gratter les sucs au fond de la sauteuse avec une spatule en bois. • Incorporer 3 cuil. à soupe de béchamel et cuire 15 min, en remuant régulièrement. • Retirer du feu et laisser tiédir. • Préchauffer le four à 200 °C (th. 6-7). • Beurrer un plat à four. • Dans un robot de cuisine, verser la sauce à la viande et mixer jusqu'à obtention d'une préparation fluide. • Ajouter l'œuf, le parmesan et la noix de muscade, et mélanger.
• Étaler un peu de la farce sur les rectangles de pâtes et les rouler pour former des cannelloni.
• Disposer sur une seule épaisseur dans le plat de cuisson, napper de béchamel, puis de sauce à la viande. • Enfourner 15-20 min, jusqu'à ce que la sauce bouillonne. • Laisser reposer 10 min avant de servir.

CANNELLONI AUX CHAMPIGNONS ET À LA VIANDE

Pour 6 personnes
Préparation : 1 h
+ temps de préparation des pâtes + 1 h pour le trempage des champignons
Cuisson : 1 h 30
Niveau de difficulté : 3

Cannelloni

- **400 g de pâte fraîche nature (*voir* page 242)**
- **500 ml de sauce béchamel (*voir* pages 442-443)**
- **6 cuil. à soupe de sauce tomate**
- **90 g de parmesan, fraîchement râpé**
- **beurre (pour le moule)**
- **sel et poivre du moulin**

Sauce à la viande

- **30 g de bolets séchés**
- **45 g de beurre**
- **1 petit oignon, finement émincé**
- **75 g de jambon de Parme, finement émincé**
- **250 g de bœuf, haché**
- **125 g de poulet, haché**
- **120 ml de vin blanc sec**
- **100 ml de bouillon de bœuf**
- **lait (pour le trempage des champignons)**

Sauce à la viande : dans un petit saladier rempli de lait, faire tremper les champignons 1 h. Égoutter et émincer. • Dans une sauteuse, faire fondre le beurre, ajouter l'oignon et le jambon de Parme et faire revenir 15 min à feu moyen. • Ajouter les champignons et cuire 2 min. • Incorporer le bœuf et le poulet, et faire sauter 5 min à feu moyen à vif, jusqu'à ce qu'ils soient bien dorés.
• Verser le vin et laisser mijoter jusqu'à évaporation.
• Ajouter le bouillon, couvrir et laisser mijoter 30 min à feu doux. • Dans la sauce à la viande cuite, ajouter 2 cuil. à soupe de sauce béchamel. Préchauffer le four à 225 °C (th. 7). • Beurrer un grand plat à four.

Cannelloni : Diviser la pâte en cinq. Étaler avec une machine à pâtes, en diminuant l'écartement d'un cran à chaque fois, jusqu'à l'avant-dernier. Laisser sécher sur un linge légèrement fariné 30 min. • Découper les feuilles de pâte en rectangles de 10 x 18 cm et les blanchir comme pour des lasagnes (*voir* page 453).
• Étaler de la sauce à la viande sur les rectangles de pâte et les rouler pour former des cannelloni. Disposer dans le plat de cuisson. Napper de béchamel et de sauce tomate. Saupoudrer de parmesan et parsemer de beurre. • Enfourner 15 min, jusqu'à ce que le dessus soit doré.
• Servir sans attendre.

CANNELLONI À LA SICILIENNE

Pour 6 personnes
Préparation : 2 h 30
+ 30 min de repos pour la pâte
Cuisson : 30-35 min
Niveau de difficulté : 3

Cannelloni

- **400 g de pâte fraîche nature (*voir* page 242)**
- **beurre (pour le moule)**

Sauce à la viande

- **100 g de pancetta (ou de lard), coupée en dés**
- **500 g de bœuf à ragoût, en un seul morceau**
- **1 oignon rouge, émincé**
- **1 branche de céleri, émincée**
- **2 gousses d'ail, émincées**
- **2 cuil. à soupe de persil frais, finement haché**
- **1 bâton de cannelle**
- **1 brin de romarin**
- **1 feuille de laurier**
- **60 ml de vin rouge**
- **1,5 kg de tomates olivettes, mondées et passées au tamis (pour obtenir une passata)**
- **1 brin de basilic frais**
- **sel et poivre du moulin**

Préparation au fromage

- **2 gros œufs**
- **200 g de ricotta sèche, fraîchement râpé**
- **sel et poivre du moulin**

Sauce à la viande : dans une cocotte, cuire la pancetta 5 min à feu moyen jusqu'à ce qu'elle croustille. • Ajouter le bœuf, l'oignon, le céleri, l'ail, le persil, la cannelle, le romarin et le laurier. • Verser le vin, les tomates et le basilic. Saler et poivrer, puis porter à ébullition. Couvrir et laisser mijoter 2 h à feu doux, ou jusqu'à ce que la viande soit tendre. Ajouter un peu d'eau si la sauce attache au fond de la cocotte. • Enlever le bâton de cannelle, le romarin et le laurier. • Retirer du feu. Dans un robot de cuisine, mixer la viande avec 3 cuil. à soupe de jus de cuisson. Réserver. Préchauffer le four à 190 °C (th. 6-7). • Beurrer un grand plat à four.

Cannelloni : découper la pâte fraîche en rectangles de 10 x 18 cm et les blanchir comme pour des lasagnes (*voir* page 453). • Étaler un peu de sauce à la viande sur les rectangles de pâte et les rouler pour former des cannelloni. • Disposer dans le plat de cuisson. • Napper avec le reste de la sauce à la viande.

Préparation au fromage : dans un petit saladier, battre les œufs avec du sel, du poivre et 2 cuil. à soupe de ricotta. Saupoudrer le reste de la ricotta sur les cannelloni. Verser la préparation aux œufs par-dessus. • Enfourner 30-35 min, jusqu'à ce que le dessus soit gratiné. • Servir sans attendre.

CANNELLONI À LA TOMATE ET AU FROMAGE

Préchauffer le four à 180 °C (th. 6). • Beurrer un plat à four. • Dans un grand saladier, mettre la ricotta, la moitié du pecorino, la moitié du basilic, l'œuf et le jaune d'œuf, saler, poivrer et mélanger. Réserver. • Couper les tomates en tranches épaisses dans le sens horizontal. Disposer la moitié des tranches de tomates dans le plat de cuisson. Arroser avec 2 cuil. à soupe d'huile d'olive. Saler, poivrer et ajouter le basilic restant. Saupoudrer de 2 cuil. à soupe de pecorino. • Farcir les cannelloni avec la préparation à la ricotta. Disposer les cannelloni sur les tomates, les uns à côté des autres. Saler, poivrer et arroser avec 2 cuil. à soupe d'huile d'olive. Parsemer 2 cuil. à soupe de pecorino. • Ajouter la mozzarella. Couvrir avec les tranches de tomates restantes. Arroser avec le reste de l'huile d'olive. Saler et poivrer. Recouvrir de papier d'aluminium et enfourner 20 min. • Enlever le papier, parsemer le reste de pecorino et remettre au four 25-30 min, jusqu'à ce que le dessus soit bien gratiné. • Servir sans attendre.

Pour 4-6 personnes
Préparation : 45 min
Cuisson : 50 min
Niveau de difficulté : 2

- **500 g de ricotta fraîche, égouttée**
- **150 g de pecorino, fraîchement râpé**
- **1 cuil. à soupe de basilic, fraîchement haché**
- **1 œuf, plus 1 jaune d'œuf**
- **1 kg de tomates**
- **125 ml d'huile d'olive vierge extra**
- **350 g de cannelloni secs, achetés dans le commerce**
- **150 g de mozzarella, en dés**
- **beurre (pour le moule)**
- **sel et poivre du moulin**

Il est possible de remplacer les cannelloni par des spaghettini, des spaghetti ou des linguine.

LASAGNE TRADITIONNELLES

Préparer les feuilles de lasagne avec la pâte fraîche selon les instructions de la page ci-contre.

Sauce béchamel : dans une casserole, faire fondre le beurre à feu moyen, ajouter la farine, le sel et la noix de muscade, et laisser cuire 1-2 min à feu doux, en remuant constamment. • Retirer du feu et verser le lait d'un seul coup. Mélanger. Porter à ébullition, puis laisser mijoter 5 min en remuant sans cesse, jusqu'à ce que la sauce épaississe. • Préchauffer le four à 200 °C (th. 6-7). • Beurrer un grand plat à four. • Disposer quatre épaisseurs de pâte, en alternant sauce à la viande, sauce béchamel et parmesan. • Enfourner 20-25 min, jusqu'à ce que le dessus soit gratiné. • Servir sans attendre.

Pour 6 personnes
Préparation : 45 min
+ temps de préparation des pâtes et de la sauce à la viande
Cuisson : 20-25 min
Niveau de difficulté : 3

Lasagne

- **400 g de pâte fraîche nature (*voir* page 242)**
- **2 cuil. à soupe de gros sel**
- **2 cuil. à soupe d'huile d'olive**
- **500 ml de sauce à la viande (*voir* page 444)**
- **120 g de parmesan, fraîchement râpé**
- **beurre (pour le moule)**

Sauce béchamel

- **45 g de beurre**
- **3 cuil. à soupe de farine blanche**
- **1/4 cuil. à café de sel**
- **1/4 cuil. à café de noix de muscade râpée**
- **500 ml de lait**

PRÉPARER DES FEUILLES DE LASAGNE

Les feuilles de lasagne doivent être blanchies quelques secondes dans de l'eau bouillante, puis refroidies dans de l'eau froide et très délicatement essorées.

1. DIVISER la pâte fraîche en 6. Étaler chaque morceau avec une machine, en diminuant l'écartement d'un cran à la fois, jusqu'à l'avant-dernier. Découper en rectangles de 15 x 20 cm.

2. PORTER à ébullition une grande marmite d'eau. Ajouter 1 cuil. à soupe de gros sel et 1 cuil. à soupe d'huile d'olive. Blanchir les feuilles, une par une, 3-5 s. Retirer avec une écumoire.

3. PRÉPARER un saladier d'eau froide avec 1 cuil. à soupe de gros sel et 1 cuil. à soupe d'huile d'olive. Plonger les pâtes dans l'eau froide.

4. SORTIR les feuilles de lasagne avec une écumoire et étaler côte à côte sur un linge afin de retirer l'excédent d'eau.

LASAGNE AU PESTO

Préparer les feuilles de lasagne avec la pâte fraîche selon les instructions de la page 453. • Préchauffer le four à 200 °C (th. 6-7). • Beurrer un plat à four d'environ 20 x 30 cm.

Sauce béchamel : dans une casserole de taille moyenne, faire fondre le beurre, ajouter la farine et la noix de muscade, et cuire 1-2 min en remuant constamment. Ajouter le lait d'un seul coup. Saler et poivrer. Porter à ébullition, sans cesser de remuer. • Laisser mijoter 10 min, en remuant régulièrement, puis retirer du feu.

Pesto : dans un robot de cuisine, mixer le basilic, l'ail, 2 cuil. à soupe de parmesan, le pecorino, les noix, les pignons, l'huile d'olive et le sel, jusqu'à obtention d'une préparation homogène et crémeuse. • Tapisser le fond du plat de cuisson de feuilles de lasagne. Napper d'une couche de béchamel, d'une couche de pesto et saupoudrer le reste du parmesan. Recouvrir d'une couche de pâtes, et répéter l'opération jusqu'à épuisement des ingrédients. • Enfourner 20 min, jusqu'à ce que le dessus forme une légère croûte. • Laisser reposer 10 min et servir.

Pour 6 personnes
Préparation : 40 min
+ temps de préparation des pâtes
Cuisson : 20 min
Niveau de difficulté : 3

Lasagne

- **400 g de pâte fraîche nature (*voir* page 242)**
- **beurre (pour le moule)**

Sauce béchamel

- **75 g de beurre**
- **75 g de farine blanche**
- **1 pincée de noix de muscade, fraîchement râpée**
- **1 l de lait**
- **sel et poivre blanc du moulin**

Pesto

- **3 brins de basilic frais**
- **1 gousse d'ail**
- **90 g de parmesan, fraîchement râpé**
- **2 cuil. à soupe de pecorino, fraîchement râpé**
- **2 noix, décortiquées**
- **3 cuil. à soupe de pignons de pin**
- **180 ml d'huile d'olive vierge extra**
- **1 cuil. à café de sel**

LASAGNE, SAUCE AUX CHAMPIGNONS

Pour 6 personnes
Préparation : 1 h + temps de préparation des pâtes
Cuisson : 1 h 30
Niveau de difficulté 3

Lasagne persillées

- **400 g de pâte fraîche nature (*voir* page 242)**
- **6 grosses feuilles de persil plat, légèrement humides**
- **250 g de jambon, coupé en lanières**
- **200 g de fromage (fontina, édam), finement émincé**
- **beurre (pour le moule)**

Sauce aux champignons

- **750 g de champignons**
- **125 ml d'huile d'olive vierge extra**
- **100 g de beurre**
- **100 g de farine blanche**
- **1 pincée de noix de muscade, fraîchement râpée**
- **1,5 l de lait**
- **90 g de parmesan, fraîchement râpé**
- **sel et poivre blanc du moulin**

Préparer les lasagne persillées selon les instructions de la page ci-contre. • Blanchir les feuilles de lasagne (*voir* page 453).

Sauce aux champignons : séparer les pieds et les chapeaux des champignons. Détailler les pieds en dés et émincer les chapeaux. • Dans une grande sauteuse, faire chauffer 60 ml d'huile d'olive à feu vif, ajouter les chapeaux et cuire 4 min. Réserver. • Dans la même sauteuse, faire chauffer 2 cuil. à soupe d'huile d'olive, ajouter les pieds et 1 pincée de sel. Couvrir et cuire à feu moyen, jusqu'à ce qu'ils soient tendres. • Dans une casserole, faire fondre 60 g de beurre à feu moyen, incorporer la farine et la noix de muscade, et cuire 1-2 min en remuant constamment. Verser le lait, saler et poivrer et porter à ébullition, sans cesser de remuer. Laisser mijoter 5 min, puis retirer du feu. Ajouter le parmesan. • Dans un robot de cuisine, hacher les pieds des champignons avec les deux tiers de la sauce. • Préchauffer le four à 200 °C (th. 6-7). • Beurrer un plat à four de 25 x 35 cm. • Mettre un quart des pâtes dans le fond, puis un tiers du jambon, un tiers du fromage, un tiers des chapeaux de champignons et un tiers de la sauce aux champignons. Répéter l'opération deux fois. Terminer par une couche de pâtes. Compléter avec la sauce nature restante et recouvrir avec les pâtes persillées. • Parsemer le reste de beurre. Recouvrir de papier d'aluminium et enfourner 30 min. • Laisser reposer 20 min et servir.

PRÉPARER DES PÂTES PERSILLÉES

Il suffit de peu pour créer des feuilles de pâtes originales. Celles-ci agrémentent parfaitement un plat de lasagne (il convient bien sûr de placer les feuilles décorées sur le dessus), mais elles conviennent également aux pâtes farcies.

1. DÉPOSER une jolie feuille de persil plat légèrement humide sur la moitié d'une feuille de lasagne. Replier l'autre moitié par-dessus.

2. ÉTALER la feuille avec une machine en diminuant l'écartement d'un cran à la fois, jusqu'au dernier.

3. UN ÉLÉGANT MOTIF PERSILLÉ orne le centre de la feuille de lasagne.

LASAGNE VÉGÉTARIENNES

Pour 6 personnes
Préparation : 1 h + temps de préparation des pâtes
Cuisson : 2 h
Niveau de difficulté : 2

Lasagne

- **400 g de pâte fraîche nature (*voir* page 242)**
- **90 g de parmesan, fraîchement râpé**
- **beurre (pour le moule)**

Sauce béchamel au pesto

- **100 g de beurre**
- **100 g de farine blanche**
- **1 pincée de noix de muscade, fraîchement râpée**
- **1,5 l de lait**
- **5 cuil. à soupe de pesto**
- **sel et poivre blanc du moulin**

Farce

- **1 kg de tomates, mondées, épépinées et grossièrement émincées**
- **500 g de pommes de terre, bouillies et coupées en dés**
- **400 g de haricots verts, bouillis dans de l'eau légèrement salée et coupés en petits tronçons**
- **250 g de mozzarella, tranchée**
- **sel**

Préparer les feuilles de lasagne selon les instructions de la page 453. • Préchauffer le four à 200 °C (th. 6-7). • Beurrer un plat à four d'environ 20 x 30 cm.

Sauce béchamel au pesto : dans une petite casserole, faire fondre le beurre, ajouter la farine et la noix de muscade, et cuire 1-2 min, en remuant constamment. Verser le lait d'un seul coup. Saler et poivrer. Porter à ébullition, sans cesser de remuer. • Laisser mijoter 8-10 min, tout en remuant régulièrement, puis retirer du feu. Laisser refroidir. • Incorporer le pesto à la sauce refroidie.

Farce : dans un grand saladier, mélanger les tomates, les pommes de terre, les haricots verts et la mozzarella.

• Tapisser le fond d'un plat à four de sauce béchamel au pesto. Recouvrir d'une couche de pâtes, puis d'une couche de farce. Saler, poivrer et saupoudrer de parmesan. Répéter l'opération jusqu'à épuisement des ingrédients. Terminer par une couche de béchamel et le parmesan restant. • Enfourner 45 min, ou jusqu'à ce que le dessus soit gratiné. • Laisser reposer 15 min et servir.

LASAGNE À LA CHICORÉE ROUGE

Pour 6-8 personnes
Préparation : 50 min + temps de préparation des pâtes
Cuisson : 1 h 30
Niveau de difficulté : 3

Lasagne

- **400 g de pâte fraîche nature (*voir* page 242)**
- **45 g de beurre**
- **4 cuil. à soupe de parmesan, fraîchement râpé**
- **beurre (pour le moule)**

Farce

- **30 g de bolets séchés, mis à tremper 2 h dans de l'eau à température ambiante**
- **30 g de beurre**
- **1 petit oignon, finement émincé**
- **500 g de chicorée rouge, finement émincée**
- **125 ml de marsala rouge sec**

Sauce béchamel

- **75 g de beurre**
- **75 g de farine blanche**
- **1 pincée de noix de muscade, fraîchement râpée**
- **800 ml de lait**
- **60 g de parmesan, fraîchement râpé**
- **60 g de fontina, fraîchement râpé**
- **2 gros jaunes d'œufs**
- **sel et poivre blanc du moulin**

Préparer les feuilles de lasagne selon les instructions de la page 453.

Farce : égoutter les champignons et émincer finement. • Dans une grande sauteuse, faire chauffer le beurre, ajouter l'oignon et les champignons, couvrir et cuire 15 min à feu doux. • Incorporer la chicorée rouge. Rectifier l'assaisonnement. Couvrir et laisser mijoter 10 min. • Verser le marsala et laisser cuire jusqu'à évaporation. • Poursuivre la cuisson 5 min. Réserver.

Sauce béchamel : dans une casserole, faire fondre le beurre, ajouter la farine et la noix de muscade, et cuire 3-4 min, en remuant constamment. Verser le lait. Saler et poivrer. Porter à ébullition, sans cesser de remuer. • Laisser mijoter 5 min en remuant, puis retirer du feu. • Incorporer le parmesan, le fontina et les jaunes d'œufs. Saler et poivrer.

• Préchauffer le four à 200 °C (th. 6-7). • Beurrer un plat à four d'environ 25 x 35 cm. • Tapisser le fond et les parois de feuilles de lasagne en laissant la pâte déborder afin de pouvoir la replier ensuite vers l'intérieur. Recouvrir d'un tiers de la préparation à la chicorée. Ajouter une couche de pâtes, étaler un deuxième tiers de préparation et replier les feuilles de lasagne qui dépassent. Recouvrir avec le troisième tiers de préparation à la chicorée et une couche de pâtes. Napper de sauce béchamel. • Parsemer de beurre et de parmesan. • Enfourner 35-40 min, jusqu'à ce que le dessus soit gratiné. • Laisser reposer 10 min et servir.

LASAGNE À LA FARINE DE POIS CHICHE ET AUX LÉGUMES

Pour 6 personnes
Préparation : 1 h + temps de préparation des pâtes
Cuisson : 1 h
Niveau de difficulté : 3

Lasagne

- 150 g de farine de pois chiche
- 150 g de farine blanche
- 3 gros œufs
- 2 cuil. à soupe de gros sel
- 2 cuil. à soupe d'huile d'olive
- beurre (pour le moule)

Farce

- 125 g de haricots verts, en petits tronçons
- 6 cuil. à soupe d'huile d'olive vierge extra
- 1 oignon, émincé
- 500 g de courgettes, en petits dés
- 300 g de carottes, en petits dés
- 1 poivron rouge, en petits dés
- 250 ml de crème fraîche liquide
- 500 g de ricotta fraîche, égouttée
- 90 g de parmesan, fraîchement râpé
- sel et poivre du moulin

Lasagne : tamiser les deux farines, puis incorporer les œufs un par un avec une fourchette, en suivant les instructions de la page 242. Pétrir 20 min, former une boule et envelopper dans du film alimentaire. Laisser reposer 30 min. • Remplir une grande marmite avec de l'eau, la moitié du gros sel et de l'huile d'olive. Couvrir et porter à ébullition. • Diviser la pâte en cinq. Étaler avec une machine à pâtes, en diminuant l'écartement d'un cran à la fois, jusqu'à l'avant-dernier. Découper en rectangles de 10 x 15 cm et laisser sécher 30 min sur un linge légèrement fariné. • Blanchir les rectangles de pâtes (*voir* page 453). • Préchauffer le four à 180 °C (th. 6). • Beurrer un plat à four de 20 x 30 cm.

Farce : plonger les haricots verts 2-3 min dans de l'eau bouillante pour les blanchir. Égoutter. • Dans une grande cocotte, faire chauffer l'huile d'olive, ajouter l'oignon et faire revenir 5 min. • Incorporer les courgettes, les carottes, le poivron et les haricots, saler, poivrer, et faire revenir 8 min à feu vif. • Verser la crème et porter à ébullition. Laisser cuire 1-2 min, puis retirer du feu. • Dans un saladier, mélanger la ricotta, du sel et du poivre.

• Tapisser le fond du plat d'une couche de feuilles de lasagne. Étaler une couche de ricotta, recouvrir de légumes et saupoudrer de parmesan. Répéter l'opération jusqu'à épuisement des ingrédients, en terminant par des légumes et du parmesan.

• Enfourner 30 min, ou jusqu'à ce que le dessus soit gratiné. • Laisser refroidir 15 min et servir.

LASAGNE AUX CHAMPIGNONS ET AU FROMAGE

Préparer les feuilles de lasagne selon les instructions de la page 453.

Farce : nettoyer soigneusement les champignons. Couper grossièrement en morceaux. • Dans une grande cocotte, faire chauffer l'huile d'olive à feu vif, ajouter l'ail et le romarin, et faire revenir 2 min. • Ajouter les champignons et cuire 5 min. • Couvrir et laisser mijoter 10 min à feu moyen à doux, jusqu'à ce qu'ils soient tendres. Saler et poivrer, puis retirer du feu. Incorporer le persil. • Préchauffer le four à 180 °C (th. 6). • Beurrer un plat à four de 25 x 35 cm.

Sauce : dans un saladier, verser le mascarpone, incorporer les jaunes d'œufs et 100 g de parmesan. Saler, poivrer et mélanger. Réserver au réfrigérateur. • Tapisser le fond et les parois du plat de feuilles de lasagne. Napper d'un quart de la préparation aux champignons puis d'un cinquième de la préparation au mascarpone. Recouvrir d'une autre couche de pâtes. Répéter l'opération jusqu'à former quatre étages. Terminer avec le reste du mascarpone et de parmesan. • Enfourner 30 min, jusqu'à ce que le dessus soit gratiné.

Pour 6-8 personnes
Préparation : 45 min
+ temps de préparation des pâtes
Cuisson : 1 h
Niveau de difficulté : 3

Lasagne

- **400 g de pâte fraîche nature (*voir* page 242)**
- **beurre (pour le moule)**

Farce

- **1,2 kg de champignons divers**
- **4 cuil. à soupe d'huile d'olive vierge extra**
- **2 gousses d'ail, finement émincées**
- **1 brin de romarin frais**
- **2 cuil. à soupe de persil, finement haché**

Sauce

- **750 g de mascarpone**
- **6 gros jaunes d'œufs**
- **125 g de parmesan, fraîchement râpé**
- **sel et poivre blanc du moulin**

Lasagne aux fruits de mer

Pour 4-6 personnes
Préparation : 50 min
+ temps de préparation des pâtes
Cuisson : 1 h
Niveau de difficulté : 2

Lasagne

- 400 g de pâte fraîche nature (*voir* page 242)
- 2 cuil. à soupe d'huile d'olive vierge extra
- beurre (pour le moule)

Farce

- 4 cuil. à soupe d'huile d'olive vierge extra
- 2 gousses d'ail, finement émincées
- 2 cuil. à soupe de persil frais, finement haché
- 125 ml de vin blanc sec
- 350 g de crevettes crues, décortiquées
- 350 g de palourdes, moules et pétoncles, ouvertes sur le feu et décoquillées
- 400 g de poisson blanc à chair ferme, cru et coupé en cubes
- 250 g d'encornets crus, émincés

Sauce

- 90 g de beurre
- 75 g de farine blanche
- 1 l de bouillon de poisson ou de légumes
- sel et poivre blanc du moulin

Préparer les feuilles de lasagne selon les instructions de la page 453.

Farce : dans une grande sauteuse, faire chauffer l'huile d'olive, ajouter l'ail et la moitié du persil et faire revenir 3 min. • Verser le vin et cuire jusqu'à évaporation. • Ajouter les crevettes, les mollusques, le poisson et les encornets, saler, poivrer, et laisser cuire 10 min à feu moyen. Ajouter le reste du persil juste avant de retirer du feu.

• Préchauffer le four à 180 °C (th. 6). • Beurrer un plat à four de 20 x 30 cm.

Sauce : dans une casserole de taille moyenne, faire fondre le beurre, incorporer la farine et cuire 2-3 min en remuant. Verser le bouillon et porter à ébullition sans cesser de remuer jusqu'à ce que la sauce épaississe. Laisser mijoter 10 min en continuant à remuer régulièrement.

• Tapisser le fond du plat de feuilles de lasagne. Napper d'une couche de sauce, puis recouvrir de farce. Répéter l'opération jusqu'à épuisement des ingrédients. • Enfourner 20 min, jusqu'à ce que le dessus soit gratiné. • Laisser reposer 10 min et servir.

GRATIN DE GNOCCHI ET DE POIREAUX

Préchauffer le four à 200 °C (th. 6-7). • Graisser un grand plat à four ou 6 ramequins. • Dans une grande sauteuse, faire fondre le beurre à feu moyen, ajouter les poireaux et faire revenir 3-4 min, jusqu'à ce qu'ils s'attendrissent un peu. • Ajouter l'eau et laisser mijoter 5 min, jusqu'à ce que les poireaux soient fondants. • Verser le cognac et laisser cuire 2-3 min à feu vif, jusqu'à évaporation. • Baisser le feu et saupoudrer de Maïzena. Incorporer la crème et laisser mijoter 5 min, tout en remuant, jusqu'à ce que la sauce épaississe. Ajouter la noix de muscade. Saler et poivrer. • Porter à ébullition une grande marmite d'eau salée et cuire les gnocchi en petites quantités jusqu'à ce qu'ils remontent à la surface. • Retirer avec une écumoire. Égoutter et déposer dans le plat ou les ramequins. Napper de sauce aux poireaux. Saupoudrer de parmesan. • Enfourner 8-10 min, jusqu'à ce que le fromage soit gratiné. • Servir sans attendre.

Pour 4-6 personnes
Préparation : 30 min
+ temps de préparation des gnocchi
Cuisson : 35-40 min
Niveau de difficulté : 2

- **500 g de gnocchi de pommes de terre maison (*voir* page 335) ou achetés dans le commerce**
- **30 g de beurre**
- **5 petits poireaux, finement émincés**
- **3 cuil. à soupe d'eau**
- **2 cuil. à soupe de cognac**
- **1 cuil. à soupe de Maïzena**
- **300 ml de crème fraîche épaisse**
- **1/4 cuil. à café de noix de muscade, fraîchement râpée**
- **90 g de parmesan, fraîchement râpé**
- **sel et poivre du moulin**

GNOCCHI À LA ROMAINE

Dans une grande casserole, porter le lait à ébullition à feu moyen. • Incorporer peu à peu la semoule de blé dur en remuant sans cesse pour éviter la formation de grumeaux. • Cuire 10-15 min à feu doux en remuant constamment, jusqu'à ce que la préparation épaississe. • Retirer du feu et saler. • Incorporer 60 g de beurre, les jaunes d'œufs, la moitié du parmesan et le gruyère. • Étaler la préparation sur un plan de travail légèrement fariné de manière à obtenir une couche de 1 cm d'épaisseur. Laisser refroidir 1 h. • Découper des disques à l'aide d'un verre. • Préchauffer le four à 180 °C (th. 6). • Beurrer un grand plat à four. • Tapisser le fond avec les chutes de pâte. Saupoudrer de parmesan. Déposer les disques en les faisant se chevaucher. • Faire fondre le reste du beurre et arroser le plat. Parsemer avec le reste de parmesan. Poivrer. • Enfourner 25-30 min, jusqu'à ce que le dessus soit doré. • Servir sans attendre.

Pour 4 personnes
Préparation : 10 min + 1 h de refroidissement
Cuisson : 45 min
Niveau de difficulté : 2

- **1 l de lait**
- **250 g de semoule de blé dur**
- **120 g de beurre**
- **2 gros jaunes d'œufs**
- **125 g de parmesan, fraîchement râpé**
- **6 cuil. à soupe de gruyère, fraîchement râpé**
- **beurre (pour le moule)**
- **sel et poivre blanc du moulin**

■ ■ ■ *Originaires de Rome, ces gnocchi confectionnés avec de la semoule de blé dur, du lait, des œufs et du fromage sont étonnamment savoureux. Probablement apparus il y a plusieurs siècles, ils sont les ancêtres des gnocchi de pommes de terre actuels.*

NOUILLES

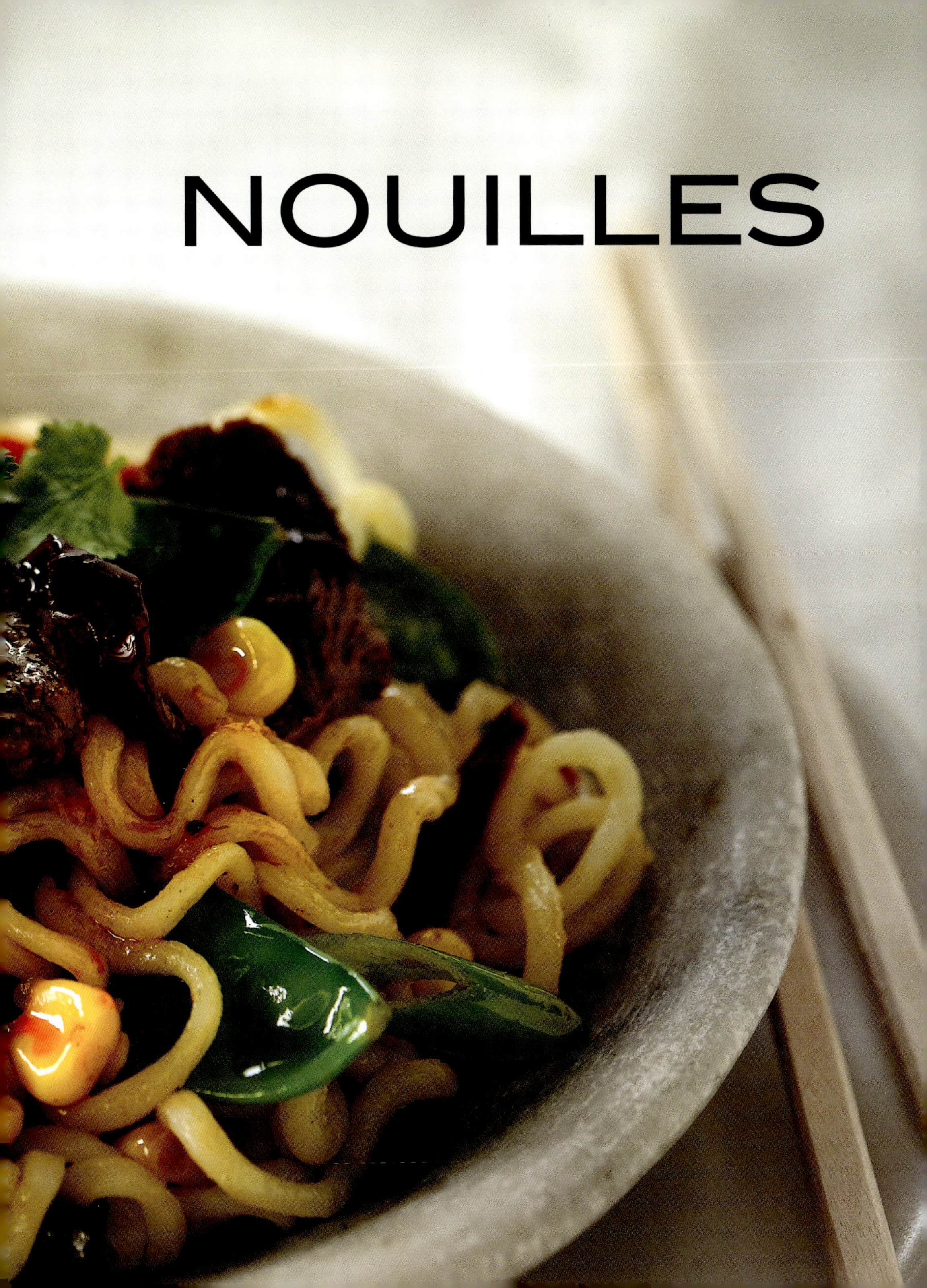

TYPES DE NOUILLES

VERMICELLES DE RIZ SECS

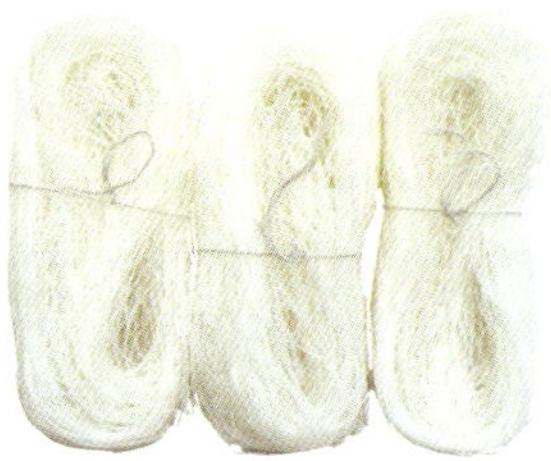

Vermicelles blancs translucides composés de farine de riz et conditionnés sous forme de blocs, à faire tremper dans l'eau bouillante avant utilisation. Ils prennent du volume quand ils sont cuits à la poêle et servent souvent d'accompagnement.

NOUILLES SÈCHES AUX ŒUFS

Nouilles sèches, composées de farine de blé et d'œufs. De formes et de tailles variées, elles sont souvent aromatisées à la crevette. À cuire 4-5 min dans l'eau bouillante.

NOUILLES DE SINGAPOUR

Nouilles fines à base de farine de blé et d'œufs. Elles peuvent être fraîches ou sèches.

NOUILLES DE RIZ FRAÎCHES

Nouilles d'épaisseurs variées, cuites à la vapeur et légèrement huilées avant d'être empaquetées. De texture soyeuse et lisse, elles sont utilisées dans les soupes et les plats sautés.

NOUILLES SOBA

Nouilles japonaises à base de farine de sarrasin. Elles sont servies froides avec une sauce ou chaudes avec du bouillon. Pour les consommer froides, il faut les rincer à l'eau froide après cuisson.

NOUILLES HOKKIEN

Nouilles jaunes au blé et aux œufs provenant du sud de la Chine, mais très appréciées aussi à Singapour, en Malaisie et en Indonésie. Elles sont vendues fraîches ou sous vide dans les rayons réfrigérés.

Une très grande variété de nouilles est consommée dans toute l'Asie, notamment en Chine, au Japon, en Corée et dans certains pays d'Asie du Sud-Est, comme Singapour, la Malaisie, la Thaïlande et l'Indonésie. De façon générale, les nouilles de blé viennent du nord de la Chine et du Japon, et les nouilles de riz du sud de la Chine et de l'Asie du Sud-Est. Compte tenu de la diversité des nouilles disponibles, il est recommandé de suivre les instructions de cuisson figurant sur le paquet.

NOUILLES DE BLÉ CHINOISES

Certaines nouilles chinoises, uniquement composées de farine de blé, de sel et d'eau, sont plus fines que celles aux œufs. À cuire 5-10 min dans l'eau bouillante. Elles se conservent bien.

NOUILLES RAMEN

Nouilles de blé japonaises de formes et de dimensions variées. Elles sont souvent servies dans un bouillon de viande. À l'extérieur du Japon, les nouilles ramen instantanées ou à cuisson rapide sont les plus connues.

NOUILLES UDON

Nouilles japonaises populaires composées de farine de blé. Elles sont consommées très chaudes dans des soupes en hiver, ou froides avec des algues nori émincées ou avec un autre accompagnement et une sauce en été.

NOUILLES CELLOPHANE

Nouilles très fines à base d'amidon de haricot mungo, également appelées « nouilles de verre ». Elles deviennent presque transparentes lorsqu'elles sont cuites à l'eau bouillante.

NOUILLES AUX ŒUFS

Nouilles composées de farine de blé et d'œufs. Elles ont presque toutes les formes et dimensions imaginables (plates, en forme de fils, épais ou fins) et sont fraîches ou sèches. Les pâtes fraîches cuisent en 2-3 min dans l'eau bouillante.

NOUILLES DE RIZ PLATES

Nouilles de riz plates, de largeur variable. Elles sont utilisées dans diverses recettes : rouleaux de printemps, salades, soupes, fritures et plats braisés.

ROULEAUX AU POULET ET AUX VERMICELLES

Mettre les vermicelles à tremper 5 min dans un saladier rempli d'eau bouillante, ou préparer selon les instructions du paquet. • Bien égoutter et hacher grossièrement. • Dans un grand saladier, mélanger les vermicelles, le poulet, la carotte, les haricots germés, les pois germés, la coriandre et la menthe. Dans un petit saladier, verser la sauce au piment doux, ajouter le jus de citron et mélanger. • Verser sur la préparation à base de poulet et bien remuer. • Dans un récipient d'eau très chaude, faire tremper les galettes de riz une par une jusqu'à ce qu'elles soient souples. • Transférer sur un plan de travail propre et recouvrir avec un peu de préparation au poulet. • Rouler les galettes de riz sur elles-mêmes en repliant les bords vers l'intérieur au fur et à mesure. • Servir avec de la sauce au piment doux à part.

■ ■ ■ *Composées de farine de riz, de sel et d'eau, les galettes de riz sont utilisées pour confectionner les rouleaux de printemps. Elles peuvent être frites ou utilisées crues pour envelopper des ingrédients. Elles sont disponibles dans les boutiques de produits asiatiques et les supermarchés.*

Pour 6-8 personnes
Préparation : 15-20 min
Niveau de difficulté : 1

- **60 g de vermicelles de riz secs**
- **200 g de blancs de poulet grillés ou rôtis, coupés en petits morceaux**
- **1 carotte, grossièrement râpée**
- **50 g de haricots germés frais**
- **50 g de petits pois ou de pois mange-tout germés, équeutés**
- **2 cuil. à soupe de coriandre, grossièrement hachée**
- **2 cuil. à soupe de menthe, grossièrement hachée**
- **2 cuil. à soupe de sauce thaïlandaise au piment doux, et plus à volonté pour le service**
- **2 cuil. à soupe de jus de citron, fraîchement pressé**
- **12 grandes galettes de riz**

Il est possible de remplacer les vermicelles de riz secs par des nouilles cellophane.

Rouleaux au canard et aux vermicelles

Mettre les vermicelles à tremper 5 min dans un saladier rempli d'eau bouillante, ou préparer selon les instructions du paquet. • Bien égoutter et hacher grossièrement. Dans un grand saladier, mélanger les vermicelles, le canard, le concombre, la coriandre, la menthe, la sauce au piment doux et le jus de citron vert. • Dans un récipient d'eau très chaude, faire tremper brièvement les galettes de riz une par une jusqu'à ce qu'elles soient souples. • Transférer sur un plan de travail propre et recouvrir avec un peu de préparation au canard. • Rouler les galettes de riz sur elles-mêmes en serrant bien et en repliant les bords vers l'intérieur au fur et à mesure. • Servir avec de la sauce au piment doux à part.

Pour 4-6 personnes
Préparation : 20 min
Cuisson : 5 min
Niveau de difficulté : 1

- **60 g de vermicelles de riz secs**
- **300 g de canard grillé, coupé en petits morceaux**
- **1 concombre, coupé en fines lamelles**
- **3 cuil. à soupe de coriandre, grossièrement hachée**
- **1 cuil. à soupe de menthe, grossièrement hachée**
- **60 ml de sauce thaïlandaise au piment doux, plus un complément pour accompagner**
- **1 cuil. à soupe de jus de citron vert, fraîchement pressé**
- **12 grandes galettes de riz**

Il est possible de remplacer les vermicelles de riz par des nouilles cellophane.

Soupe au soja, aux nouilles et au tofu

Dans une grande casserole, porter le bouillon de volaille à ébullition. • Ajouter la sauce de soja, le mirin, l'huile de sésame et le sucre brun. • Ajouter les nouilles et les tiges de choy sum, et laisser cuire 1 min à feu doux. • Incorporer les feuilles de choy sum et le tofu. Laisser mijoter encore 2 min. • Servir dans des bols individuels. • Garnir avec la ciboule et servir très chaud.

Pour 4-6 personnes
Préparation : 10 min
Cuisson : 5 min
Niveau de difficulté : 1

- **200 ml de bouillon de volaille (*voir* page 498)**
- **3 cuil. à soupe de sauce de soja foncée**
- **2 cuil. à soupe de mirin ou de vin de xérès doux**
- **1 cuil. à café d'huile de sésame asiatique**
- **2 cuil. à café de sucre brun**
- **500 g de nouilles chinoises fraîches aux œufs, fines**
- **1 botte de jeunes choux chinois (choy sum ou bok choy), avec les tiges émincées et les feuilles grossièrement hachées**
- **250 g de tofu ferme, coupé en dés**
- **3 ciboules, coupées en petits morceaux**

Il est possible de remplacer les nouilles chinoises fraîches aux œufs par des nouilles sèches aux œufs ou des tagliatelle.

Soupe aux vermicelles, au lait de coco et aux crevettes

Mettre les vermicelles dans un saladier, couvrir d'eau bouillante et laisser tremper 5-10 min, ou préparer selon les instructions du paquet. • Égoutter et transvaser dans un grand saladier. • Dans une casserole, verser le bouillon de volaille, le lait de coco et la sauce de poisson, mélanger et porter à ébullition à feu moyen. • Ajouter les crevettes et laisser mijoter 4 min jusqu'à ce qu'elles soient roses et bien cuites. • Retirer du feu et verser le bouillon sur les vermicelles. Ajouter la menthe. • Bien remuer et servir très chaud.

Pour 4 personnes
Préparation : 15 min
Cuisson : 5 min
Niveau de difficulté : 1

- **400 g de vermicelles de riz secs**
- **500 ml de bouillon de volaille (*voir* page 498)**
- **250 ml de lait de coco**
- **1 cuil. à soupe de sauce de poisson thaïlandaise**
- **400 g de crevettes roses crues, décortiquées et déveinées**
- **3 cuil. à soupe de feuilles de menthe**

Il est possible de remplacer les vermicelles de riz secs par des nouilles cellophane ou des capelli d'angelo.

NOUILLES RAMEN AU SAUMON ÉPICÉ

Préparer les nouilles selon les instructions du paquet. Répartir dans 4 bols à soupe. • Dans une grande casserole, faire frémir le bouillon à feu doux. Ajouter le saumon et laisser mijoter 2 min. • Ajouter le piment, la ciboule et la sauce de soja, et laisser mijoter 2-3 min supplémentaires, jusqu'à ce que le saumon soit ferme au toucher. • Mettre un morceau de saumon dans chaque bol et couvrir de bouillon. • Décorer de coriandre et ajouter un trait de citron vert. • Servir très chaud.

Pour 4 personnes
Préparation : 15 min
Cuisson : 5 min
Niveau de difficulté : 1

- **250 g de nouilles ramen**
- **2 l de bouillon de volaille (*voir* page 498)**
- **150 g de filet de saumon sans peau**
- **2 piments rouges, épépinés et finement émincés**
- **6 ciboules, émincées**
- **1 cuil. à soupe de sauce de soja claire**
- **2 cuil. à soupe de feuilles de coriandre**
- **1 citron vert**

Il est possible de remplacer les nouilles ramen par des vermicelles de riz secs ou des nouilles cellophane.

LAKSA AUX CREVETTES

Mettre les nouilles dans un saladier, couvrir d'eau bouillante et laisser tremper 5 min jusqu'à ce qu'elles soient tendres. Bien égoutter et rafraîchir sous l'eau froide. Dans une grande poêle, faire chauffer l'huile végétale à feu moyen, ajouter les échalotes et faire revenir 3-4 min jusqu'à ce qu'elles soient tendres. • Incorporer la pâte de piment et faire revenir 1 min. • Ajouter le lait de coco et le bouillon de volaille. Porter à ébullition, puis ajouter les crevettes, les petits pois et les haricots germés, et laisser mijoter 2-3 min jusqu'à ce que les crevettes soient cuites. • Répartir les nouilles dans 4 bols à soupe et ajouter le laksa aux crevettes. • Décorer avec la ciboule, quelques feuilles de coriandre et ajouter un trait de citron vert. • Servir très chaud.

■ ■ ■ Originaire de Singapour et de Malaisie, le laksa existe sous différentes formes, mais la plupart sont des soupes épicées épaisses contenant des nouilles et du lait de coco.

Pour 4 personnes
Préparation : 15 min
Cuisson : 10 min
Niveau de difficulté : 1

- **350 g de nouilles de riz plates**
- **1 cuil. à soupe d'huile végétale**
- **2 échalotes, coupées en dés**
- **1 cuil. à soupe de pâte de piment**
- **400 ml de lait de coco**
- **500 ml de bouillon de volaille (*voir* page 498)**
- **350 g de grosses crevettes crues, décortiquées**
- **150 g de pois mange-tout, coupés en deux dans la longueur**
- **50 g de haricots germés**
- **2 ciboules, coupées en petits morceaux**
- **1 citron vert**
- **feuilles de coriandre**

Il est possible de remplacer les nouilles de riz plates par des spaghettini, des spaghetti ou des linguine.

LAKSA AUX FRUITS DE MER

Pour 4-6 personnes
Préparation : 20-24 min
Cuisson : 10 min
Niveau de difficulté : 2

- **250 g de nouilles hokkien**
- **250 g de nouilles de riz plates**
- **1 cuil. à soupe d'huile d'arachide**
- **60 g de pâte de laksa**
- **750 ml de lait de coco**
- **500 ml de bouillon de poisson**
- **1 tige de citronnelle, froissée**
- **3 feuilles de combava, finement émincées**
- **500 g de crevettes roses crues, décortiquées et déveinées, avec leurs queues**
- **500 g de filets de poisson blanc à chair ferme (cabillaud, flétan, merlan ou lotte), coupés en cubes de 2,5 cm**
- **250 g de noix de Saint-Jacques**
- **une dizaine de moules, nettoyées**
- **100 g de haricots mungo germés**
- **4-6 cuil. à café de pâte de piment**
- **feuilles de coriandre**
- **feuilles de menthe**

Mélanger les deux types de nouilles dans un saladier, recouvrir d'eau bouillante et laisser tremper 5-10 min jusqu'à ce qu'elles soient tendres. • Dans une grande marmite, faire chauffer l'huile d'arachide à feu moyen à doux. • Ajouter la pâte de laksa et remuer 1-2 min jusqu'à ce que son parfum se libère. Incorporer le lait de coco, le bouillon de poisson, la citronnelle et les feuilles de combava. Porter à ébullition. • Ajouter les crevettes, le poisson, les noix de Saint-Jacques et les moules, couvrir et laisser mijoter 3-5 min, jusqu'à ce que le poisson et les fruits de mer soient cuits. Jeter les moules qui sont restées fermées. • Répartir les nouilles dans 4 à 6 grands bols à soupe. Garnir de haricots germés, de coriandre et de menthe. Répartir le laksa. • Ajouter 1 cuil. à café de pâte de piment par bol et servir très chaud.

■ ■ ■ *La pâte de laksa est disponible dans certaines boutiques de produits asiatiques et sur Internet.*

Il est possible de remplacer les nouilles de riz plates et les nouilles hokkien par des nouilles sèches aux œufs, des tagliatelle ou des vermicelles de riz secs.

Soupe aux nouilles, au porc et aux crevettes

Dans une grande poêle, faire chauffer l'huile d'arachide à feu moyen, ajouter les échalotes et trois quarts de l'ail, et faire revenir 5 min jusqu'à ce qu'ils soient dorés. • Ajouter les têtes et les carapaces des crevettes, le piment et faire sauter 2-3 min. • Ajouter le bouillon de volaille, porter à ébullition, couvrir et laisser mijoter 15 min. • Dans un saladier, mélanger le porc avec la sauce de poisson, le sucre et le reste de l'ail. Confectionner des boulettes de la taille d'une truffe. • Porter une grande casserole d'eau non salée à ébullition. Ajouter les nouilles et laisser mijoter 2-3 min, ou pendant la durée indiquée sur le paquet, jusqu'à ce qu'elles soient tendres. Égoutter. • Filtrer le bouillon à travers un tamis fin, reverser dans la poêle et faire de nouveau mijoter. • Ajouter les boulettes de porc et cuire 2 min. Ajouter les crevettes et poursuivre la cuisson 2-3 min, jusqu'à ce qu'elles soient tout juste cuites. Retirer du feu. • Répartir les nouilles dans 4 bols. Recouvrir de haricots germés et d'épinards. Ajouter la soupe, puis répartir les boulettes de porc et les crevettes. • Servir très chaud.

Pour 4 personnes
Préparation : 20 min
Cuisson : 20 min
Niveau de difficulté : 2

- **1 cuil. à soupe d'huile d'arachide**
- **4 échalotes, grossièrement hachées**
- **4 gousses d'ail, finement hachées**
- **350 g de grosses crevettes crues, décortiquées et déveinées, têtes et carapaces réservées**
- **1 cuil. à soupe de piment rouge haché en conserve**
- **1,5 l de bouillon de volaille (*voir* page 498)**
- **250 g de porc maigre, haché**
- **1 cuil. à café de sauce de poisson thaïlandaise**
- **1 cuil. à café de sucre brun**
- **250 g de nouilles sèches aux œufs**
- **100 g de haricots germés frais**
- **50 g de jeunes feuilles d'épinards**

Il est possible de remplacer les nouilles sèches aux œufs par des nouilles hokkien, des nouilles de riz plates ou des nouilles cellophane.

CURRY THAÏLANDAIS AU POISSON

Cuire les nouilles hokkien dans une grande quantité d'eau bouillante, jusqu'à ce qu'elles soient tendres. • Égoutter et réserver. • Dans un wok mis à chauffer sur feu vif, mettre la pâte de curry et cuire 30 s, pour en développer l'arôme. • Ajouter le lait de coco et le jus de citron vert, et porter à ébullition. • Poursuivre la cuisson à feu doux. Ajouter le poisson et laisser mijoter 2-3 min, jusqu'à ce qu'il soit cuit. • Ajouter les nouilles et laisser mijoter 1-2 min. • Servir très chaud.

Pour 4 personnes
Préparation : 5 min
Cuisson : 15 min
Niveau de difficulté : 1

- **400 g de nouilles hokkien fraîches**
- **2 cuil. à soupe de pâte de curry verte thaïlandaise**
- **400 ml de lait de coco**
- **1 cuil. à soupe de jus de citron vert, fraîchement pressé**
- **350 g de poisson blanc à chair ferme (cabillaud ou haddock), coupé en petits morceaux**

Il est possible de remplacer les nouilles hokkien par des nouilles de Singapour ou des nouilles aux œufs.

Soupe aux nouilles et au poulet

Bouillon de volaille : dans une grande marmite, mettre le poulet, les carottes, le céleri, les oignons et les feuilles de laurier, ajouter l'eau et porter à ébullition. Écumer la graisse et laisser mijoter 1 h. Ajouter de l'eau afin que le volume de la soupe ne diminue pas. • Sortir le poulet et filtrer le bouillon en gardant les légumes pour un prochain repas. • Réserver.

Soupe : dans une grande marmite, faire chauffer l'huile végétale à feu moyen, ajouter les carottes, le céleri, l'oignon, le poireau et l'ail, et faire revenir 5 min. • Verser le bouillon filtré et porter à ébullition. Laisser mijoter 10 min. • Enlever la peau du poulet et récupérer la chair. Couper en dés et mettre dans la soupe. • Ajouter les nouilles et le gingembre, et laisser mijoter 4-5 min jusqu'à ce que les nouilles soient cuites. • Assaisonner et garnir avec le persil et la ciboule.

Pour 6-8 personnes
Préparation : 30 min
Cuisson : 1 h 20
Niveau de difficulté : 1

Bouillon de volaille

- 1 poulet entier de 1,5 kg
- 2 carottes, coupées en deux
- 2 branches de céleri, coupées en deux
- 3 oignons, coupés en quatre
- 2 feuilles de laurier
- 2,5 l d'eau

Soupe

- 1 cuil. à soupe d'huile végétale
- 2 carottes, coupées en petits dés
- 1 branche de céleri, finement hachée
- 1 oignon, finement haché
- 1 poireau, émincé
- 2 gousses d'ail, finement hachées
- 250 g de nouilles sèches aux œufs
- 2 cuil. à café de gingembre frais, finement râpé
- 2 ciboules, émincées
- feuilles de persil

Il est possible de remplacer les nouilles sèches aux œufs par des nouilles ramen ou des tagliatelle.

SOUPE AUX NOUILLES UDON ET AU POULET

Dans une grande marmite, porter le bouillon à ébullition, ajouter le poulet et laisser mijoter 12-15 min. • Sortir le poulet de la marmite et couper en petits morceaux. • Porter de nouveau le bouillon à ébullition, ajouter la sauce de soja et le dashi, et poursuivre la cuisson à feu doux en remuant jusqu'à ce que le dashi soit dissous. • Ajouter les nouilles et le brocoli chinois, et laisser mijoter 4 min, jusqu'à ce qu'ils soient tendres. • Incorporer le poulet et porter de nouveau à ébullition. • Servir la soupe dans des bols individuels. • Ajouter les quartiers d'œufs durs et la ciboule. Servir très chaud.

Pour 4 personnes
Préparation : 10 min
Cuisson : 30 min
Niveau de difficulté : 1

- **2 l de bouillon de volaille (*voir* page 498)**
- **2 blancs de poulet**
- **2 cuil. à soupe de sauce de soja foncée**
- **½ cuil. à café de dashi déshydraté ou de pâte miso**
- **250 g de nouilles udon sèches**
- **1 botte de chou kai lan (brocoli chinois), coupé en petits morceaux**
- **3 œufs durs, écalés et coupés en quartiers**
- **2 ciboules, finement émincées**

■ ■ ■ *Le dashi est un bouillon de base employé dans la cuisine japonaise. Il est composé d'algues et de poisson séché bouillis. Le dashi est disponible sous forme de granulés dans les boutiques de produits asiatiques et sur Internet.*

Il est possible de remplacer les nouilles udon sèches par des nouilles hokkien ou des nouilles de blé chinoises.

LAKSA RAPIDE AU POULET ET AUX NOUILLES

Dans une grande quantité d'eau bouillante, cuire les nouilles hokkien jusqu'à ce qu'elles soient tendres. • Égoutter et réserver. • Faire chauffer un wok sur feu vif, ajouter la pâte de laksa et cuire 30 s, jusqu'à ce que son parfum se libère. • Ajouter le lait de coco et le bouillon de volaille, et porter à ébullition. • Poursuivre la cuisson à feu doux, incorporer le poulet et cuire 6 min. • Verser les nouilles et cuire 2 min. • Servir très chaud.

Pour 4 personnes
Préparation : 5 min
Cuisson : 15 min
Niveau de difficulté : 1

- **400 g de nouilles hokkien fraîches**
- **250 ml de pâte de laksa**
- **400 ml de lait de coco**
- **375 ml de bouillon de volaille**
- **250 g de blancs de poulet, émincés**

Il est possible de remplacer les nouilles hokkien par des nouilles de blé chinoises ou des spaghetti.

Nouilles thaïlandaises au poulet et à la noix de coco

Mettre les nouilles dans un grand saladier, recouvrir d'eau bouillante et laisser tremper 5 min jusqu'à ce qu'elles soient tendres. Égoutter, rafraîchir à l'eau froide et égoutter à nouveau. Ajouter 1 cuil. à soupe d'huile d'arachide et mélanger. • Dans une grande marmite, faire chauffer le reste de l'huile d'arachide à feu moyen, ajouter la pâte de curry et faire frire 1 min. • Ajouter le lait de coco, le bouillon, le poulet et la citronnelle, couvrir et laisser mijoter 12-15 min, jusqu'à ce que le poulet soit cuit. • Sortir le poulet et réserver sur une assiette. Hacher grossièrement. • Transférer dans la marmite, ajouter les haricots et les carottes, et laisser mijoter 2 min. Incorporer les nouilles, le sucre, le zeste et le jus de citron vert et 2 cuil. à soupe de feuilles de basilic, et mélanger jusqu'à ce que tous les ingrédients soient chauds. • Saler et poivrer. Verser la soupe dans des bols. Garnir avec des quartiers de citron vert et le reste des feuilles de basilic. Servir très chaud.

Pour 4 personnes
Préparation : 15 min
Cuisson : 20 min
Niveau de difficulté : 1

- **400 g de nouilles sèches aux œufs**
- **2 cuil. à soupe d'huile d'arachide**
- **2 cuil. à soupe de pâte de curry thaïlandaise rouge**
- **400 ml de lait de coco**
- **750 ml de bouillon de volaille très chaud**
- **2 blancs de poulet**
- **1 tige de citronnelle, froissée**
- **150 g de haricots verts, coupés en deux**
- **2 carottes, coupées en fines lamelles**
- **1 cuil. à café de sucre brun**
- **zeste finement râpé et jus de 1 citron vert, plus des quartiers, pour décorer**
- **3 cuil. à soupe de feuilles de basilic**
- **sel et poivre noir du moulin**

Il est possible de remplacer les nouilles sèches aux œufs par des nouilles hokkien ou des tagliatelle.

NOUILLES AU POULET TOM YUM

Pour 6 personnes
Préparation : 10 min
Cuisson : 15 min
Niveau de difficulté : 1

- **500 g de nouilles hokkien fraîches**
- **3 cuil. à soupe de pâte tom yum**
- **750 ml de bouillon de volaille (*voir* page 498)**
- **1 cuil. à soupe de jus de citron vert, fraîchement pressé**
- **350 g de blancs de poulet, émincés**

Dans une grande quantité d'eau bouillante, cuire les nouilles hokkien jusqu'à ce qu'elles soient tendres. • Égoutter et réserver. • Dans un wok mis à chauffer sur feu vif, mettre la pâte tom yum et cuire 30 s, jusqu'à ce qu'elle libère son parfum. • Verser le bouillon de volaille et le jus de citron vert. Porter à ébullition. • Poursuivre la cuisson à feu doux, incorporer le poulet et cuire 4 min. • Ajouter les nouilles et cuire encore 2 min. • Servir très chaud.

■ ■ ■ *La pâte tom yum est à base de citronnelle, de feuille de combava, de galanga, d'échalotes, de jus de citron vert, de sauce de poisson, de tamarin et de piment sautés et écrasés.*

Il est possible de remplacer les nouilles hokkien par des spaghetti.

LAKSA AU LAIT DE COCO, NOUILLES ET POULET

Pour 4 personnes
Préparation : 10 min
Cuisson : 35 min
Niveau de difficulté : 1

- **250 g de nouilles de riz plates moyennes**
- **1 aubergine, coupée en deux, puis en tranches de 5 mm d'épaisseur**
- **2 cuil. à soupe d'huile végétale**
- **2 cuil. à soupe de pâte de curry thaïlandaise rouge**
- **400 ml de lait de coco à teneur réduite en matières grasses**
- **750 ml de bouillon de volaille très chaud (*voir* page 498)**
- **4 petits blancs de poulet, sans peau**
- **1 tige de citronnelle, froissée**
- **150 g de petits pois**
- **1 cuil. à café de sucre brun**
- **zeste finement râpé et jus de 1 citron vert, plus quelques quartiers pour accompagner**
- **3 cuil. à soupe de feuilles de coriandre**
- **sel et poivre noir du moulin**

Disposer les nouilles dans un saladier, couvrir d'eau bouillante et laisser tremper environ 5 min, jusqu'à ce qu'elles soient tendres. Égoutter, rafraîchir à l'eau froide et égoutter à nouveau. • Préchauffer le gril du four. • Sur une plaque, placer l'aubergine, badigeonner d'huile végétale, saler et faire griller 4-5 min de chaque côté, jusqu'à ce qu'elle soit tendre. Égoutter sur du papier absorbant et réserver. • Dans un grand wok mis à chauffer sur feu moyen, mettre la pâte de curry et cuire 1 min. Verser le lait de coco et le bouillon, et porter à ébullition. • Ajouter le poulet et la citronnelle, couvrir et laisser mijoter 12-15 min jusqu'à ce que le poulet soit cuit. Sortir le poulet à l'aide d'une écumoire et transférer sur une assiette. Hacher grossièrement. • Remettre dans le wok avec les petits pois et l'aubergine réservée. Laisser mijoter 2 min, puis ajouter les nouilles, le sucre, le zeste et le jus de citron vert, ainsi que 2 cuil. à soupe de feuilles de coriandre. Remuer pour réchauffer le tout. • Saler et poivrer. Répartir le laksa dans des bols. Ajouter les quartiers de citron vert, le reste de coriandre et servir très chaud.

Il est possible de remplacer les nouilles de riz plates moyennes par des vermicelles de riz secs.

Soupe de nouilles udon et de canard laqué

Détacher la chair du canard et déchiqueter grossièrement. • Dans une grande casserole, verser le bouillon, ajouter la badiane et porter à ébullition à feu moyen. • Ajouter les nouilles udon et laisser mijoter 4 min. • Incorporer le canard laqué et laisser mijoter 3 min. • Ajouter les pousses de pois mange-tout. • Servir très chaud.

Pour 4 personnes
Préparation : 10 min
Cuisson : 10 min
Niveau de difficulté : 1

- **1 canard laqué cuit**
- **1,25 l de bouillon de volaille (*voir* page 498)**
- **1 étoile de badiane**
- **400 g de nouilles udon**
- **250 g de pousses de haricots mange-tout**

■ ■ ■ *Le canard laqué est disponible dans les supermarchés chinois. Les pousses de pois mange-tout sont en vente dans les boutiques de produits biologiques et les supermarchés chinois.*

Il est possible de remplacer les nouilles udon par des nouilles ramen ou hokkien.

Soupe vietnamienne aux nouilles

Pour 4 personnes
Préparation : 30 min + 12 h de réfrigération
Cuisson : 3 h 10
Niveau de difficulté : 1

- **1 côte ou 1 jarret de bœuf d'environ 1 kg**
- **1 gros oignon, non épluché et coupé en deux**
- **3 gousses d'ail, non épluchées**
- **60 g de gingembre frais, non épluché et coupé en deux**
- **2,5 l d'eau**
- **1 bâton de cannelle, coupé en deux**
- **2 clous de girofle**
- **1 tige de citronnelle, froissée**
- **4 cuil. à soupe de sauce de poisson, plus un supplément pour accompagner**
- **1 cuil. à café de sel**
- **1 cuil. à café de sucre**
- **250 g de nouilles de riz plates**
- **2 choux pak choi, grossièrement hachés**
- **2 steaks de porc épais**
- **4 ciboules, émincées**
- **100 g de haricots germés**
- **2 petits piments rouges, émincés**
- **2 citrons verts, coupés en deux**
- **1 petit bouquet de basilic thaïlandais ou d'estragon**
- **1 petit bouquet de coriandre**

Préchauffer le four à 200 °C (th. 6-7). • Sur une plaque, disposer le bœuf, l'oignon, l'ail et le gingembre et cuire 1 h. • Transférer dans une grande marmite, ajouter l'eau, la cannelle, les clous de girofle et la citronnelle. Porter à ébullition et laisser mijoter 2 h. • Filtrer la soupe à travers un tamis fin au-dessus d'un saladier. Il doit rester environ 1 l de bouillon. Garder la viande pour un autre repas. • Assaisonner avec la sauce de poisson, le sel et le sucre. Laisser refroidir jusqu'au lendemain, puis écumer la graisse éventuellement remontée à la surface. • Cuire les nouilles environ 2 min dans une grande quantité d'eau bouillante, jusqu'à ce qu'elles soient tendres. Égoutter, passer sous l'eau froide, puis répartir dans 4 bols. • Dans un grand wok ou une grande sauteuse, verser le bouillon et faire chauffer jusqu'à ce qu'il soit frémissant. Ajouter le pak choi. • Émincer finement les steaks de porc, incorporer au contenu du wok et cuire jusqu'à ce qu'ils soient très tendres. Retirer du feu. • Répartir la soupe entre les bols de nouilles, puis garnir de ciboule. • Disposer sur la table avec les haricots germés, les piments, les citrons verts et les herbes, ainsi qu'un supplément de sauce de poisson, pour que les invités puissent se servir à volonté.

■ ■ ■ *Cette soupe vietnamienne traditionnelle est appelée pho bo tai dans son pays d'origine.*

Il est possible de remplacer les nouilles de riz plates par des linguine.

NOUILLES ET POIVRONS SAUTÉS

Cuire les nouilles 5-10 min dans une grande quantité d'eau bouillante, jusqu'à ce qu'elles soient tendres, ou se reporter aux instructions du paquet pour la durée exacte de la cuisson. • Égoutter et réserver. • Faire chauffer un wok à feu vif. • Lorsqu'il est très chaud, ajouter l'huile de sésame, puis les poivrons et les aubergines, et faire revenir 3 min. • Incorporer la sauce aux huîtres et les nouilles. Poursuivre la cuisson 2 min. • Remuer et servir très chaud.

Pour 4 personnes
Préparation : 10 min
Cuisson : 10-15 min
Niveau de difficulté : 1

- **400 g de nouilles aux œufs, fraîches ou sèches**
- **3 cuil. à soupe d'huile de sésame asiatique**
- **2 poivrons rouges, épépinés et coupés en fines lanières**
- **4 petites aubergines, finement émincées**
- **180 ml de sauce aux huîtres**

Il est possible de remplacer les nouilles aux œufs par des tagliatelle.

NOUILLES AU GINGEMBRE ET AUX LÉGUMES

Cuire les nouilles 5-10 min dans une grande quantité d'eau bouillante ou se reporter aux instructions du paquet pour la durée exacte de la cuisson. • Égoutter et réserver. • Faire chauffer un wok à feu vif. Lorsqu'il est très chaud, ajouter les carottes, les courgettes, la sauce aux huîtres et le gingembre, et cuire le tout 2 min. • Incorporer les nouilles et poursuivre la cuisson 2 min. • Bien remuer et servir très chaud.

Pour 4-6 personnes
Préparation : 10 min
Cuisson : 10-15 min
Niveau de difficulté : 1

- **600 g de nouilles aux œufs, fraîches ou sèches**
- **2 carottes moyennes, coupées en fines lanières dans le sens de la longueur**
- **2 courgettes moyennes, coupées en fines lanières dans le sens de la longueur**
- **125 ml de sauce aux huîtres**
- **1 cuil. à soupe de gingembre, fraîchement râpé**

Il est possible de remplacer les nouilles aux œufs par des tagliatelle.

Nouilles soba aux pois mange-tout et aux jeunes épis de maïs

Pour 4-6 personnes
Préparation : 5 min
Cuisson : 10 min
Niveau de difficulté : 1

- **600 g de nouilles soba**
- **12 jeunes épis de maïs frais ou en boîte, coupés en deux dans le sens de la longueur**
- **24 pois mange-tout, épluchés**
- **3 cuil. à soupe d'huile de sésame asiatique**
- **3 cuil. à soupe de jus de citron, fraîchement pressé**

Cuire les nouilles 5-7 min dans une grande quantité d'eau bouillante, jusqu'à ce qu'elles soient tendres. • Blanchir les épis de maïs frais 2 min dans de l'eau bouillante. • Ajouter les pois mange-tout et faire bouillir 1 min. • Égoutter et rincer les légumes à l'eau très froide pour stopper la cuisson. • Égoutter les nouilles et transférer dans un grand saladier. • Ajouter l'huile de sésame et le jus de citron et remuer. • Incorporer les jeunes épis de maïs et les pois mange-tout. • Mélanger et servir très chaud.

Il est possible de remplacer les nouilles soba par des spaghetti complets.

Nouilles aux noix de cajou et aux champignons

Cuire les nouilles selon les instructions du paquet. • Égoutter et réserver. • Dans un saladier, mélanger les champignons et 2 cuil. à soupe de kecap manis. Bien mélanger. • Faire chauffer un wok à feu vif. • Lorsqu'il est très chaud, mettre les noix de cajou et faire griller 2 min jusqu'à ce qu'elles soient dorées. Retirer du wok et réserver. • Verser l'huile d'arachide, ajouter l'oignon et faire revenir 3 min jusqu'à ce qu'il soit tendre. • Ajouter les champignons et faire sauter 3 min jusqu'à ce qu'ils soient tendres. • Incorporer les nouilles et le reste du kecap manis. • Faire revenir le tout 2 min. • Ajouter le soja germé et les noix de cajou. Bien mélanger et servir très chaud.

Pour 4 personnes
Préparation : 15 min
Cuisson : 10-15 min
Niveau de difficulté : 1

- **250 g de nouilles de riz**
- **500 g de champignons variés, grossièrement émincés**
- **60 ml de kecap manis**
- **80 g de noix de cajou, grossièrement hachées**
- **2 cuil. à soupe d'huile d'arachide**
- **1 oignon rouge, grossièrement haché**
- **125 g de soja germé frais**

■ ■ ■ *Le kecap manis est une sauce indonésienne de soja sucrée et épaisse. Elle est disponible dans les supermarchés et les boutiques de produits asiatiques.*

Il est possible de remplacer les nouilles de riz par des spaghettini.

Pad thaï aux champignons et au tofu

Pour 4-6 personnes
Préparation : 15 min
Cuisson : 15-20 min
Niveau de difficulté : 1

- **350 g de nouilles de riz plates**
- **3 cuil. à soupe de pâte de tamarin**
- **1 cuil. à soupe d'eau bouillante**
- **3 cuil. à soupe de sauce de soja claire**
- **3 cuil. à soupe de sucre de palme**
- **4 cuil. à soupe d'huile d'arachide**
- **500 g de tofu ferme, coupé en fines lamelles**
- **3 gousses d'ail, finement hachées**
- **2 échalotes, finement hachées**
- **350 g de pleurotes en forme d'huître ou de champignons blancs, émincés**
- **2 piments rouges, épépinés et finement hachés**
- **2 gros œufs, battus**
- **4 ciboules, finement émincées**
- **1 carotte, finement émincée**
- **1 poignée de ciboulette, ciselée**
- **2 citrons verts, coupés en quartiers**
- **feuilles de coriandre, grossièrement hachées**

Disposer les nouilles dans un saladier, couvrir d'eau bouillante et laisser tremper 5-10 min jusqu'à ce qu'elles soient tendres. Se reporter aux instructions du paquet pour la durée exacte de trempage. • Égoutter et réserver. • Dans un bol, mélanger la pâte de tamarin et l'eau, ajouter la sauce de soja et le sucre de palme. Remuer et réserver. • Dans un wok ou une grande sauteuse, faire chauffer 2 cuil. à soupe d'huile d'arachide, ajouter le tofu et cuire 3-4 min par petites quantités jusqu'à ce qu'il soit doré et presque croustillant. Retirer du wok et réserver. • Verser l'huile d'arachide restante, ajouter l'ail et les échalotes et faire sauter 30 s. • Ajouter les champignons et les piments, et faire revenir 2-3 min jusqu'à ce qu'ils commencent à devenir tendres. • Incorporer les nouilles et faire sauter 2 min, puis pousser sur le côté. • Casser les œufs, laisser coaguler, puis mélanger aux nouilles. • Ajouter la pâte aigre-douce réservée et bien remuer le tout. • Ajouter les ciboules, la carotte et le tofu et faire sauter quelques minutes de plus. • Répartir le pad thaï dans 6 bols, saupoudrer de ciboulette et de coriandre et servir très chaud avec les quartiers de citron vert.

Il est possible de remplacer les nouilles de riz plates par des tagliatelle ou des pappardelle.

NOUILLES AUX CHAMPIGNONS ET AUX ŒUFS

Disposer les nouilles dans un saladier, couvrir d'eau bouillante et laisser tremper 5-10 min jusqu'à ce qu'elles soient tendres. Se reporter aux instructions du paquet pour la durée exacte de trempage. • Égoutter et réserver. • Dans un grand saladier, battre les œufs et 2 cuil. à soupe de sauce de soja. • Dans une grande poêle, faire chauffer 1 cuil. à soupe d'huile de sésame, verser les œufs battus. Dès qu'ils commencent à prendre, soulever à l'aide d'une spatule en bois, tout en inclinant la poêle en tous sens pour répartir les œufs encore liquides, et cuire jusqu'à ce que le dessous de l'omelette soit légèrement bruni et le dessus pris. • Retirer du feu et couper en lanières. Réserver. • Dans une autre grande poêle, faire chauffer l'huile restante, ajouter les champignons et faire revenir 3 min à feu moyen. • Incorporer les nouilles, le reste de sauce de soja et les lanières d'omelette. • Bien mélanger et servir très chaud.

Pour 4 personnes
Préparation : 10-15 min
Cuisson : 10 min
Niveau de difficulté : 1

- **250 g de nouilles de riz plates**
- **6 gros œufs**
- **90 ml de sauce de soja**
- **3 cuil. à soupe d'huile de sésame asiatique**
- **500 g de champignons shiitake, pieds coupés et chapeaux finement émincés**

Il est possible de remplacer les nouilles de riz plates par des nouilles aux œufs ou des tagliatelle.

Sauté du Sichuan au tofu

Pour 4-6 personnes
Préparation : 15-20 min
Cuisson : 10-12 min
Niveau de difficulté : 1

- 500 g de nouilles ramen
- 3 cuil. à soupe d'huile végétale
- 3 échalotes, finement émincées
- 2 piments rouges, finement émincés
- 1 morceau de gingembre frais, finement haché
- 3 gousses d'ail, finement émincées
- 1 cuil. à café de grains de poivre du Sichuan, écrasés
- 250 g de tofu, coupé en tranches
- 250 g de pois mange-tout, coupés en deux
- 150 g de jeunes épis de maïs, coupés en deux dans le sens de la longueur
- 250 g de brocolis chinois, finement émincés
- 100 g de haricots germés
- 2 cuil. à soupe de sauce de soja claire
- 2 cuil. à soupe d'alcool de riz chinois
- 2 cuil. à soupe d'huile de sésame asiatique
- sel

Préparer les nouilles selon les instructions du paquet. Réserver. • Dans un wok ou une grande sauteuse, faire chauffer 2 cuil. à soupe d'huile végétale, ajouter les échalotes, les piments, le gingembre, l'ail, le poivre du Sichuan et une pincée de sel, et faire dorer le tout 1 min. Ajouter le tofu, faire revenir 2 min, puis retirer de la poêle et transférer sur une assiette. • Faire chauffer l'huile végétale restante, ajouter les pois mange-tout, le maïs, les brocolis et les haricots germés, et faire revenir 3-5 min jusqu'à ce qu'ils commencent à réduire. Verser la sauce de soja et l'alcool de riz. • Incorporer le tofu et les nouilles et bien mélanger le tout, jusqu'à ce que les nouilles soient chaudes. • Arroser d'un filet d'huile de sésame et servir très chaud.

Il est possible de remplacer les nouilles ramen par des nouilles hokkien, des nouilles aux œufs ou des tagliatelle.

NOUILLES SOBA AU SÉSAME NOIR

Cuire les nouilles soba 5-7 min dans une grande quantité d'eau bouillante, jusqu'à ce qu'elles soient tendres. • Égoutter et rafraîchir sous l'eau froide. • Disposer dans un grand saladier et réserver. • Dans un bol, mélanger le vinaigre de riz et la sauce de soja. Verser sur les nouilles. • Ajouter la coriandre et les graines de sésame. • Bien remuer et servir à température ambiante.

Pour 4-6 personnes
Préparation : 10 min
Cuisson : 5-7 min
Niveau de difficulté : 1

- **600 g de nouilles soba**
- **90 ml de vinaigre de riz**
- **90 ml de sauce de soja**
- **50 g de feuilles de coriandre**
- **3 cuil. à soupe de graines de sésame noires**

■ ■ ■ *Les graines de sésame noires sont appréciées pour leur saveur naturelle. À défaut, elles peuvent être remplacées par des graines de sésame blanches. Les deux types sont riches en protéines et en nutriments.*

Il est possible de remplacer les nouilles soba par des spaghetti complets.

NOUILLES SAUTÉES AUX AUBERGINES

Préparer les nouilles selon les instructions du paquet. Réserver. • Dans un grand wok ou une sauteuse, faire chauffer 2 cuil. à soupe d'huile d'arachide à feu moyen, ajouter l'oignon, l'ail et le piment et faire sauter environ 5 min, jusqu'à ce que l'oignon soit tendre. Retirer les légumes du wok et réserver. • Porter la température de cuisson à feu vif et verser 2 cuil. à soupe d'huile d'arachide. Ajouter les aubergines et faire sauter 3-4 min par petites quantités, jusqu'à ce qu'elles soient bien dorées. Retirer du wok et réserver. • Verser l'huile d'arachide restante, ajouter le sucre brun et laisser mijoter environ 3 min, jusqu'à ce que le sucre soit caramélisé. • Ajouter la sauce de soja, la sauce aux huîtres, l'huile de sésame et la sauce de poisson, et remuer jusqu'à ce que tous les ingrédients soient bien chauds. • Ajouter les nouilles, les légumes réservés et les aubergines, et bien mélanger. Ajouter les ciboules et servir très chaud.

Pour 4 personnes
Préparation : 15 min
Cuisson : 15-20 min
Niveau de difficulté : 1

- **350 g de nouilles ramen**
- **6 cuil. à soupe d'huile d'arachide**
- **1 oignon rouge, finement haché**
- **1 gousse d'ail, écrasée**
- **1 piment rouge, épépiné et finement émincé**
- **8 petites aubergines, non épluchées, finement émincées en diagonale**
- **2 cuil. à soupe de sucre brun foncé**
- **2 cuil. à soupe de sauce de soja claire**
- **2 cuil. à soupe de sauce aux huîtres**
- **1 cuil. à café d'huile de sésame asiatique**
- **1 cuil. à soupe de sauce de poisson thaïlandaise**
- **2 ciboules, parties blanches et vertes tendres uniquement, épluchées et hachées**

Il est possible de remplacer les nouilles ramen par des nouilles hokkien ou des tagliatelle.

Other Whipped
Use Hydrogenated Oil
Reddi wip
15 Calories
Calories 15
Total Fat 1g

Nouilles de riz aux crevettes et à la coriandre

Disposer les nouilles dans un saladier, couvrir d'eau bouillante et laisser tremper 5-10 min jusqu'à ce qu'elles soient tendres. • Égoutter et réserver. • Faire chauffer un wok à feu vif. Lorsqu'il est très chaud, verser l'huile de sésame, ajouter les crevettes et cuire 3-4 min en les retournant fréquemment, jusqu'à ce qu'elles soient roses et cuites à l'intérieur. • Incorporer le jus de citron vert et les nouilles, et bien remuer. • Retirer du feu, ajouter la coriandre et mélanger. • Servir très chaud avec un quartier de citron vert.

Pour 4 personnes
Préparation : 10-15 min
Cuisson : 5 min
Niveau de difficulté : 1

- **400 g de nouilles de riz sèches**
- **90 ml d'huile de sésame asiatique**
- **20 grosses crevettes crues, décortiquées et déveinées**
- **90 ml de jus de citron vert, fraîchement pressé**
- **25 g de feuilles de coriandre**
- **1 citron vert, coupé en quartiers**

Il est possible de remplacer les nouilles de riz sèches par des nouilles cellophane ou des capelli d'angelo.

SAUTÉ DE CREVETTES

Pour 4 personnes
Préparation : 15 min
Cuisson : 10 min
Niveau de difficulté : 1

- 350 g de nouilles ramen
- 3 cuil. à soupe d'huile d'arachide
- 500 g de crevettes crues, décortiquées et déveinées
- ½ cuil. à café de curcuma en poudre
- 2 gousses d'ail, finement hachées
- 1 piment rouge, épépiné et finement haché
- 8 tomates cerises, coupées en deux
- 125 g de pois mange-tout
- 1 petit poivron rouge, épépiné et finement émincé
- 1 poivron vert, épépiné et finement émincé
- 50 g de haricots germés
- 60 g de châtaignes d'eau en conserve, coupées en quartiers
- 60 ml de sauce de soja foncée
- 1 cuil. à soupe de sauce aux huîtres
- 4 ciboules, émincées
- feuilles de coriandre
- sel

Préparer les nouilles selon les instructions du paquet. Réserver. • Dans un wok ou une grande poêle, faire chauffer l'huile d'arachide à feu vif, ajouter les crevettes et faire sauter 3 min. • Ajouter le curcuma, l'ail et le piment, saler, et faire sauter jusqu'à ce que les crevettes commencent à rosir. Incorporer les tomates, les pois mange-tout et les poivrons, et faire sauter 2 min. • Ajouter les haricots germés, les châtaignes d'eau, la sauce de soja et la sauce aux huîtres. Faire sauter le tout 2 min. • Verser les nouilles bien égouttées et remuer. • Ajouter les ciboules, bien mélanger, décorer avec les feuilles de coriandre et servir très chaud.

Il est possible de remplacer les nouilles ramen par des nouilles hokkien ou des nouilles de riz plates.

SALADE DE CREVETTES AU PIMENT ET AU CITRON VERT

Préparer les vermicelles selon les instructions du paquet. • Égoutter et rincer sous l'eau froide. • Disposer dans un grand saladier. • Ajouter les crevettes, la coriandre, la menthe, le piment et les ciboules. • Dans un petit saladier, mélanger le jus de citron vert, la sauce au piment doux, le sucre et l'huile d'arachide. • Verser sur la salade de vermicelles. • Remuer délicatement et servir.

Pour 4 personnes
Préparation : 20 min
Niveau de difficulté : 1

- **250 g de vermicelles de riz secs**
- **1 kg de crevettes cuites, décortiquées et déveinées**
- **60 g de feuilles de coriandre**
- **50 g de feuilles de menthe**
- **1 piment rouge, épépiné et finement émincé**
- **3 ciboules, finement émincées**
- **60 ml de jus de citron vert, fraîchement pressé**
- **90 ml de sauce thaïlandaise au piment doux**
- **2 cuil. à café de sucre en poudre**
- **2 cuil. à soupe d'huile d'arachide**

Il est possible de remplacer les vermicelles de riz par des nouilles cellophane, des capelli d'angelo ou des spaghettini.

NOUILLES DE RIZ AU CRABE À LA THAÏLANDAISE

Disposer les nouilles dans un saladier, couvrir d'eau bouillante et laisser tremper 5-10 min, jusqu'à ce qu'elles soient tendres. • Égoutter et transvaser dans un grand saladier. • Incorporer les ciboules, les carottes et les haricots germés. • Mélanger la sauce au piment doux et le jus de citron vert. Verser dans le saladier contenant les nouilles et les légumes, ajouter la chair de crabe et la menthe hachée et mélanger. • Répartir dans 4 bols ou assiettes et servir.

Pour 4-6 personnes
Préparation : 15 min
Cuisson : 10 min
Niveau de difficulté : 1

- **500 g de nouilles de riz plates**
- **8 ciboules, finement émincées**
- **2 carottes, coupées en julienne**
- **100 g de haricots germés**
- **5 cuil. à soupe de sauce au piment doux thaïlandaise**
- **jus fraîchement pressé de 1 citron vert**
- **180 g de chair de crabe blanc en boîte, égouttée**
- **1 poignée de menthe hachée**

Il est possible de remplacer les nouilles de riz plates par des nouilles ramen ou des nouilles sèches aux œufs.

Nouilles de riz au calamar, aux tomates et au basilic

Mettre les nouilles dans un saladier, couvrir d'eau bouillante et laisser tremper 5-10 min, jusqu'à ce qu'elles soient tendres. • Égoutter et réserver. • Couper le calamar en morceaux de la taille d'une bouchée. Poser les morceaux à plat, peau vers le bas, et inciser la chair en croisillons à l'aide d'un couteau bien aiguisé. • Faire chauffer un wok à feu vif. Lorsqu'il est très chaud, verser l'huile de sésame, ajouter le calamar et faire sauter 2 min jusqu'à ce qu'il commence à se colorer et à se recourber légèrement. • Ajouter les tomates cerises et cuire 1 min. • Incorporer les nouilles et le basilic. Saler et poivrer. • Bien remuer et servir très chaud.

Pour 4 personnes
Préparation : 15 min
Cuisson : 3 min
Niveau de difficulté : 1

- **500 g de nouilles de riz plates**
- **350 g de calamar, nettoyé**
- **3 cuil. à soupe d'huile de sésame asiatique**
- **24 tomates cerises, coupées en quatre**
- **4 cuil. à soupe de feuilles de basilic**
- **sel et poivre noir du moulin**

Il est possible de remplacer les nouilles de riz plates par des nouilles ramen, des tagliatelle, des spaghetti ou des linguine.

THON MARINÉ GRILLÉ AUX NOUILLES DE RIZ

Disposer les steaks de thon dans un saladier. Dans un grand bol, mélanger au fouet la sauce de soja foncée, le gingembre et l'ail. Verser sur le thon, remuer délicatement et laisser reposer 20 min. • Dans un petit saladier, mélanger au fouet les piments, la sauce de soja claire, les tiges de coriandre hachées et le jus de citron vert. Réserver. • Mettre les nouilles dans un saladier, couvrir d'eau bouillante et laisser reposer jusqu'à ce qu'elles soient tendres. Égoutter, rincer à l'eau froide et égoutter à nouveau. • Transvaser dans un saladier, ajouter les feuilles de coriandre et de menthe hachées et mélanger. • Faire chauffer un gril à feu vif. • Égoutter le thon et faire griller 2 min de chaque côté. Couper en tranches. • Répartir les nouilles dans 4 assiettes, recouvrir avec les tranches de thon, verser l'assaisonnement réservé et servir.

Pour 4-6 personnes
Préparation : 15 min
+ 20 min de repos
Cuisson : 10 min
Niveau de difficulté : 1

- **4 steaks de thon, d'environ 2,5 cm d'épaisseur**
- **60 ml de sauce de soja foncée**
- **1 cuil. à café de gingembre frais, finement râpé**
- **2 gousses d'ail, finement hachées**
- **2 piments rouges, épépinés et finement hachés**
- **2 cuil. à soupe de sauce de soja claire**
- **50 g de coriandre, tiges finement hachées, feuilles hachées**
- **jus de 2 citrons verts, fraîchement pressé**
- **250 g de nouilles de riz plates**
- **1 bouquet de menthe, feuilles hachées**

Il est possible de remplacer les nouilles de riz plates par des nouilles aux œufs fraîches ou sèches, des nouilles ramen ou des tagliatelle.

Nouilles épicées aux noix de Saint-Jacques et aux pois mange-tout

Préparer les nouilles selon les instructions du paquet. • Égoutter et réserver. • Faire chauffer un wok à feu vif. Lorsqu'il est très chaud, verser l'huile d'arachide. • Ajouter les piments, l'ail, la citronnelle, les ciboules, les pois mange-tout et les asperges, et faire sauter 2 min. • Incorporer les noix de Saint-Jacques et le bouillon. • Couvrir et laisser mijoter 2 min jusqu'à ce que les noix de Saint-Jacques soient cuites. • Ajouter les nouilles et le basilic, et faire revenir tous les ingrédients 2 min à feu moyen à vif. Servir très chaud.

Pour 4 personnes
Préparation : 15 min
Cuisson : 10 min
Niveau de difficulté : 1

- **500 g de nouilles aux œufs, fraîches ou sèches**
- **1 cuil. à soupe d'huile d'arachide**
- **2 petits piments rouges frais, épépinés et finement hachés**
- **2 gousses d'ail, finement hachées**
- **1 tige de citronnelle, épluchée et finement émincée**
- **3 ciboules, finement émincées**
- **150 g de pois mange-tout**
- **1 botte d'asperges, coupées en petits morceaux**
- **20 grosses noix de Saint-Jacques**
- **90 ml de bouillon de poisson**
- **60 g de feuilles de basilic thaïlandais ou classique**

Il est possible de remplacer les nouilles aux œufs par des nouilles ramen ou des tagliatelle.

NOUILLES SAUTÉES AU POULET ET AUX LÉGUMES

Préparer les nouilles selon les instructions du paquet. • Égoutter et réserver. • Dans un petit saladier, mélanger au fouet la sauce de soja, la sauce aux huîtres et la sauce au piment. Réserver. • Faire chauffer un grand wok ou une grande poêle à feu vif. Lorsque l'ustensile est très chaud, verser l'huile d'arachide, ajouter le poulet et faire sauter 7-8 min jusqu'à ce qu'il soit doré et cuit à cœur. • Ajouter les ciboules, le gingembre, les haricots germés, la carotte, les jeunes épis de maïs et les pois mange-tout, et faire sauter le tout 1 min. • Incorporer les nouilles et la sauce réservée. Faire revenir 1-2 min jusqu'à ce que tous les ingrédients soient bien mélangés et bien chauds. • Servir immédiatement.

Pour 4 personnes
Préparation : 15 min
Cuisson : 10-12 min
Niveau de difficulté : 1

- **400 g de nouilles aux œufs sèches moyennes**
- **2 cuil. à soupe de sauce de soja claire**
- **2 cuil. à soupe de sauce aux huîtres**
- **2 cuil. à soupe de sauce thaïlandaise au piment doux**
- **1 cuil. à soupe d'huile d'arachide**
- **2 blancs de poulet sans leur peau, coupés en fines lanières**
- **4 ciboules, émincées**
- **2 cuil. à café de gingembre, fraîchement râpé**
- **200 g de haricots germés**
- **1 grosse carotte, coupée en julienne**
- **125 g de jeunes épis de maïs, coupés en deux dans le sens de la longueur**
- **150 g de pois mange-tout, finement émincés dans le sens de la longueur**

Il est possible de remplacer les nouilles aux œufs sèches par des nouilles ramen ou des tagliatelle.

NOUILLES AU POULET ÉPICÉ ET AU CITRON

Pour 4 personnes
Préparation : 10 min
Cuisson : 15 min
Niveau de difficulté : 1

- **350 g de nouilles aux œufs fines**
- **2 blancs de poulet sans leur peau, coupés en fines lanières**
- **2 cuil. à café de Maïzena**
- **2 cuil. à soupe d'huile de sésame asiatique**
- **8 ciboules, émincées, plus quelques-unes pour décorer**
- **150 g de pois mange-tout, émincés**
- **2 poivrons rouges, émincés**
- **4 cuil. à soupe de sauce de soja foncée**
- **jus de 2 citrons, fraîchement pressé**
- **1 cuil. à soupe de miel**
- **2 cuil. à soupe de sauce thaïlandaise au piment doux**
- **sel et poivre noir du moulin**

Préparer les nouilles selon les instructions du paquet. • Égoutter et réserver. • Passer le poulet dans la Maïzena. Saler et poivrer généreusement. • Faire chauffer un grand wok ou une grande poêle à feu vif. Lorsque l'ustensile est très chaud, verser l'huile de sésame, ajouter le poulet et faire revenir 7-8 min jusqu'à ce qu'il soit doré et cuit à cœur. Sortir du wok ou de la poêle et réserver. • Mettre les ciboules, les pois mange-tout, les poivrons et la sauce de soja, et faire sauter 2-3 min. • Remettre le poulet dans le wok, ajouter le citron, le miel et la sauce au piment et poursuivre la cuisson 1-2 min. • Ajouter les nouilles et remuer jusqu'à ce qu'elles soient bien chaudes. • Décorer avec le reste des ciboules et servir très chaud.

Il est possible de remplacer les nouilles aux œufs par des nouilles ramen ou des spaghettini.

POULET AUX VERMICELLES DE RIZ ET À LA SAUCE HOISIN

Dans un saladier, disposer le poulet, ajouter 125 ml de sauce hoisin et laisser mariner 1 h. • Mettre les vermicelles dans un saladier, couvrir d'eau bouillante et laisser tremper 5-10 min, jusqu'à ce qu'ils soient tendres. • Égoutter et réserver. • Cuire les pois mange-tout 1 min dans l'eau bouillante. • Égoutter et rincer à l'eau très froide pour stopper la cuisson. • Faire chauffer un gril à feu moyen à vif et faire griller le poulet 3-4 min de chaque côté, jusqu'à ce qu'il soit cuit à l'intérieur. • Émincer finement et réserver. • Dans un grand saladier, mélanger les vermicelles, les pois mange-tout, les cacahuètes et 60 ml de sauce hoisin. • Incorporer le poulet et servir très chaud.

Pour 4 personnes
Préparation : 15 min + 1 h de marinade
Cuisson : 4-5 min
Niveau de difficulté : 1

- **2 blancs de poulet sans leur peau, coupés en tranches**
- **185 ml de sauce hoisin**
- **400 g de vermicelles de riz secs**
- **250 g de pois mange-tout, épluchés**
- **80 g de cacahuètes grillées salées**

Il est possible de remplacer les vermicelles de riz par des nouilles cellophane ou des spaghettini.

Poulet sauté aux nouilles et à la sauce aux prunes

Préparer les nouilles selon les instructions du paquet. • Égoutter et réserver. • Faire chauffer un grand wok ou une grande poêle à feu vif. Lorsque l'ustensile est très chaud, verser l'huile d'arachide, ajouter le poulet et faire revenir 7-8 min jusqu'à ce qu'il soit doré et cuit à l'intérieur. • Ajouter les jeunes épis de maïs et les pak choi, et faire sauter 2 min avec un peu d'eau. Incorporer les nouilles et la sauce aux prunes. • Remuer jusqu'à ce que les nouilles soient chaudes. • Décorer avec le basilic et servir très chaud.

Pour 4 personnes
Préparation : 10 min
Cuisson : 10-12 min
Niveau de difficulté : 1

- **400 g de nouilles aux œufs fraîches**
- **2 cuil. à soupe d'huile d'arachide**
- **2 blancs de poulet sans leur peau, coupés en fines lanières**
- **2 poignées de jeunes épis de maïs**
- **4 choux pak choi, émincés**
- **120 ml de sauce aux prunes**
- **feuilles de basilic, pour décorer**

Il est possible de remplacer les nouilles aux œufs par des nouilles ramen ou des tagliatelle.

POULET SAUTÉ AUX NOUILLES HOKKIEN

Dans un saladier, disposer le poulet et 125 ml de sauce hoisin. Recouvrir de film alimentaire transparent et réserver 1 h au réfrigérateur.
• Cuire les nouilles 5 min dans un grand récipient d'eau salée jusqu'à ce qu'elles soient *al dente*.
• Égoutter et réserver. • Cuire les brocolis 2 min dans de l'eau bouillante. • Égoutter et réserver.
• Faire chauffer un wok à feu vif. Lorsqu'il est très chaud, ajouter le poulet et le reste de sauce hoisin, puis les poivrons et les brocolis et cuire 2 min.
• Incorporer les nouilles et cuire encore 1 min.
• Servir très chaud.

Pour 4 personnes
Préparation : 10 min + 1 h de marinade
Cuisson : 12 min
Niveau de difficulté : 1

- **2 blancs de poulet sans leur peau, coupés en petits morceaux**
- **250 ml de sauce hoisin**
- **400 g de nouilles hokkien fraîches**
- **1 botte de brocolis chinois (kai lan), coupés en petits morceaux**
- **2 poivrons rouges, épépinés et coupés en fines lanières**

Il est possible de remplacer les nouilles hokkien par des nouilles de Singapour.

SALADE DE VERMICELLES AU POULET ET AU SOJA

Dans un saladier, disposer le poulet et la sauce de soja. Recouvrir d'un film alimentaire transparent et réserver 1 h au réfrigérateur. • Faire chauffer un gril à feu moyen à vif, ajouter le poulet et faire griller 5 min de chaque côté jusqu'à ce qu'il soit cuit à cœur. • Réserver au chaud 5 min. • Dans un saladier, mettre les vermicelles, couvrir d'eau bouillante et laisser tremper 5 min. • Égoutter et réserver. • Couper le poulet en lanières et disposer dans un grand saladier. Ajouter les vermicelles, le concombre et la menthe. • Bien remuer et servir à température ambiante.

Pour 4 personnes
Préparation : 10 min + 1 h de marinade
Cuisson : 10 min
Niveau de difficulté : 1

- **2 blancs de poulet sans leur peau**
- **60 ml de sauce de soja foncée**
- **400 g de vermicelles de riz secs**
- **1 concombre, coupé en lanières dans le sens de la longueur**
- **2 cuil. à soupe de feuilles de menthe**

Il est possible de remplacer les vermicelles de riz secs par des nouilles cellophane ou des spaghettini.

SALADE DE NOUILLES SOBA AU CANARD

Cuire les nouilles selon les instructions du paquet. • Égoutter, rincer à l'eau froide et transvaser dans un grand saladier. • Ajouter le canard, les ciboules, le concombre et le mizuna. • Dans un petit saladier, mélanger au fouet le vinaigre de riz, l'huile végétale, la sauce de soja, le gingembre, l'huile de sésame, le sucre et les flocons de piment rouge. • Verser sur la salade de nouilles. • Remuer délicatement et servir.

■ ■ ■ *Cultivé en Chine et au Japon, le mizuna est un légume-feuille qui possède une saveur douce de moutarde. Il est disponible sur les marchés asiatiques. Il peut être remplacé par une quantité équivalente de roquette. Vous trouverez du canard chinois cuit au barbecue chez les traiteurs chinois.*

Pour 4 personnes
Préparation : 10 min
Cuisson : 5 min
Niveau de difficulté : 1

- **250 g de nouilles soba**
- **300 g de canard chinois, cuit au barbecue et coupé en lanières**
- **3 ciboules, épluchées et finement émincées**
- **1 concombre, finement émincé**
- **60 g de mizuna**
- **60 ml de vinaigre de riz**
- **2 cuil. à soupe d'huile végétale**
- **1 cuil. à soupe de sauce de soja foncée**
- **2 cuil. à café de gingembre frais, finement râpé**
- **1 cuil. à soupe d'huile de sésame asiatique**
- **2 cuil. à café de sucre en poudre fin**
- **1 cuil. à café de flocons de piment rouge séchés**

Il est possible de remplacer les nouilles soba par des spaghetti complets ou des linguine.

NOUILLES AU POULET, AUX HARICOTS SERPENTS ET À LA SAUCE AUX PRUNES

Cuire les nouilles 5-10 min dans une grande quantité d'eau bouillante, jusqu'à ce qu'elles soient tendres. • Égoutter et réserver. • Cuire les haricots serpents 2 min dans de l'eau bouillante. • Égoutter et rincer à l'eau très froide pour stopper la cuisson. • Faire chauffer un wok à feu vif. Lorsqu'il est très chaud, verser l'huile de sésame, ajouter le poulet et faire frire 4 min. • Ajouter la sauce aux prunes et les haricots. Poursuivre la cuisson 2 min. • Incorporer les nouilles et cuire encore 2 min. • Bien remuer et servir très chaud.

Pour 4 personnes
Préparation : 10 min
Cuisson : 15-20 min
Niveau de difficulté : 1

- **400 g de nouilles de blé chinoises sèches**
- **200 g de haricots serpents, épluchés et coupés en petits morceaux**
- **3 cuil. à soupe d'huile de sésame asiatique**
- **350 g de blancs de poulet, finement émincés**
- **180 ml de sauce aux prunes**

■ ■ ■ *Également appelés doliques asperges, haricots kilomètre, pois kilomètre ou haricots verts chinois, les haricots serpents ont une saveur délicate et rafraîchissante. À défaut, ils peuvent être remplacés par des haricots verts.*

Il est possible de remplacer les nouilles de blé chinoises par des spaghetti ou des linguine.

Nouilles au poulet épicé et aux cacahuètes

Pour 4 personnes
Préparation : 10 min
Cuisson : 10-12 min
Niveau de difficulté : 1

- **500 g de nouilles hokkien**
- **2 cuil. à soupe d'huile végétale**
- **4 cuil. à soupe de sauce thaïlandaise au piment doux**
- **4 cuil. à soupe de sauce de soja foncée**
- **2 blancs de poulet sans leur peau, coupés en fines lanières**
- **2 carottes, finement émincées**
- **1 petit brocoli, divisé en fleurettes**
- **1 petit chou pommé, finement émincé**
- **80 g de cacahuètes grillées salées, grossièrement hachées**
- **sauce de soja claire**
- **sel et poivre noir du moulin**

Cuire les nouilles dans une grande quantité d'eau bouillante jusqu'à ce qu'elles soient tendres ou se reporter aux instructions du paquet pour la durée de la cuisson. • Égoutter et réserver. • Dans un saladier, mélanger l'huile végétale, la sauce au piment et la sauce de soja foncée, ajouter le poulet, saler, poivrer et bien remuer. • Faire chauffer un grand wok ou une grande poêle à feu vif. • Égoutter le poulet en réservant la marinade, verser dans le wok ou la poêle et faire sauter 7-8 min jusqu'à ce qu'il soit légèrement doré. • Ajouter les carottes, le brocoli, le chou, les nouilles et la marinade réservée, et faire sauter 2-3 min jusqu'à ce que tous les ingrédients soient chauds. • Ajouter les cacahuètes, verser un filet de sauce de soja claire et servir très chaud.

Il est possible de remplacer les nouilles hokkien par des nouilles ramen.

PAD THAÏ AU POULET

Pour 4 personnes
Préparation : 20 min
Cuisson : 10 min
Niveau de difficulté : 1

- **250 g de nouilles de riz plates**
- **2 cuil. à soupe d'huile d'arachide**
- **2 gros œufs**
- **2 blancs de poulet sans leur peau, coupés en dés**
- **2 gousses d'ail, finement hachées**
- **4 ciboules, finement émincées**
- **60 ml de jus de citron vert, fraîchement pressé**
- **60 ml de sauce de poisson asiatique**
- **1 cuil. à soupe de sucre brun**
- **1 cuil. à soupe de sauce de soja claire**
- **250 g de tofu ferme, coupé en dés**
- **200 g de haricots germés frais**
- **50 g de cacahuètes grillées, hachées**
- **feuilles de coriandre, pour décorer**
- **quartiers de citron vert, pour accompagner**

Mettre les nouilles dans un saladier, recouvrir d'eau bouillante et laisser tremper 5-10 min. • Égoutter et réserver. • Faire chauffer un wok à feu vif. • Lorsqu'il est très chaud, ajouter 1 cuil. à soupe d'huile d'arachide. • Dans un petit saladier, battre légèrement les œufs. Verser dans le wok et cuire environ 2 min en remuant jusqu'à obtention d'œufs brouillés. • Retirer et réserver. • Verser le reste de l'huile d'arachide dans le wok, ajouter le poulet et faire sauter 3 min. • Ajouter l'ail et les ciboules et faire revenir 1 min. • Incorporer les nouilles, le jus de citron vert, la sauce de poisson, le sucre brun, la sauce de soja et le tofu, et poursuivre la cuisson 3 min. • Ajouter les haricots germés et les cacahuètes. • Décorer avec la coriandre et les quartiers de citron vert. Servir très chaud.

■ ■ ■ *Le pad thaï, qui signifie « frit à la thaïlandaise », est un plat traditionnel composé de nouilles de riz frites, d'œufs et de sauce de poisson, accompagnés d'un mélange varié de poulet, de crevettes, de tofu, de légumes, d'herbes et de cacahuètes.*

Il est possible de remplacer les nouilles de riz plates par des tagliatelle.

Poulet épicé aux nouilles hokkien et au bok choy

Cuire les nouilles hokkien dans une grande quantité d'eau bouillante. Se reporter aux instructions du paquet concernant la durée de la cuisson. • Égoutter et réserver les nouilles. • Faire chauffer un wok à feu vif. Lorsqu'il est très chaud, verser l'huile d'arachide. • Faire sauter le poulet 7-8 min jusqu'à ce qu'il soit cuit. • Ajouter la sauce au piment doux, la sauce de soja, le bok choy et les nouilles. • Poursuivre la cuisson 2 min. • Servir très chaud.

Pour 4 personnes
Préparation : 10 min
Cuisson : 10 min
Niveau de difficulté : 1

- **500 g de nouilles hokkien**
- **2 cuil. à soupe d'huile d'arachide**
- **2 gros blancs de poulet, finement émincés**
- **90 ml de sauce thaïlandaise au piment doux**
- **2 cuil. à soupe de sauce de soja foncée**
- **1 botte de jeunes choux bok choy, feuilles détachées et tiges grossièrement hachées**

■ ■ ■ *Le bok choy est un légume-feuille chinois courant. On le trouve sur les marchés asiatiques. Vous pouvez éventuellement le remplacer par des épinards frais ou des bettes.*

Il est possible de remplacer les nouilles hokkien par des nouilles chinoises aux œufs ou des tagliatelle.

NOUILLES AU POULET ET AUX LÉGUMES

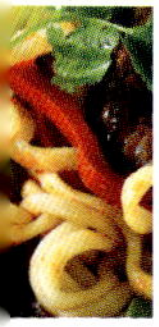

Cuire les nouilles selon les instructions du paquet. • Égoutter et réserver. • Faire chauffer un wok à feu vif. Lorsqu'il est très chaud, verser 2 cuil. à soupe d'huile d'arachide. • Ajouter le poulet et faire sauter environ 5 min, jusqu'à ce qu'il soit cuit. Sortir du wok et réserver. • Verser le reste d'huile dans le wok, ajouter l'ail, la carotte et le chou et faire sauter 1 min. Incorporer le kecap manis, les nouilles et le poulet. • Poursuivre la cuisson 2 min. • Décorer avec les ciboules et servir très chaud.

Pour 4 personnes
Préparation : 15 min
Cuisson : 10 min
Niveau de difficulté : 1

- **400 g de nouilles de riz plates**
- **3 cuil. à soupe d'huile d'arachide**
- **2 blancs de poulet, finement émincés**
- **2 gousses d'ail, finement hachées**
- **1 carotte, coupée en fines lamelles**
- **250 g de chou chinois (wombok), grossièrement coupé en lamelles**
- **90 ml de kecap manis**
- **4 ciboules, finement émincées**

■ ■ ■ *Le kecap manis est une sauce indonésienne de soja sucrée et épaisse. Il est disponible dans les supermarchés et les boutiques de produits asiatiques.*

Il est possible de remplacer les nouilles de riz plates par des tagliatelle.

POULET SAUTÉ AUX NOUILLES ET AUX PETITS POIS

Cuire les nouilles selon les instructions du paquet. • Égoutter et réserver. • Faire chauffer un wok à feu vif. Lorsqu'il est très chaud, ajouter l'huile d'arachide. • Faire sauter les ciboules et l'ail 1 min. Ajouter le poulet, les petits pois et la sauce aux huîtres. • Poursuivre la cuisson 3 min. • Incorporer les nouilles et poursuivre la cuisson 2 min. • Bien remuer et servir très chaud.

Pour 4 personnes
Préparation : 10 min
Cuisson : 7 min
Niveau de difficulté : 1

- **400 g de nouilles ramen**
- **2 cuil. à soupe d'huile d'arachide**
- **4 ciboules, finement émincées**
- **2 gousses d'ail, finement hachées**
- **300 g de poulet cuit, coupé en fines lamelles**
- **250 g de petits pois, écossés**
- **90 ml de sauce chinoise aux huîtres**

Il est possible de remplacer les nouilles ramen par des spaghetti.

BŒUF SAUTÉ AUX ÉPINARDS

Dans un grand saladier, mélanger le bœuf, la sauce de soja, le jus de pomme, l'ail, la papaye et les tomates. Mélanger les ingrédients à la main environ 10 min. La chaleur des mains favorise l'attendrissement des ingrédients. Laisser mariner 2 h. • Cuire les nouilles selon les instructions du paquet. • Égoutter et réserver. • Faire chauffer un wok ou une grande poêle à feu vif, ajouter l'huile d'arachide et faire sauter le céleri et le gingembre 1 min, jusqu'à ce qu'ils libèrent leurs arômes. • Ajouter le bœuf et la marinade. Cuire environ 5 min en remuant de temps en temps, jusqu'à ce que le jus soit évaporé et la viande tendre. • Incorporer les épinards et les nouilles. Faire sauter encore 2 min. • Servir très chaud.

Pour 4-6 personnes
Préparation : 10 min + 2 h de marinade
Cuisson : 15 min
Niveau de difficulté : 2

- **1 kg de filet de bœuf, coupé en fines lamelles**
- **5 cuil. à soupe de sauce de soja foncée**
- **5 cuil. à soupe de jus de pomme**
- **2 gousses d'ail, finement hachées**
- **1 papaye moyenne, épluchée et coupée en petits dés**
- **10 tomates cerises, coupées en deux**
- **350 g de nouilles de riz plates**
- **3 cuil. à soupe d'huile d'arachide**
- **2 branches de céleri, émincées**
- **2 cuil. à soupe de gingembre frais, finement haché**
- **250 g de jeunes feuilles d'épinards**

Il est possible de remplacer les nouilles de riz plates par des nouilles cellophane ou des spaghettini.

BŒUF SATAY AUX NOUILLES DE RIZ

Pour 4 personnes
Préparation : 30 min
Cuisson : 25-30 min
Niveau de difficulté : 2

Sauce satay

- **1 cuil. à soupe d'huile d'arachide**
- **4 gousses d'ail, finement hachées**
- **2 petits piments rouges, épépinés et finement hachés**
- **1 cuil. à soupe de gingembre frais, finement râpé**
- **1 cuil. à café de paprika doux**
- **½ cuil. à café de piment de Cayenne**
- **250 g de beurre de cacahuètes**
- **400 ml de lait de coco**
- **50 g de sucre brun**
- **60 ml de jus de citron vert, fraîchement pressé et filtré**
- **2 cuil. à soupe de sauce de poisson thaïlandaise**
- **1 cuil. à soupe de sauce de soja**

Bœuf aux nouilles

- **400 g de nouilles de riz plates**
- **3 cuil. à soupe d'huile de sésame**
- **600 g de filet de bœuf, coupé en fines lamelles**
- **2 poivrons rouges, épépinés et coupés en fines lamelles**

Sauce satay : dans une casserole de taille moyenne, faire chauffer l'huile d'arachide à feu moyen à doux. ajouter l'ail, le piment et le gingembre et faire sauter environ 5 min, jusqu'à ce qu'ils soient tendres. • Ajouter le paprika, le piment de Cayenne, le beurre de cacahuètes, le lait de coco et le sucre et porter à ébullition. Baisser le feu, ajouter le jus de citron, la sauce de poisson et la sauce de soja et laisser mijoter 10 min, jusqu'à ce que la sauce épaississe. Tenir au chaud.

Bœuf aux nouilles : mettre les nouilles dans un saladier, recouvrir d'eau bouillante et faire tremper 5-10 min jusqu'à ce qu'elles soient tendres. • Égoutter et réserver. • Faire chauffer un wok à feu vif. Lorsqu'il est très chaud, ajouter l'huile de sésame. • Incorporer le bœuf et faire sauter 2 min. • Ajouter les poivrons et faire sauter 2 min. • Incorporer la sauce satay et laisser chauffer 1 min. • Ajouter les nouilles. • Bien remuer et servir très chaud.

Il est possible de remplacer les nouilles de riz plates par des nouilles de blé chinoises ou des tagliatelle.

NOUILLES AU BŒUF ET À LA SAUCE AUX HARICOTS NOIRS

Disposer les nouilles dans un saladier, recouvrir d'eau bouillante et laisser tremper 5-10 min jusqu'à ce qu'elles soient tendres. • Égoutter et réserver. Faire chauffer un wok à feu vif. Lorsqu'il est très chaud, ajouter l'huile de sésame, puis le bœuf et faire sauter 2 min. • Ajouter les poivrons et faire sauter 2 min. • Incorporer la sauce aux haricots noirs et laisser chauffer 1 min. • Ajouter les nouilles. • Bien remuer et servir très chaud.

Pour 4 personnes
Préparation : 15 min
Cuisson : 5 min
Niveau de difficulté : 1

- **400 g de nouilles de riz plates**
- **3 cuil. à soupe d'huile de sésame asiatique**
- **600 g de filet de bœuf, coupé en fines lamelles**
- **2 poivrons verts, épépinés et coupés en dés**
- **180 ml de sauce chinoise aux haricots noirs**

Il est possible de remplacer les nouilles de riz plates par des nouilles ramen ou des linguine.

Nouilles au bœuf et aux haricots

Cuire les nouilles selon les instructions du paquet. Égoutter et réserver. • Faire chauffer un wok à feu vif. Lorsqu'il est très chaud, ajouter 2 cuil. à soupe d'huile d'arachide. • Ajouter le bœuf et faire sauter 3 min. Retirer du wok et réserver. • Verser le reste d'huile d'arachide, ajouter l'ail et l'oignon et faire sauter 3 min à feu moyen jusqu'à ce qu'ils soient tendres. • Ajouter la sauce aux haricots noirs, le mirin et les haricots verts. • Poursuivre la cuisson 3 min. • Incorporer le bœuf et les nouilles et faire sauter 1 min. • Bien remuer et servir très chaud.

Pour 4 personnes
Préparation : 10 min
Cuisson : 13-15 min
Niveau de difficulté : 1

- **500 g de nouilles plates aux œufs**
- **60 ml d'huile d'arachide**
- **500 g de filet de bœuf, coupé en fines lamelles**
- **2 gousses d'ail, finement hachées**
- **1 oignon, finement émincé**
- **60 ml de sauce chinoise aux haricots noirs**
- **1 cuil. à soupe de mirin ou de vin de xérès doux**
- **150 g de haricots verts**

Il est possible de remplacer les nouilles plates aux œufs par des tagliatelle.

BŒUF MARINÉ AUX NOUILLES

Préparer les nouilles selon les instructions du paquet. • Égoutter et refroidir sous l'eau froide. • Égoutter de nouveau et réserver. • Dans un saladier, faire mariner la viande de bœuf avec la sauce de soja et la sauce au piment doux pendant 10 min. • Dans un petit robot de cuisine, mettre le gingembre, l'ail, les noix de cajou et le piment et hacher jusqu'à obtention d'une pâte. • Réserver. • Faire chauffer un gril ou une poêle jusqu'à ce qu'ils soient très chauds. Ajouter la viande bien enrobée de marinade et cuire au goût, ou 3-4 min de chaque côté pour une cuisson à point. Réserver et laisser reposer. • Dans un wok ou une poêle, faire chauffer l'huile d'arachide à feu moyen à vif, ajouter la pâte aux noix de cajou et faire sauter 1 min. Ajouter les carottes, les poivrons et un soupçon d'eau et faire sauter 2 min. • Incorporer les nouilles et la coriandre et bien remuer. • Servir avec le bœuf mariné.

Pour 4 personnes
Préparation : 10 min
+ 15 min de marinade
Cuisson : 15-20 min
Niveau de difficulté : 1

- **350 g de nouilles cellophane**
- **4 morceaux de rumsteck ou de faux-filet de bœuf (250 g)**
- **50 ml de sauce de soja**
- **4 cuil. à soupe de sauce thaïlandaise au piment doux**
- **1 cuil. à soupe de gingembre frais épluché**
- **2 gousses d'ail, épluchées**
- **60 g de noix de cajou**
- **1 piment séché, écrasé**
- **2 cuil. à soupe d'huile d'arachide**
- **2 carottes, coupées en julienne**
- **1 poivron rouge, épépiné et finement émincé**
- **1 poignée de feuilles de coriandre**

Il est possible de remplacer les nouilles cellophane par des nouilles de riz sèches ou des nouilles de riz plates.

BŒUF SAUTÉ AUX NOUILLES ET AUX LÉGUMES

Cuire les nouilles hokkien dans une grande quantité d'eau bouillante selon les instructions du paquet. • Égoutter et réserver. • Faire chauffer un wok à feu vif. Lorsqu'il est très chaud, ajouter 2 cuil. à soupe d'huile d'arachide, puis le bœuf et faire sauter 3 min. • Sortir du wok et réserver. • Verser le reste d'huile d'arachide dans le wok, ajouter l'ail et faire sauter 1 min à feu moyen, jusqu'à ce qu'il soit légèrement doré. • Incorporer les asperges et le maïs, et faire sauter 3 min. • Remettre le bœuf dans le wok. • Ajouter la sauce aux huîtres, le vin de Shaoxing et l'eau. • Poursuivre la cuisson 2 min. Incorporer les nouilles et mélanger. • Servir très chaud.

Pour 4 personnes
Préparation : 10 min
Cuisson : 14 min
Niveau de difficulté : 1

- **500 g de nouilles hokkien**
- **60 ml d'huile d'arachide**
- **500 g de filet de bœuf, coupé en fines lamelles**
- **2 gousses d'ail, finement hachées**
- **350 g d'asperges, épluchées et coupées en petits morceaux**
- **350 g de jeunes épis de maïs, coupés en deux dans le sens de la longueur**
- **3 cuil. à soupe de sauce chinoise aux huîtres**
- **1 cuil. de vin de riz de Shaoxing ou de vin de xérès**
- **60 ml d'eau**

Il est possible de remplacer les nouilles hokkien par des nouilles de blé chinoises ou des tagliatelle.

MEE GORENG

Cuire les nouilles dans une grande quantité d'eau bouillante selon les instructions du paquet. • Faire chauffer un wok à feu vif. Lorsqu'il est très chaud, ajouter 1 cuil. à soupe d'huile d'arachide, puis les œufs. • Décoller les œufs qui commencent à coaguler avec une spatule en bois, tout en remuant le wok en tous sens, et cuire jusqu'à ce que le dessous soit bruni. • Retirer du feu. Couper l'omelette en lanières et réserver. • Verser 1 cuil. à soupe d'huile d'arachide dans le wok, ajouter le bœuf et cuire 3 min. • Retirer de la poêle et réserver. • Verser le reste d'huile d'arachide et faire sauter l'ail, les ciboules, la pâte de crevettes et le sambal oelek 1 min. • Ajouter le kecap manis, le bouillon, les nouilles et le bœuf. • Poursuivre la cuisson 2 min. • Ajouter la coriandre, les lanières d'omelette et les cacahuètes. • Servir très chaud.

■ ■ ■ *En Indonésie et en Malaisie, où ce plat est courant,* mee goreng *peut se traduire par « nouilles frites ». De nombreux types de pâtes sont préparés à la façon du mee goreng. Le sambal oelek est une pâte de piment épicée utilisée pour assaisonner les plats dans de nombreuses régions d'Asie. Comme la pâte de crevettes, il est en vente dans les boutiques de produits asiatiques ou sur Internet. Sauce indonésienne de soja sucrée et épaisse, le kecap manis est disponible dans les supermarchés et les boutiques de produits asiatiques.*

Pour 4-6 personnes
Préparation : 10 min
Cuisson : 15 min
Niveau de difficulté : 1

- **500 g de nouilles hokkien**
- **3 cuil. à soupe d'huile d'arachide**
- **3 gros œufs, légèrement battus**
- **500 g de filet de bœuf, coupé en fines lamelles**
- **2 gousses d'ail, finement hachées**
- **4 ciboules, finement émincées**
- **2 cuil. à soupe de pâte de crevettes séchée**
- **2 cuil. à café de sambal oelek**
- **60 ml de kecap manis**
- **60 ml de bouillon de bœuf (*voir* page 48)**
- **2 cuil. à soupe de coriandre fraîche, grossièrement hachée**
- **80 g de cacahuètes non salées, grossièrement hachées**

Il est possible de remplacer les nouilles hokkien par des nouilles aux œufs frais ou des tagliatelle.

Bœuf pimenté sauté aux nouilles

Pour 4 personnes
Préparation : 10 min
+ 15 min de marinade
Cuisson : 15-20 min
Niveau de difficulté : 1

- **400 g de nouilles ramen**
- **500 g de filet de bœuf maigre, coupé en fines lamelles**
- **2 cuil. à soupe d'huile pimentée asiatique**
- **6 cuil. à soupe de jus de citron, fraîchement pressé**
- **1 cuil. à soupe de sauce de soja**
- **2 gousses d'ail, finement hachées**
- **1 cuil. à café de gingembre frais, finement râpé**
- **1 cuil. à café de Tabasco**
- **2 cuil. à café d'huile d'arachide**
- **1 oignon rouge, finement émincé**
- **1 poivron rouge moyen, épépiné et émincé**
- **1 poivron vert moyen, épépiné et émincé**
- **180 g de pois mange-tout, épluchés et émincés**
- **100 g de maïs frais ou surgelé**
- **1 piment rouge, épépiné et finement haché**
- **2 cuil. à café de flocons de piment rouge, écrasés**
- **2 ciboules, émincées**

Cuire les nouilles selon les instructions du paquet. • Égoutter et réserver. • Dans un saladier, mettre les lamelles de bœuf, l'huile pimentée, 3 cuil. à soupe de jus de citron, la sauce de soja, l'ail, le gingembre et le Tabasco et faire mariner 15 min. • Dans un wok ou une grande poêle, faire chauffer l'huile d'arachide à feu moyen à vif, ajouter l'oignon et faire revenir 5 min jusqu'à ce qu'il soit tendre. • Ajouter le bœuf et sa marinade et faire sauter 5-6 min jusqu'à ce qu'il soit légèrement bruni. • Incorporer les poivrons, les pois mange-tout, le maïs, le piment, les flocons de piment rouge et le reste de jus de citron. Faire sauter 3-4 min pour que les légumes restent croquants. • Ajouter les ciboules et les nouilles et faire sauter à feu vif en mélangeant bien. • Servir très chaud.

Il est possible de remplacer les nouilles ramen par des nouilles hokkien ou des spaghetti.

SAUTÉ DE BŒUF ET DE NOUILLES ÉPICÉ

Cuire les nouilles selon les instructions du paquet. Égoutter et réserver. • Faire chauffer un wok à feu vif. Lorsqu'il est très chaud, verser l'huile d'arachide, ajouter le bœuf et faire revenir 3 min. • Incorporer l'ail, le gingembre, les ciboules et les piments, et faire sauter 1 min. • Verser la sauce aux huîtres, la sauce de soja et les nouilles et poursuivre la cuisson 2 min. • Bien remuer et servir très chaud.

Pour 4 personnes
Préparation : 10 min
Cuisson : 10 min
Niveau de difficulté : 1

- **500 g de nouilles plates aux œufs, fraîches**
- **1 cuil. à soupe d'huile d'arachide**
- **500 g de filet de bœuf, coupé en fines lamelles**
- **2 gousses d'ail, finement hachées**
- **2 cuil. à café de gingembre frais, finement râpé**
- **6 ciboules, coupées en petits morceaux**
- **2 piments rouges frais, épépinés et finement émincés**
- **60 ml de sauce chinoise aux huîtres**
- **2 cuil. à soupe de sauce de soja foncée**

Il est possible de remplacer les nouilles plates aux œufs par des tagliatelle ou des pappardelle.

PORC LO MEIN

Cuire les nouilles 3-5 min dans une grande quantité d'eau bouillante jusqu'à ce qu'elles soient tendres ou suivre les instructions du paquet. • Égoutter et réserver. • Faire chauffer un wok à feu vif. Lorsqu'il est très chaud, ajouter le porc et le cinq épices, et cuire 3 min. • Ajouter la sauce de soja et le chou. Poursuivre la cuisson 2 min. Incorporer les nouilles et cuire encore 2 min. • Bien remuer et servir très chaud.

Pour 4-6 personnes
Préparation : 5 min
Cuisson : 10 min
Niveau de difficulté : 1

- **600 g de nouilles chinoises fines aux œufs, fraîches**
- **500 g de porc haché**
- **1 cuil. à soupe de cinq épices**
- **90 ml de sauce de soja**
- **½ chou chinois, finement émincé**

Il est possible de remplacer les nouilles chinoises aux œufs par des tagliolini ou des tagliatelle.

Porc à la pâte de curry verte et aux nouilles

Pour 4 personnes
Préparation : 15 min
Cuisson : 15-20 min
Niveau de difficulté : 1

- **350 g de nouilles aux œufs**
- **1 cuil. à soupe d'huile de tournesol**
- **400 g de filet de porc, coupés en fines lanières**
- **2 cuil. à soupe de pâte de curry verte thaïlandaise**
- **1 morceau de gingembre frais, épluché et finement émincé**
- **1 petit piment rouge, épépiné et finement émincé**
- **400 ml de lait de coco**
- **90 ml d'eau**
- **100 g de jeunes épis de maïs, coupés en deux dans le sens de la longueur**
- **125 g de pois mange-tout, coupés en deux dans le sens de la longueur**
- **200 g de pousses de bambou en boîte, égouttées**
- **3 ciboules, épluchées et coupées en rondelles épaisses**
- **25 g de coriandre fraîche, grossièrement hachée, pour décorer**

Cuire les nouilles dans une grande quantité d'eau bouillante jusqu'à ce qu'elles soient tendres ou suivre les instructions du paquet. • Égoutter et réserver. • Dans un wok, faire chauffer l'huile de tournesol à feu vif, ajouter le porc et faire sauter 6-8 min, jusqu'à ce qu'il soit uniformément coloré. • Pousser la viande sur le côté, baisser le feu et ajouter la pâte de curry, le gingembre et le piment. Faire sauter 1 min jusqu'à ce que tous les ingrédients soient bien mélangés. Ajouter progressivement le lait de coco, tout en incorporant la viande. • Verser l'eau, bien remuer et porter à ébullition. Baisser le feu, laisser mijoter à feu doux et ajouter le maïs. Laisser mijoter encore 5 min. • Ajouter les nouilles, les pois mange-tout, les pousses de bambou et la ciboule. Bien mélanger et faire sauter 1-2 min pour réchauffer le tout. • Décorer avec la coriandre et servir très chaud.

Vous pouvez remplacer les nouilles aux œufs par des nouilles hokkien, des spaghetti ou des linguine.

Porc au cinq épices et aux nouilles hokkien

Cuire les nouilles hokkien dans une grande quantité d'eau bouillante, selon les instructions du paquet. • Égoutter et réserver. • Faire chauffer un wok à feu vif. Lorsqu'il est très chaud, verser 1 cuil. à soupe d'huile d'arachide, ajouter le cinq épices, l'ail et le gingembre et faire sauter environ 30 s. • Incorporer le porc et faire sauter 5 min, jusqu'à ce qu'il soit cuit. • Retirer du wok et réserver. • Verser le reste de l'huile d'arachide. • Ajouter les ciboules et faire sauter 2 min. • Incorporer les nouilles, le porc et les sauces hoisin et aux huîtres. • Faire sauter encore 2 min. • Bien remuer et servir très chaud.

Pour 4 personnes
Préparation : 10 min
Cuisson : 15 min
Niveau de difficulté : 1

- **500 g de nouilles hokkien**
- **2 cuil. à soupe d'huile d'arachide**
- **1 cuil. à café de cinq épices chinois**
- **2 gousses d'ail, finement hachées**
- **1 cuil. à soupe de gingembre, finement râpé**
- **500 g de filet de porc, coupé en petits morceaux**
- **4 ciboules, coupées en morceaux de 5 cm de long**
- **2 cuil. à soupe de sauce hoisin**
- **2 cuil. à soupe de sauce aux huîtres**

Il est possible de remplacer les nouilles hokkien par des nouilles aux œufs chinoises ou des tagliatelle.

Porc haché épicé aux nouilles

Pour 4 personnes
Préparation : 15 min
Cuisson : 10 min
Niveau de difficulté : 1

- **500 g de nouilles de riz fraîches**
- **1 cuil. à soupe d'huile d'arachide**
- **750 g de porc haché**
- **2 gousses d'ail, finement hachées**
- **2 cuil. à café de gingembre, finement râpé**
- **2 petits piments verts frais, épépinés et finement hachés**
- **3 cuil. à soupe de pâte de laksa**
- **1 cuil. à soupe de sauce de poisson asiatique**
- **1 cuil. à soupe de sucre brun**
- **4 ciboules, finement émincées**

Cuire les nouilles dans une grande quantité d'eau bouillante, selon les instructions du paquet. • Égoutter et réserver. • Faire chauffer un wok à feu vif. Lorsqu'il est très chaud, verser l'huile d'arachide, ajouter le porc et faire sauter 4 min. • Ajouter l'ail, le gingembre et les piments, et faire sauter 1 min. • Incorporer la pâte de laksa, la sauce de poisson, le sucre brun et les ciboules, et faire sauter encore 2 min. • Ajouter les nouilles. Poursuivre la cuisson 2 min. • Bien remuer et servir très chaud.

■■■ *La pâte de laksa et les piments sont plus ou moins forts. Leur quantité doit être choisie en fonction des goûts. La pâte de laksa est en vente dans de nombreux supermarchés asiatiques.*

Il est possible de remplacer les nouilles de riz par des tagliatelle.

NOUILLES HOKKIEN AU PORC ET AUX POIS MANGE-TOUT

Cuire les nouilles dans une grande quantité d'eau bouillante ou suivre les instructions du paquet. • Égoutter et réserver. • Faire chauffer un wok à feu vif. Lorsqu'il est très chaud, verser l'huile d'arachide, ajouter le porc et faire sauter 4 min. • Ajouter la pâte de curry et poursuivre la cuisson 30 s. • Incorporer le jus de citron vert, la sauce de poisson, le sucre brun, les feuilles de combava, les pois mange-tout et les piments. • Faire sauter 3 min. • Servir très chaud avec les nouilles.

Pour 4 personnes
Préparation : 10 min
Cuisson : 13 min
Niveau de difficulté : 1

- **500 g de nouilles hokkien**
- **2 cuil. à soupe d'huile d'arachide**
- **500 g de filet de porc, finement émincé**
- **2 cuil. à soupe de pâte de curry thaïlandaise**
- **2 cuil. à soupe de jus de citron vert, fraîchement pressé**
- **1 cuil. à soupe de sauce de poisson asiatique**
- **2 cuil. à soupe de sucre brun**
- **4 feuilles de combava, finement émincées**
- **150 g de pois mange-tout, épluchés et coupés en deux dans le sens de la longueur**
- **2 piments rouges frais, épépinés et très finement émincés**

■ ■ ■ *Le combava, également appelé makrut ou kaffir, est un agrume. Son écorce est rugueuse et sa saveur amère. Généralement utilisées pour aromatiser les plats, ses feuilles ne sont pas indispensables dans cette recette.*

Il est possible de remplacer les nouilles hokkien par des nouilles aux œufs ou des tagliatelle.

SAUTÉ D'AGNEAU SAUCE SATAY ET NOUILLES

Mettre les nouilles dans un saladier, couvrir d'eau bouillante et laisser tremper 5 min. • Égoutter et réserver. • Faire chauffer un wok à feu vif. Lorsqu'il est très chaud, verser 1 cuil. à soupe d'huile d'arachide, ajouter l'agneau et faire sauter 3 min. • Sortir et réserver. Verser le reste de l'huile dans le wok, ajouter l'ail et l'oignon et faire frire 3 min à feu moyen, jusqu'à ce qu'ils soient tendres. • Ajouter les haricots serpents et faire sauter 1 min. • Incorporer le lait de coco, la sauce satay et l'agneau. • Poursuivre la cuisson 2 min. • Ajouter les nouilles et bien remuer. Servir très chaud.

Pour 4 personnes
Préparation : 15 min
Cuisson : 10 min
Niveau de difficulté : 1

- **500 g de nouilles de riz plates**
- **2 cuil. à soupe d'huile d'arachide**
- **500 g de filet d'agneau, coupé en fines lamelles**
- **2 gousses d'ail, finement hachées**
- **1 oignon, coupé en fins quartiers**
- **250 g de haricots serpents, coupés en petits morceaux**
- **250 ml de lait de coco**
- **250 ml de sauce satay (*voir* page 574)**

■ ■ ■ *Fréquemment utilisée en Indonésie, en Malaisie et en Thaïlande, la sauce satay est une sauce sucrée et épicée aux cacahuètes. Elle est disponible sur les marchés de produits asiatiques et sur Internet. Les haricots serpents sont issus des haricots cornilles, ou doliques à œil noir. Ils peuvent être remplacés par des haricots verts.*

Il est possible de remplacer les nouilles de riz plates par des tagliatelle.

Salade tiède aux nouilles et à l'agneau, sauce aux haricots noirs

Cuire les nouilles dans une grande quantité d'eau bouillante, selon les instructions du paquet. • Égoutter et réserver dans un saladier. • Dans un bol, mélanger 2 cuil. à soupe d'huile d'arachide, le mirin, l'huile de sésame et le sucre brun. • Verser sur les nouilles et bien remuer. • Dans un saladier, mélanger la sauce aux haricots noirs, le reste de l'huile d'arachide et l'agneau. • Faire chauffer un gril à feu moyen à vif et mettre l'agneau à griller 5 min de chaque côté. • Laisser reposer 5 min, puis émincer finement. • Incorporer l'agneau et les épinards aux nouilles. • Bien remuer et servir tiède.

Pour 4 personnes
Préparation : 20 min
Cuisson : 10 min
Niveau de difficulté : 1

- **250 g de nouilles de riz plates**
- **60 ml d'huile d'arachide**
- **2 cuil. à soupe de mirin ou de vin de xérès doux**
- **1 cuil. à café d'huile de sésame asiatique**
- **2 cuil. à café de sucre brun**
- **2 cuil. à soupe de sauce chinoise aux haricots noirs**
- **500 g de gigot d'agneau désossé ou de filet d'agneau**
- **100 g de jeunes feuilles d'épinards**

Il est possible de remplacer les nouilles de riz plates par des nouilles cellophane ou des tagliolini.

Index

Nouilles

Pâtes au Four

Pâtes Courtes

Pâtes Farcies

Pâtes Fraîches

Pâtes Longues

Techniques

Recettes de base